当代经济学系列丛书
Contemporary Economics Series

陈昕 主编

当代经济学译库

W. Brian Arthur

Increasing Returns and Path Dependence
in the Economy

经济中的收益递增
和路径依赖

［美］W. 布莱恩·阿瑟 著 贾拥民 译

格致出版社
上海三联书店
上海人民出版社

推荐序

　　收益递增这个概念,尽管在经济分析中由来已久且长期存在,但是一直处在一个尴尬的位置上。亚当·斯密(Adam Smith)在他的《国富论》(*The Wealth of Nations*)开篇几章中高度强调收益递增,并用它来解释专业化和经济增长。然而紧接着,他的研究对象就迅速地转向了竞争体系和基于生产成本的价值理论,而后两者除非假设收益不变,否则就无法严格地加以分析。英国古典学派——大卫·李嘉图(David Ricardo)、约翰·斯图尔特·密尔(John Stuart Mill)等——在遵循完全竞争假设的同时,悄悄放弃了斯密大胆提出的"劳动分工受市场规模限制"的主张,而劳动分工已被证明会导致生产率的提高。

　　同一时期,一些属于不同思想传统的理论经济学家,特别是法国数学家兼经济学家 A. A. 古诺(A. A. Cournot, 1838),则清楚地看到了收益递增和完全竞争的不相容,并发展出了垄断理论和寡头垄断理论,以解释收益递增所暗示的经济系统。但是这个思想传统就像一条地下河,往往要隔上几十年才会再一次涌出地面。阿尔弗雷德·马歇尔(Alfred Marshall)宽泛地(同时也是含混地)扩展了收益递增的含义,并讨论了它对经济增长、不可逆转的供给曲线等方面的含义。马歇尔还提出了新颖且影响深远的外部性概念——在存在外部性的情况下，至少有一部分收益递增是可以被人们获得的，尽管不一定由生产者而可能由其他人获得。

爱德华·张伯伦（Edward Chamberlin）和琼·罗宾逊（Joan Robinson）在20世纪30年代讨论了不完全竞争下收益递增的含义，但是他们的分析远远称不上完整。此后，经济学家也曾时断时续地在不同场合强调过收益递增在经济增长中的作用，比如说，在20世纪20年代，阿林·扬（Allyn Young，1928，但是他只是笼统地提到）以及尼古拉斯·卡尔多（Nicholas Kaldor）都曾提及。许多发展经济学学家，特别是在20世纪50年代，一度倡导过激进的、基于模糊的收益递增概念的计划经济政策。

正是在这样一个背景之下，就凸显出了W.布莱恩·阿瑟（W.Brian Arthur）收录在本书中的这些论文的价值：它们能够让我们所有人清晰且明确地了解到，什么样的模型具有什么样的含义。阿瑟的理论有一个非常突出的特点，那就是他非常强调动态性。与其他同样存在规模收益的静态例子（例如，基于体积与面积关系的示例）相反，在阿瑟那里，通过使用或实践来学习起着至关重要的作用。他的研究对象是历史。

阿瑟这些论文的另一个显著特点，是它们强调随机性。这就是说，阿瑟强调随机偏离对于长期趋势的重要性。特别是，阿瑟和他精通概率论的同事们所深入研究的非线性波利亚过程（Polya process），具有一些非常有意思的特性，其中一些特性体现了阿瑟观点的若干基本含义，尤其是可能的长期状态的多重性（取决于初始条件和随时间推移而出现的随机波动），以及在某个取得的结果上的专业化（就生产工艺或地理位置而言）。

收益递增有不止一个来源。阿瑟——与戴维·莱恩（David Lane）合作——证明了，基于经验的信息传递也可以促进早期领先地位的确立，从而以某种与更标准的收益递增相类似的形式发挥作用。甚至在个人学习中也会出现类似的现象，即成功会再一次强化某个行动方案并抑制其他行动方案，从而导致个人更加密集地采用被强化的那个行动方案，等等。在所有这些模型中，都存在着彼此相反的趋势，有的趋势是朝着最优状态靠近，而有的趋势则倾向于锁定低效的行为方式。

阿瑟这本书中收集的各篇论文，构成了使用正反馈机制来解释经济增长的当代文献中的一个重要组成部分。这一点是显而易见的。不过,阿瑟构建的理论确实比一般研究者的理论更加精妙。它们证明了,相同的机制是如何在适当的初始条件或随机波动下导致效率低下的结果的,因此它们对于当前一些过于乐观的思想倾向提供了必要的纠正。

阿瑟的这些论文虽然是按照最高的分析标准来建模的,但有时看起来仍然与标准的经济学推理相当不同。我这样说是对他这些论文的夸赞而非批评。由于只能基于有限的信息,因而预期往往是短视的。在阿瑟这里,虽然同样总是会有价格的位置,但是价格并不总是会被赋予当前许多正统经济学说中那种被夸大了的重要性——尽管我必须马上补充一点,那就是,阿瑟对价格在正反馈情形下的策略性作用进行了出色的分析。我必须强调这些不同的方法的重要性,尤其是在传统工具根本无法适用的那些领域。

将这些原来分散在各个地方的论文汇集成书出版,对经济学家来说无疑是一件大好事。这可以为他们提供极大的便利。我相信,本书必定会为这些相关领域中的新研究提供重要的推动力。

肯尼思·J.阿罗(Kenneth J. Arrow)

主编的话

上世纪 80 年代，为了全面地、系统地反映当代经济学的全貌及其进程，总结与挖掘当代经济学已有的和潜在的成果，展示当代经济学新的发展方向，我们决定出版"当代经济学系列丛书"。

"当代经济学系列丛书"是大型的、高层次的、综合性的经济学术理论丛书。它包括三个子系列：(1) 当代经济学文库；(2) 当代经济学译库；(3) 当代经济学教学参考书系。本丛书在学科领域方面，不仅着眼于各传统经济学科的新成果，更注重经济学前沿学科、边缘学科和综合学科的新成就；在选题的采择上，广泛联系海内外学者，努力开掘学术功力深厚、思想新颖独到、作品水平拔尖的著作。"文库"力求达到中国经济学界当前的最高水平；"译库"翻译当代经济学的名人名著；"教学参考书系"主要出版国内外著名高等院校最新的经济学通用教材。

20 多年过去了，本丛书先后出版了 200 多种著作，在很大程度上推动了中国经济学的现代化和国际标准化。这主要体现在两个方面：一是从研究范围、研究内容、研究方法、分析技术等方面完成了中国经济学从传统向现代的转轨；二是培养了整整一代青年经济学人，如今他们大都成长为中国第一线的经济学家，活跃在国内外的学术舞台上。

为了进一步推动中国经济学的发展，我们将继续引进翻译出版国际上经济学的最新研究成果，加强中国经济学家与世界各国经济学家之间的交流；同时，我们更鼓励中国经济学家创建自己的理论体系，在自主的理论框架内消化和吸收世界上最优秀的理论成果，并把它放到中国经济改革发展的实践中进行筛选和检验，进而寻找属于中国的又面向未来世界的经济制度和经济理论，使中国经济学真正立足于世界经济学之林。

我们渴望经济学家支持我们的追求；我们和经济学家一起瞻望中国经济学的未来。

厉听

2014 年 1 月 1 日

前　言

当密歇根大学出版社找到我，说准备出版一本关于经济学中的收益递增问题的论文集时，我感到很惊讶。我原本以为，只有年长的研究者，那些受学术界尊崇且快要退休的人，才会出版这类文集。但是，我的主编蒂穆尔·库兰（Timur Kuran）和密歇根大学出版社社长科林·戴（Colin Day）却告诉我，虽然这本论文集收录的各篇论文最近受到了很多人的关注，但是其中有几篇是发表在一些不太好找的地方，一般读者很不容易读到。将它们以书的形式结集出版，更便于人们阅读。而且，如果将这些论文放到一起，那么它们各自创造的"马赛克"就有可能拼合到一起，从而呈现出一幅更广阔的画面，这是以单篇论文形式呈现所不可比拟的。这种说法对我来说非常有说服力，于是我欣然接受了他们的邀请。

现在，援引某种形式的收益递增的思想和做法，在经济学中已经被认为是可以接受的了——事实上，收益递增观念已经变得相当流行了。但是情况并不是一直都是这样的。直到20世纪80年代中期，许多经济学家仍然对收益递增持怀疑态度。1987年3月，我回到我的母校加州大学伯克利分校，与两位备受业内人士推崇的经济学家共进午餐。他们问我在研究些什么。我回答，收益递增。"嗯，据我们所知，收益递增并不存在。"一位经济学家这样说。"而且，即便真的存在收益递增，"另一位经济学家则说，"我们也不能允许这种情况出现；否则，我们这个国家的随便哪个行业都会去寻求政府补贴了。"我对这些评论深感震惊，因为我坚信，在真实经济世界中确实存在收益递增。虽然它们可能会产生某些不受欢迎的影响，但是我们似乎没有任何理由对它们视而不见。

不过从那之后，情况已经发生了很大变化。事实上，在20世纪80年代这整个十年中，收益递增经济学实现了爆发式的迅猛发展。在国际贸易理论、增长理论、技术经济学、产业组织理论、宏观经济学、区域经济学、经济发展理论和政治经济学等领域，非凸性和正反馈机制现在都已经进入了其现代理论的核心。

当然，这种转变并不是在短短十年内发生的。事实上，转变在那之前的很长一个时期就已经在进行了。从某种意义上说，基于收益递增的思想一直是经济学文献中的一个组成部分。但是在过去，这些思想只是被部分地表达出来——在当时的条件下确实也很难用数学工具加以表达。而且，收益递增往往会得出一些令某些经济学家不安的含义。由此导致的一个结果是，我们经济学界中有许多人选择无视或忽略它们。对收益递增思想的这种厌恶，在20世纪70年代初期达到顶峰，当时经济学界普遍接受了这样一种观念：所有设定得当的经济问题，都应该可以证明只存在唯一的均衡解。在那个时候，我还是一名研究生，我发现经济学中的所有结论在被讲授给我们时都附带有一个咒语般的前提，即这些结论成立的"条件是有足够高的凸性，也就是说，服从边际收益递减规律"。我当时非常好奇：当边际收益递增时，又会发生什么呢？但是，我的教授们似乎对这个问题完全没有兴趣，或者说，他们根本不愿意回答它。当然，收益递增和非凸性的例子也不时会被提及，但是总的来说，经济学教授跟我们这些学生提到这类例子时的态度，就好像医学教授在让医学生观察装在贴有标签的罐子里的病理标本——这些都只是异常，是怪胎，是畸形。它们虽然很罕见，但仍然可以用来充当反面教训，用以说明不能对经济的自然运行加以干预。

然而特别有意思的是，有一部分变化，有一部分对收益递增的接受，恰恰来自经济学内部更加强调形式化的那个圈子。很多年来，研究一般均衡和博弈论的理论经济学家一直很清楚,即便是在最无关痛痒的假设下,他们研究的问题中也会自然而然地出现均衡的多重性以及解的非确定性。因此,当多重均衡产生于收益递增问题时,这些理论经济学家发现要接受它们几乎没有任何困难。作为经济学内部一个形式化程度相对没有那么高的领域,国际贸易理论需要解释产业内贸易的这样一个奇怪的特征——法国向德国出售电子产品,同时德国也向法国出售电子产品——而且还要解决现实性更高的制成品贸易问题。这就迫使它将生产中存在收益递增的可能性考虑进来。与十年前或二十年前相比,经济学家们现在拥有更好的工具来探索收益递增领域,这不仅得益于贸易理论和数理经济学中对非凸性的更广泛接受,还因为发展出了新的方法,能够分析处理收益递增问题中产生的市场不完善和随机动态。随着他们进行这些探索,他们正在重新发现先前探险留下的前哨站:不仅包括现已广为人知的亚当·斯密讨论专业化的著作、冈纳·K.缪尔达尔(Gunnar K. Myrdal)关于累积因果关系的概念、尼古拉斯·卡尔多关于区域差异机制的研究、罗森斯坦-罗丹(Rosenstein-Rodan)的"大推动"(Big Push)理论;还包括马歇尔对有机经济学的展望,以及弗兰克·格雷厄姆(Frank Graham)、皮耶罗·斯拉法(Piero Sraffa)、阿林·扬、托德·帕兰德(Tord Palander)和丸山孙郎(Magoroh Maruyama)等学者更加鲜为人知的思想。

本书中收入的所有论文都是在1982—1992年间写成的。在选择收录哪些论文时,我剔除了两类论文,一是高度数学化的论文,二是重复这里的论文所提出的论点的那些论文。然而即便如此,本书所包含的各个章节之间仍然存在一些重叠之处。许多论文都经历了多次重写,每一次重写都会使内容变得更加紧凑、更加技术化,也会随着越来越接近正式发表而变得更加简练。因此,对于其中一些论文,我特意选择了某个更早期的版本,目的是希望保留一些后来在编辑过程中失去的生动性和活力。此外,在编排这些论文时,我并没有按主题来排列,而是或多或少地直接按照它们的写作顺序来排列(只有少数例外,这是为了更好地阐述问题)。

本书收录的论文主要讨论收益递增或正反馈下的**配置问题**(allocation problem)。它们都采用了一种历史依赖的动力学方法。当然,还有其他处理收益递增的方法,特别是在国际贸易理论中占突出位置的不完全竞争静态方法,它由埃尔赫南·赫尔普曼(Elhanan Helpman)、保罗·克鲁格曼(Paul Krugman)等人开创和发展。此外还有一种方法,即保罗·罗默(Paul Romer)和其他一些经济学家在探讨由各种收益递增机制推动的内生性增长的过程中所采用的确定性动态方法。这些方法当然都有其重要性,但是本书收录的论文基本上不涉及它们。

这本书收录的各篇论文反映了我自开始在这个领域进行探索研究以来就一直秉持的两个信念。第一个信念是,各种收益递增问题往往都会表现出共同的性质,无论它们是在经济学研究中的什么地方出现的,都会引发类似的困难和问题。第二个信念是,收益递增经济学要解决的主要障碍是"选择问题"(selection problem),即当存在多个均衡可供选择时,确定某个均衡是如何随着时间的推移而被选中的。因此,本书收录的论文深入探讨了收益递增的这些共同性质或者共同主题。其中有几篇论文提出了一些方法,主要是概率论方法,用以解决均衡选择这个关键问题。

编辑们问我,现在既然将这些论文结集成书出版了,是不是应该说明一下,我是如何提出它们所包含的思想的?接下来我就说明一下,希望我接下来讲述的故事不至于过于详尽而令读者感到厌烦。

直到 1979 年,我才真正开始认真研究收益递增问题。不过,在那之前,就发生过好几件事情,它们暗示了日后的正确方向。我本科时学习过电气工程,所以我对正反馈的概念早就非常熟悉了,尽管当时我对它的含义并不十分清楚。我曾在加州大学伯克利分校攻读经济学博士学位,在那个时期我对经济发展问题很是着迷,所以我对第三世界各个经济体中的累积因果关系和自我强化机制非常熟悉。也正因如此,我一直对经济中的正反馈和收益递增抱有浓厚的好奇心,但是当时我还看不出怎样才能将它们以一般而严格的方式融入理论分析。

这种情况一直到 1979 年终于发生了变化。当时我在位于维也纳的国际应用系统分析研究所(IIASA)的理论小组从事研究工作,并获准于当年 4 月和 5 月到夏威夷东西方中心度过一个为期八周的假期。在途经加利福尼亚的时候,我偶然拿起了霍勒斯·弗里兰·贾德森(Horace Freeland Judson)

所著的《创世纪的第八天》(*The Eighth Day of Creation*)来看。这是一部写得非常精彩的科学史巨著，洋洋洒洒700多页，讲述了DNA结构的发现、遗传密码的破译和血红蛋白分子结构的发现等故事。我对贾德森的这本书非常着迷，并在接下来的几个星期里从头到尾仔细地读完了。而且，在阅读这本书所带来的激情的推动下，我在夏威夷期间还把能够找到的关于分子生物学和酶类反应的所有论著都读了一遍。在我接触到的那些书籍中，特别重要的是雅克·莫诺(Jacques Monod)的《偶然性与必然性》(*Chance and Necessity*)，这是一部讨论决定论与历史偶然事件之间相互作用的极具洞察力的著作，其灵感来自莫诺在研究自催化反应时的一个发现：这种反应可以向不止一个方向发展。1979年秋天，我回到维也纳，带着这些源于生物化学和分子生物学领域的思想，将阅读面扩展到物理学领域。我的同事马克·坎特利(Mark Cantley)告诉我，布鲁塞尔学派在酶反应方面做了很多研究，并让我看伊利亚·普利高津(Ilya Prigogine)的经典文章《从波动中涌现的秩序：自组织与社会系统》(*Order through Fluctuation：Self-Organization and Social System*)。于是，我开始学习热力学，以便研究格兰斯多夫(Glansdorff)、尼科利斯(Nicolis)、普利高津和其他一些物理学家的论著。在这个时期，我还详细研究了德国物理学家赫尔曼·哈肯(Herman Haken)的论著。

我马上就清楚地意识到，这个理论脉络代表了一种完全不同的科学观点。在这个理论传统中，结果是不可预测的，问题可能有不止一个解，并且偶然事件也可能决定未来，而不只是被平均掉。我还认识到，对于这个方向上的研究来说，关键不在于它们所涉及的科学领域——无论是激光理论、热力学，还是酶动力学——而在于如下事实：这些过程是由特定形式的自我强化、正反馈或累积因果关系所驱动的；或者，用经济学的术语来说，这些过程是由非凸性所驱动的。正是在这里，我发现了一个可以处理收益递增的框架。

1979年10月和11月对我来说很重要，因为就在那几周里，我用来探索收益递增问题和经济现象的方法取得了重要的进展。我意识到，我感兴趣的经济学问题涉及的是这样一类对象之间的竞争：这些对象的"市场成功"是累积性的或自我强化的。同时我发现，无论我在什么地方遇到这样的问题，它们往往都具有相似的性质：通常存在不止一个长期均衡结果；最终达成的那个均衡结果是无法提前预测的;它往往会被锁定;它不一定是最有效率的;而且,对它的"选择"往往受制于历史事件。此外,如果问题从表达形式上看是对称的,那么结果通常就是不对称的。

在前面列出的这些性质中,有一些以往的经济学家在讨论特定问题时其实已经注意到了(尤其是无效率的可能性)。但是似乎没有人意识到,它们对于所有收益递增问题都是"通用"的,并且利用它们可以构建出讨论和剖析此类问题的框架。此外,这些性质似乎在凝聚态物理学中都可以找到各自的对应物:我称之为均衡多重性、不可预测性、锁定性、无效率性、历史依赖性和不对称性;而物理学家则称之为多重亚稳态、不可预测性、锁相性或锁模性、高能基态、非遍历性和对称性破缺。

我越来越相信,经济学在处理收益递增问题时面临的主要障碍,是多重均衡的可能性所带来的非确定性(indeterminacy)＊。经济学家似乎完全无法接受"几个均衡都是可能的"的这种陈述,结果反而使遗漏(missing)变成了一种确定如何得出某个特定解的方法。因此,需要一种方法来处理如何在收益递增问题的若干个可能结果中"选择"出一个均衡、一个解、一个结构这一问题。一种可能的方法是——它流行于那个时期的博弈论研究中——添加能够解决这个"选择问题"的公理。但是这样做的人为性似乎过强了。我相信,选择不应该是预先确定的;在大多数问题中,选择会随着时间的推移而自然而然地发生(往往通过历史上的偶然事件)。因此,我所寻求的方法必须能够容纳如下可能性,即在收益递增问题中,随机事件可能会被内在的正反馈机制或强化机制放大,从而概率性地"选择"结果。我认为,均衡选择应该运用非线性随机过程来建模。

有一段时间,我觉得来自概率论的主方程方法似乎很有前景。但是它们复杂性过高且通用性不足——例如,它们在处理具有增长的过程时非常不方便。很明显,我需要为自己量身定制一套方法。

1980年,我尝试了多种随机公式,看它们能不能解决收益递增的经济学

＊ 中文版将"indeterminacy"译作"非确定性",这是为了将其与"uncertainty"(不确定性)区分开来。——译者注

问题,结果成败参半。1981年夏天,我邀请洛克菲勒大学的数学生物学家乔尔·科恩(Joel Cohen)到国际应用系统分析研究所访问研究,并告诉他,我想找到一个合适的概率框架以便嵌入我的问题,但是遇到了困难。乔尔给我的建议是,不妨考虑波利亚过程,那是概率论中一个有路径依赖性的过程。事实上,在乔尔不久前撰写的一篇关于波利亚过程的经典论文中,他就把波利亚过程作为对历史事件如何决定未来结构的一种隐喻。波利亚过程作为一个框架的简洁性立即吸引了我,但是我也认识到我的问题并不完全符合它的设定。

事实上,波利亚过程描述的只是一种非常特殊的情况。它可以用来描述这样一个增长过程:一个单位被随机地添加到不同的类别中,且添加到某个类别中的概率与该类别当前所占的比例相同。相比之下,在我的市场构建问题中,我需要处理的则是另外一种增长过程,其中添加到某个类别的概率可能是其当前所占比例(或市场份额)的任意函数。我相信,这样一个"配置过程"也将收敛到这个概率函数的不动点,并且相信利用福克-普朗克(Fokker-Planck)方程就可以证明这个猜想的正确性。我曾经向一些专业的概率论研究者寻求帮助,希望他们可以帮助提供严格的证明,但是没有人能够帮忙。我也曾多次与我在国际应用系统分析研究所的办公室同事、苏联概率论专家尤里·叶莫列夫(Yuri Ermoliev)说起这个问题。有一天,叶莫列夫让我再给他看一次那些式子。他认为他可能找到了一个有望指向证明的思路。叶莫列夫的想法是,将该过程的动力学简化为一种在概率论中易于理解的形式——罗宾斯-门罗随机逼近式(Robbins-Monroe stochastic approximation)。这看起来好像能奏效。叶莫列夫将完成该证明的任务交给了他的门生尤里·卡尼奥夫斯基(Yuri Kaniovski)。一年后的1983年,叶莫列夫、卡尼奥夫斯基和我在苏联的一本期刊《控制论》(Kibernetika)上发表了一篇论文,证明了一系列相关定理。

这篇论文发表后不久,一位苏联同事给了我们一篇在1980年《概率论年鉴》(Annals of Probability)上发表的论文的复印件,作者是来自美国的三位概率论专家布鲁斯·希尔(Bruce Hill)、戴维·莱恩和比尔·萨德斯(Bill Sudderth)。这篇论文阐述并解决了大致相同的问题。我们自然感到失望。不过不久之后大家就发现,希尔、莱恩和萨德斯的论文只是解决了我们的问题的一个更简单的一维版本,而我们实际已经解决了 N 维版本问题。此外,我们用的方法也与他们不同。我们使用的是一个虽然较粗糙但更为强大的方法;而他们使用的则是更经典但较弱的方法。后来,在 20 世 80 年代的剩余时间里,当我们对这些定理进行进一步扩展时,我们也借鉴了希尔、莱恩和萨德斯所发展的方法,并将它们与我们的随机逼近方法结合起来运用。我们这些研究工作有很大一部分是通过邮件在隔空对话中进行的,还有一部分则是在维也纳面对面合作完成的。我曾经先后四次访问苏联,前后停留时间加起来超过一个月。为了更好地推进合作研究,我不得不学习了很多专业级的概率论知识。与叶莫列夫和卡尼奥夫斯基一起完成的这些研究工作,给我带来了莫大的纯粹思考的快乐。

通过这一系列以概率为关注核心的研究,我们得到了一个可以解决收益递增问题中的选择问题的一般程序。这个程序的工作原理是,将每一个问题都重新定义为一个与之对应的随机过程,通常来说,这个随机过程涉及类别之间的分配或转换。这个随机过程本身可能具有多个渐近状态(或随机极限),而且在每一次实现中,都会有某一个状态将被"选中"(当然,不一定每一次被选中的状态都相同)。这样一来,就可以将基本的非确定性转化成概率上的非确定性,从而使我们能够通过考察该随机过程的瞬态动力学来研究前述选择问题。我与叶莫列夫和卡尼奥夫斯基一起发展起来的这种非线性波利亚随机逼近方法,在通常情况下都是适用的,但是有的时候其他方法可能会更加适用。例如,在本书收录的论文中,有一篇(第 2 章)使用的是随机游走方法(random-walk formulation),还有一篇(第 9 章)则使用了主方程方法(master equation format)。

在早期四处搜寻经济中的收益递增的实例时,我对技术经济学深深着迷(那还是在 1980 年前后)。在经济学中,"标准"的技术问题是搞清楚在何种经济环境下,一种新的、更优越的技术可以取代一种旧的、更低劣的技术,以及这样一个替代过程可能需要多长时间。但是,我在大学本科阶段学习工程学时,就已经认识到,一种新技术的到来,通常会表现为多种不同的版本或设计格式。因此,如果有一种新技术正在取代一种旧技术,那么就可以将其视为一个技术的各种相互可替代的备选方案争夺采用者的过程。此外,学习效应的存在,似乎会给任何一个在累积采用方面处于领先地位的版本带来很大的优势。因此,这种采用过程可能会被锁定到任何一个因历史偶然而拥有更好开端的技术版本上去。很显然,这个"技术竞争问题",其实是一个非常典型的收益递增问题,而且它似乎正好适合用我那时正在努力开发的方法来处理。

在1980年和1981年这两年间,我尝试过很多种解决技术竞争问题的方法。1981年7月,我在委内瑞拉加拉加斯举行的国际系统会议(International Conference on Systems)上就这个问题作了一次大会演讲,并受到热烈欢迎。然后,我又花了一两年时间将技术竞争问题精炼为自己满意的形式。到了1983年的夏天,我终于将它写成了一篇国际应用系统分析研究所的工作论文。

也就是在那段时间前后(具体来说,是在1982年),我来到了斯坦福大学。我花了很大力气去研究经济人口统计学和数理人口统计学,并把接下来三年的大部分时间都用于重新组织斯坦福大学在人口统计学方面的研究工作。在斯坦福大学,我遇到了经济史学家保罗·戴维(Paul David)。他非常认同我的想法。事实上,在与我相遇之前,保罗自己也已经沿着同样的思路思考很长一段时间了。他在1975年出版的《技术选择、创新和经济增长》(*Technical Choice, Innovation, and Economic Growth*)一书的前言中,就有几页是用来讨论非凸性与历史路径依赖之间的联系的。保罗对收益递增-路径依赖这个理论进路的前景非常看好。他问我,找到相关的例子了吗?我一直在收集关于打字机键盘发展历史的资料,并已经在自己的论文和演讲中举过 QWERTY 键盘的例子。保罗也曾经想到过这个例子——在 20 世纪 80 年代初,还有其他几个人也一样想到过。在争论的时候,他提出了标准的反对意见,即认为如果有更好的选择,人们就会使用它。对此我并不同意。在接下来的两年里,我们继续讨论,然后,到了1984年底,保罗终于开始着手研究起打字机的历史。结果,他于1985年在《美国经济评论》(论文和会议纪录)(*American Economic Review, Papers and Proceedings*)上发表的《克利俄与键盘经济学》(Clio and the Economics of QWERTY)一文,立即成为经典。对我来说,这篇论文有两个影响。第一个影响是积极的,因为路径依赖迅速变成了经济学家所熟知的一个概念,它通过一位知名的经济史学家得到了合法化,并最终在相应的学术领域中占有了一席之地。第二个影响对我来说则不那么走运,因为我自己讨论这个问题的论文当时还没有正式发表,因此很多人以为我只是保罗思想的追随者。

事实上,我写于1983年的关于技术竞争问题的工作论文(见本书第2章)也受到了极大的关注,尤其是在那些对历史和技术感兴趣的经济学家的圈子里。但是它的期刊发表之路并不顺利。原因是,在将它改写为用来发表的论文时,我决定尽一切努力简化我的阐述,以便让尽可能多的读者——甚至包括本科生——都能理解它所包含的思想。我之前的大多数论文的技术性都非常强(事实上,有好几篇论文就是发表在专业的数学期刊上的)。我当时的想法是,没有理由仅仅为了给读者留下深刻印象,就在论文中运用过多华丽的数学公式。我非常钦佩乔治·阿克洛夫(George Akerlof)的经典论文《柠檬市场》(The Market for "Lemons"),它既清晰又简洁。我希望我的这篇论文也能达到这种水平。后来的事实证明这是一个严重的错误。我在这篇论文中运用的数学只限于简单的随机游走,因此无法凭借高明的数学技巧获得青睐;另一方面,似乎也很难说这篇论文为任何标准的、公认的经济问题提供了解决方案。于是,这篇论文就开始了长达六年的流浪生涯,辗转于不同的编辑和审稿人手中。我先把它投给《美国经济评论》,被退稿后又投给《经济学季刊》(Quarterly Journal of Economics),然后又再一次投给《美国经济评论》(因为它已经换了一个编辑团队),接着又投给《经济学期刊》(Economic Journal)。最后,在1989年,经过第二次申诉之后,它终于在《经济学期刊》上发表了。

1984年初,我开始研究收益递增和产业布局问题。在那之前,我就一直在阅读简·雅各布斯(Jane Jacobs)撰写的《城市与国家财富》(Cities and the Wealth of Nations)一书,并被她令人一见难忘的生动描述深深吸引:历史上很多被"超越"的国家和地区,之所以会被其他领先国家和地区抛在身后,似乎仅仅是因为后者原本就已经处于领先位置了。我打算构建一个随机动力学模型,用来对集聚经济中因为历史偶然而形成的产业集群现象进行建模,为此,我阅读了大量讨论产业区位问题的德文文献。在这个问题上,以往的文献中似乎存在两种观点。大多数学者,主要是那些更知名的学者,都赞成使用一种均衡方法——根据这种方法,产业区位是通过某种唯一的、预先决定的方式确定的。但是,还有其他一些学者——其作品通常更晦涩难懂且未译成英文——则强调了机遇在历史中的作用,以及产业区位随时间演变的、路径依赖的特征。在20世纪30年代,路径依赖的观点似乎在很大程度上被理论家抛弃了,因为没有办法确定如何在众多可能的区位模式中选定一个,并且当时的理论界也不接受非确定性。因此,这是一个很适合前述能够处理选择问题的概率动态方法来解决的问题。于是水到渠成,我写出了《产业区位与历史的重要性》(Industry Location and the Importance of History)一文(见本书第4章),它于1986年发表后在斯坦福大学受到广泛关注。但是在发表过程中,它还是遇到了与我前面那篇关于技术竞争问题的论文相似的命运。在被两家主流期刊拒之门外后——部分原因是,他们不理解对于经济学理论来说这是一个合法的问题(评审意见称,"这篇论文更适合发表在区域经济学期刊上")——我终于在1990年成功地把它发表在了《数理社会科学》(Mathematical Social Sciences)上。

直到后来,在回顾这些论文发表过程中遇到的重重困难时,我才意识到我当初太过天真,竟然还期望它们会立即受到经济学专业期刊的欢迎。而众所周知,经济学领域对不同观点的接受,向来都是迟缓的。

我认为,问题并不在于经济学期刊的编辑们对新思想怀有敌意。相反,开放性之所以如此缺乏,源于经济学这个行业的一个根深蒂固的信念,即经济学所要做的,无非就是在一整套关于人类行为和经济制度的固定不定的基本假设的基础之上进行严格的推理。如果在某个地方的某块大理石上,确实已经刻好了能够准确地反映现实的一整套假设,并且可以将它们一成不变地应用于所有经济问题,同时我们还很清楚这些假设究竟是什么,那么当然没有必要去探索其他任何假设可能会产生什么结果了。但是情况并非如此。经济学家真正需要的假设是因问题的背景而异的,它们不能简化为一个标准的假设集。然而,在经济学界内部,任何时候似乎都有一套标准假设占据着主导地位。通常,这些假设最初只是为了分析方便而采用的,而到了后来,经济学家们接受并运用它们的主要原因恰恰就在于,它们被其他经济学家接受并运用了。久而久之,基于不同假设得出的推论就会显得怪异,而且很容易被认为"不是经济学"。我确信,这种情况是不健康的。它会阻止许多经济学家——尤其是年轻经济学家——去大胆地尝试不同的方法或考虑不同的问题。它还鼓励经济学家在原本就不合适的情况下僵化地直接套用标准假设。最终，它使得我们经济学家无法回避这样一种指控：经济学只不过是一种基于错误假设的严格推论。在当前这个发展阶段，经济学不需要维护正统和画地为牢；相反，它需要的是开放和勇气。

到了 1987 年，我的命运出现了一个突如其来的转折。这一年年初，我获得了古根海姆基金会（Guggenheim Foundation）的资助，用于研究收益递增问题。同年 4 月，肯尼思·阿罗向我发出了邀请，要我于当年 9 月到位于圣塔菲的一个小型研究所参加一个为期 10 天的跨学科会议，而这个会议将采取物理学家和经济学家之间进行对话的新颖形式。我参加了这个会议。除了交流之外，这个会议还产生了许多其他成果。在听我介绍我的研究之后，与会的各位物理学家，尤其是菲尔·安德森（Phil Anderson）、理查德·帕尔默（Richard Palmer）和戴维·派因斯（David Pines），立即认识到，我的经济学观点与凝聚态物理学理论之间有很多相似之处。他们的背书大大提升了我的研究的合法性。整个会议取得了巨大成功。会议上的跨学科对话还激发了一个新的想法：在圣塔菲研究所设立一个经济研究项目。我受邀担任它的首任主任，我欣然接受了这个邀请。在接下来的 1988 年和 1989 年，我在圣塔菲度过了整个职业生涯中最令我兴奋的两年。

1987 年 9 月在圣塔菲，我和约翰·霍兰德（John Holland）合住一栋房子。我对他关于适应性（adaptation）的思想产生了兴趣，而且很快就着了迷。尽管乍一看，适应性思想与收益递增现象似乎风马牛不相及。事实上，在圣塔菲研究所的头两年里，我确实并没有特别刻意去推进关于收益递增的研究。我当时认为学习和适应更加重要。但是，当我阅读了更多文献之后，我意识到在出现学习的地方，信念可以变得自我强化——无论是在赫布型神经突触的层面，还是在霍兰德所说的分类系统的学习中，又或者是在宏观经济问题的学习中。由此，我开始认识到，学习问题与收益递增之间存在紧密联系——仿佛为了印证这一点，我发现，许多适用于收益递增的随机数学结果，也适用于学习问题。尽管我最近关于学习的研究已经超出了本书的范围，但我还是在本书中收录了一篇论文，它至少隐含了学习与收益递增之间的联系。

现在，当我撰写这篇前言时，收益递增已经成为经济学中一个有很多人在深入研究的主题了。保罗·罗默提出的内生经济增长理论已经取得了很大成功，而且目前正在与国际贸易文献相结合。保罗·克鲁格曼接手研究了收益递增情况下的产业区位问题，并为推广它做了大量工作。安德烈·施莱费尔（Andrei Shleifer）、罗伯特·维什尼（Robert Vishny）和凯文·墨菲（Kevin Murphy）对罗森斯坦-罗丹"大推动"理论的现代复兴，重新激发了发展经济学家对收益递增问题的兴趣。保罗·戴维和道格拉斯·诺思（Douglass North）也深入研究了路径依赖，以及它对更一般的经济学问题，特别是经济史的意义。蒂穆尔·库兰正在着手将收益递增理论应用于对社会选择和政治动荡的研究。保罗·米尔格罗姆（Paul Milgrom）和约翰·罗伯茨（John Roberts）提出了互补性理论。史蒂文·杜尔劳夫（Steven Durlauf）和松山公纪（Kiminori Matsuyama）则在探索随机均衡选择。还有好几位一流经济学家也都参与了进来。因此，我很高兴地告诉大家，这个领域正处于蓬勃发展当中。

　　时不时地，会有经济学家问我这样一个问题：我自己的经济学观点将会带我走向何方？我曾经以为，我自己并没有事先预定好的方向，我只是在追随我的思想所指引的方向。但是在回过头来阅读本书收录的这些论文时，我才意识到，从一开始我就有一个非常明确的方向和愿景。现实的经济世界是一个不断转型和变化的世界。这是一个混沌、有机、复杂的世界。如果说我有一个不变的目标，那就是努力要证明转型、变化和混乱在经济中是很自然的。所有这些与理论并不矛盾；相反，它们可以得到理论的支持。在经济学中，收益递增的世界自然是一个动态的世界，而不是一个静态的世界；是一个演化的世界，而不是一个均衡的世界；是一个充满概率性和偶然事件的世界。最重要的是，这是一个过程和模式变化的世界。这不是一个异常世界（anomalous world），也不是一个微不足道的世界，一个在经济学视域中可以忽略的世界。这是一个广阔而令人兴奋的世界。我希望，读者在这个世界中旅行时，会和我一样兴奋和着迷。

W.布莱恩·阿瑟

1993 年 5 月

于斯坦福大学

致 谢

本书收录的这些论文,深受赫尔曼·哈肯、约翰·霍兰德和伊利亚·普利高津的思想的影响;当然,我的合作者尤里·叶莫列夫、戴维·莱恩、尤里·卡尼奥夫斯基和安杰伊·鲁什琴斯基(Andrzej Ruszczynski)的想法,也对它们影响至深。多年来,马丁·舒比克(Martin Shubik)一直给了我莫大的支持和鼓舞。在我的学术生涯的早期,肯尼思·博尔丁(Kenneth Boulding)和佳林·库普曼斯(Tjalling Koopmans)的帮助,让我鼓起勇气,继续潜心研究收益递增问题。我在这里要特别感谢肯尼思·阿罗,他不仅鼓励我坚持自己的研究计划,而且在过去几年里为推动一般意义上的非标准经济学研究做了大量工作,特别是推动了圣塔菲研究所经济学研究项目的成立和运行。

在圣塔菲研究所期间,我一直得到菲利普·安德森(Philip Anderson)、乔治·考恩(George Cowan)、默里·盖尔-曼(Murray Gell-Mann)、斯图尔特·考夫曼(Stuart Kauffman)、理查德·帕尔默、金杰·理查森(Ginger Richardson)和迈克·西蒙斯(Mike Simmons)的支持、帮助和建议,在此我要向他们表达深深的谢意。在过去十二年左右的时间里,我与很多人就本书收录的各篇论文进行了对话、讨论和争论,并从中学到很多东西。除了前面已经提到的那些人之外,我还要特别感谢彼得·艾伦(Peter Allen)、米歇尔·巴林斯基(Michel Balinski)、乔尔·科恩、罗宾·考恩(Robin Cowan)、保罗·戴维、乔瓦尼·多西(Giovanni Dosi)、马克·费尔德曼(Marc Feldman)、弗兰克·哈恩(Frank Hahn)、沃德·汉森(Ward Hanson)、理查德·赫姆斯坦(Richard Hermstein)、埃内斯托·伊利(Ernesto Illy)、马丁·克里格(Martin Krieger)、保罗·克鲁格曼、莫迪凯·库尔茨(Mordecai Kurz)、阿索卡·莫迪(Asoka Mody)、理查德·纳尔逊(Richard Nelson)、叶夫根尼·努尔明斯基(Evgeny Nurminski)、内森·罗森伯格(Nathan Rosenberg)、乔纳森·拉夫加登(Jonathan Roughgarden)、戴维·鲁梅尔哈特(David Rumelhart)、汤姆·萨金特(Tom Sargent)、米切尔·沃尔德罗普(Mitchell Waldrop)、加文·赖特(Gavin Wright)和佩顿·扬(Peyton Young)。我的研究还得到了如下机构和个人的资助:斯坦福大学经济政策研究中心(Center for Economic Policy Research)、古根海姆基金会、拉塞尔·塞奇基金会(Russell Sage Foundation)、国际熊彼特学会(International Schumpeter Society)、国际应用系统分析研究所、迪安·莫里森(Dean Morrison)和弗吉尼亚·莫里森(Virginia Morrison)夫妇、伊利家族(Illy family),以及花旗银行的约翰·里德(John Reed)和亨利·利希斯坦(Henry Lichstein)。

为了本书能够顺利出版并争取做到尽善尽美,密歇根大学出版社付出了很多努力。在这里,我要特别感谢密歇根大学出版社社长科林·戴。我还要感谢这套丛书的主编蒂穆尔·库兰*,他提出了许多非常有益的建议,也帮助了我很多。

最后,我要感谢我的妻子苏姗·P.阿瑟(Susan P. Arthur),在我努力让经济学界接受本书思想的整个过程中,她一直给予我最坚定的支持。

---

* 本书英文版是密歇根大学出版社"经济、认知与社会"(Economics Cognition, and Society)丛书中的一本。——编者注

CONTENTS

目　录

经济中的正反馈

本章原本是为普通读者撰写的一篇论文。它可以作为本书后续各章所讨论的各个主题的导论。

这篇论文最初发表于 *Scientific American*（February 1990）:92—99。收入本书时,我已经删去了原文中的一些图表。

传统的经济学理论是建立在收益递减的假设的基础上的。经济行为所产生的负反馈,会导致价格和市场份额达至一个可预测的均衡。这种负反馈往往能够稳定经济,因为任何重大的变化都将被它们产生的反应所抵消。例如,20世纪70年代,石油价格的高涨,推动了能源节约运动,鼓励了石油勘探和开采投资,最终导致80年代初期石油价格出现了可预测的下跌。根据传统经济学理论,均衡标志着在这种情况下可能出现的"最优"结果,即对资源最有效的利用和配置。

然而不幸的是,这样一幅图景固然赏心悦目,却往往与现实有非常大的出入。在很多经济领域,稳定的力量似乎并没有发挥什么作用；相反，在很多时候，是正反馈放大了微小的经济扰动的影响。描述这种影响的经济学模型，与传统经济学模型有非常大的差异。传统的收益递减模型意味着经济只存在唯一的均衡点，但是正反馈——收益递增——却可以容许多个可能的均衡点，而且无法保证从众多可能的结果中挑选出来的特定经济结果一定是"最优"结果。再者，一旦某个随机经济事件选择了某个特定路径，那么无论其他可选的路径有多大优势，未来的选择都可能被一直锁定在这个路径上。如果一种产品或一个国家在竞争性市场上"偶然"领先了，那么它往往就会一直保持领先地位，甚至还会不断扩大其领先优势。这样一来，可预测的、各方分享一定市场份额的结果也就不再一定能够实现了。

在过去几年间，我和斯坦福大学、新墨西哥州圣塔菲研究所和其他一些机构的众多理论经济学家一直在努力，共同发展出了一个以正反馈为基础的经济学理论，我们称之为收益递增经济学。事实上，收益递增经济学的思想根源可以追溯到 20 世纪 70 年以前或更久远的时期，但是它作为一个整体应用于经济分析在很大程度上仍然是全新的。这个理论与现代非线性物理学（而不是构成传统经济学基础的、20 世纪以前的那种物理学模型）有非常大的类似之处，它需要全新的、极具挑战性的数学工具。收益递增经济学似乎是理解现代高科技经济的合适理论。

盒式录像机（VCR）的发展史提供了正反馈的一个绝佳例子。在最开始的时候，盒式录像机市场上有两种相互竞争的制式——VHS 和 Beta，两者的价格大致相同。随着各自市场份额的扩大，每一种制式都可以实现收益递增：大量 VHS 制式录像机的拥有量，将鼓励录像带出租店等从业者储备更多 VHS 制式的录像带，这样也就提高了拥有 VHS 制式录像机的价值，最终吸引更多人购买这种制式的录像机。（当然，Beta 制式录像机的情况也是如此）正是通过这种方式，某种制式的录像机市场份额的小幅增加，就会提高该制式的录像机的竞争地位，并且会帮助它进一步扩大领先优势。

　　这样的市场在最开始时是不稳定的。VHS 和 Beta 这两种制式的录像机几乎是同时推出的，因此其市场份额也大致相等。在早期，这两种制式的录像机的市场份额的波动，可以归因于外部环境的变化、"运气"和相关公司的营销操作。然后，早期获得的市场份额上的收益递增，最终使得竞争优势向 VHS 制式录像机的倾斜。逐渐地，VHS 制式录像机积累了足够的优势，最终几乎占据了整个盒式录像机市场。然而，在竞争的最早期，我们不能预测哪一种制式会最终胜出（即在两种可能的均衡当中，哪一种会被选中）。而且，如果真的如有人声称的那样，Beta 制式录像机在纯技术层面实际上更为优越，那么也就意味着市场的选择并不代表"最优"的经济结果（图 1.1）。

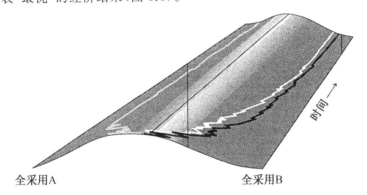

全采用A　　　　　　　　　　全采用B

图 1.1　凸面上的随机游走

　　注：本图说明了两种技术之间的收益递增竞争。偶然机会决定了技术采用的早期模式，进而影响每一种相互竞争的技术的改进速度。某一种技术吸引的追随者越多（这对应于向凸面任一边缘的"下坡"运动），这种技术被更多人采用的可能性就越大。

　　对于能够实现相同功能的两种技术或两种产品之间的竞争，传统经济学理论提供了另一种不同的观点。举例来说，传统经济学理论对水力发电和火力发电之间的竞争的解释是这样的：随着水力发电占据的市场份额增大，成本低的、便于开发的坝址越来越少，工程师们不得不去开发成本更高的坝址，这样也就意味着火力发电可能会显得更加便宜。类似地,当火力发电占据了更大的市场份额之后,就会抬高煤炭等燃料的价格(或者必须付出更多的污染控制成本),这样又会使天平向水力发电倾斜。最终,这两种技术会以某个可预测的、最能发挥各自潜力的比例分享发电市场。显然,这与前述存在两种制式的盒式录像机市场的情况形成鲜明对比。

不过,盒式录像机市场的这种演化,肯定不会令维多利亚时代伟大的经济学家阿尔弗雷德·马歇尔(Alfred Marshall)感到惊讶,尽管他是今天的传统经济学的创始人之一。早在 1890 年出版的《经济学原理》(*Principles of Economics*)一书中,马歇尔就曾指出,如果一个企业的生产成本随着市场份额的增加而下降,那么哪怕这个企业完全只是因为足够幸运而早早占据了较高的市场份额,它也能够击败所有竞争对手。"无论是什么企业,只要有一个好的开端,"就有可能垄断市场。然而,马歇尔并没有在这一观察的基础上进一步探究下去,而且直到最近,理论经济学仍然在很大程度上忽略了这种情况。

原因在于,马歇尔不相信收益递增广泛适用于几乎所有地方。在他那个时代,农业和采矿业是整个经济的支柱,由于肥沃的土地和高品质的矿藏都是有限的,所以这两个行业都呈现出收益递减的特征。另一方面,由于大型工厂能够改进生产组织,制造业具有收益递增的特点。不过,现代经济学家通常并不认为规模经济是收益递增的可靠来源。事实证明,大型工厂在有的时候更有效率,但是在很多时候却不然。

在这里,我试图发展马歇尔的观点。我观察到,那些以资源为基础的经济部门(如农业、生产大宗商品的行业、采矿业),在很大程度上仍然未能摆脱收益递减的趋势。对于这些行业,传统经济学理论仍然占据主导地位,这也是理所当然的。另一方面,那些以知识为基础的经济部门,则在很大程度上属于收益递增的世界。计算机、药品、导弹、飞机、汽车、软件、电信设备或光纤这样的产品,无论是设计,还是生产(制造)都非常复杂。在这些行业,研究、开发和生产都需要大规模的初始投资,但是一旦开始商业化销售,扩大生产的成本相对来说就会变得相当低廉。例如,在飞机制造业,要完成一个全新的机身或发动机的设计、开发、认证和投产,通常要花费 20 亿至 30 亿美元甚至更多。但是投产之后,每一个复制品的生产成本则往往只有 5 000 万至 1 亿美元。此后,生产出来的产品越多,单位成本就越低,利润也就越高。

产量的增加还可以带来额外的好处:生产更多的产品,意味着在生产制造过程中获得的经验也更多,因而也就能更好地学会如何在下一轮生产中以成本更低的方式生产出更多的产品。而且,在生产一种产品或使用一种技术的过程中获得的经验,还可以使生产下一代包含类似或相关技术的新产品变得更加容易。例如,日本成功地将在制造精密仪器方面的初始投资,转化成了制造消费类电子产品的能力,然后又转化成了制造消费类电子产品所用的集成电路的能力。

当一家企业生产出了更多的高科技产品之后,不仅高科技产品的生产成本会随着产品的增加而下降,而且使用它们的好处也会随之增多。许多产品,例如计算机或电信设备,都需要在可兼容的网络中才能运行;因此,当某个品牌的产品获得了更大的市场份额之后,人们就会有很强的激励去购买更多相同的产品,以便与已经在使用这种产品的其他人交流信息。

问题是,如果收益递增真的如此重要,那么为什么直到最近仍然在很大程度上被经济学家所忽略呢?有些人或许会说,收益递增在那些复杂的产品——高科技产品——上才显得非常重要,而这些产品本身就是最近才出现的。这当然是事实,但是这种解释最多只给出了部分答案。毕竟,在 20 世纪 40 年代和 50 年代,就有很多经济学家,比如说冈纳·缪尔达尔和尼古拉斯·卡尔多等,从很多完全不涉及高科技因素的经济现象中识别出了收益递增。正统经济学家之所以排斥收益递增,还有更深层次的原因。

在一些经济学家的眼中,同一个问题存在不止一个解,是一件非常令人厌恶的事情——或者说是"不科学"的。约瑟夫·A.熊彼特(Joseph

A. Schumpeter)在1954年这样写道:"多重均衡,尽管并不必然是无用的,但是从精确科学的任何一个角度来看,一个可唯一确定的均衡的存在,当然是最重要的事情,即便要证明这种均衡的存在需要以非常严格的假设为代价也是值得的。如果在任何一个抽象水平上都没有办法证明可唯一确定的均衡的存在——或者无论如何也无法证明少数可能的均衡的存在——那么现象领域将无异于完全不受理论控制的一片混沌。"

其他一些经济学家肯定也看到了,一旦经济学理论容纳了收益递增,就会破坏他们所熟悉的只存在唯一、可预测的均衡的世界,以及市场选择永远最优的观念。而且,如果出现了一家或几家企业主导市场的情况,那么没有一家企业会大到足以单独影响市场价格的假设(这个假设使经济问题更易于分析)也将崩溃。事实上,约翰·R.希克斯(John R. Hicks)在1939年就考虑过收益递增的可能性,但是他惊恐地退缩了。"经济学将会受到严重的威胁,"他这样警告道,"绝大部分经济学理论都将崩塌成一堆残骸。"于是,经济学家决定将自己限制在收益递减的范围内,那里不会出现异常情况,因而可以进行彻底的分析。

还有一些经济学家则对市场如何从几个可能的解中选出一个这一问题感到困惑。在马歇尔给出的那个例子中,那些在一开始时占据了最大市场份额的企业的生产成本最低,而且必定会在市场上胜出。那么在这种情况下,为什么小企业还要参与竞争呢?再者,从另一方面来说,如果在一开始出于某种偶然的原因几个完全相同的企业共同占据了市场,那么它们的市场份额将会永远处于一种不稳定的均衡状态。

1979年,当我开始研究这些问题的时候,我就相信自己可以找到解决这些困难的方法。在现实世界中,如果几家规模相似的企业同时进入市场,那么各种偶然性的小事件——意料之外的订单、与买家的偶然会面、管理层的突发奇想——都将有助于决定哪家企业能够较早实现销售,以及随着时间的推移哪家企业最终会在市场上占据主导地位。经济活动是由小到无法观察的单个交易来"量化"的,而这些很小的"随机"事件可以累积起来并通过正反馈放大,进而决定最终结果。这些事实表明,不应该把收益递增主导的经济问题,建模为静态的确定性问题,而应该把它们建模为基于随机事件和自然的正反馈或非线性的动态过程。

采用这种策略之后,就可以在理论模型中重新构造一个收益递增市场,我们也就可以观察其相应的过程如何一次又一次地展开。在这样的市场中,有时候会出现一个解,另外一些时候(在完全相同的条件下)则

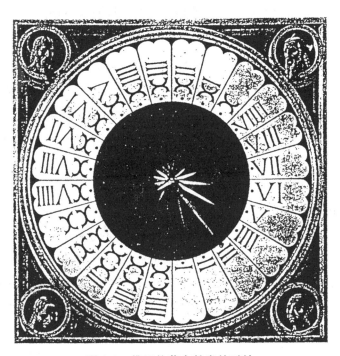

图1.2　佛罗伦萨大教堂的时钟

注:这个时钟的指针是围绕它的24小时制表盘按逆时针方向转动的。它是由保罗·乌切洛(Paolo Uccello)在1443年设计的,当时关于时针表盘的惯例还没有形成。各种相互竞争的设计呈现出收益递增的特征:使用某种类型的表盘的时钟建造得越多,人们就会更加习惯于使用这类时钟。因此,未来的时钟表盘很有可能变为只有一种类型。到1550年以后,只显示12小时的顺时针表盘设计就完全排挤掉了其他设计。本书作者认为,与正反馈相结合的偶然事件,而非技术上的优势,往往会决定经济发展。

会出现另一个解。我们在事先不可能知道,在任何一次给定的运行中,多个解中的哪一个将会出现。然而尽管如此,我们还是有可能将导致每一个解的特定随机事件集记录下来,并研究在特定初始条件下出现特定解的概率。这里包含的思想很简单,以往的经济学家很可能也早就想到过了。但是要让它发挥作用,还需要借助于当时尚不存在的非线性随机过程理论。

我们也不需要孤立地去研究每一个收益递增问题;许多这类问题都适合用通用的非线性概率方法来解决。为了说明这一点,不妨考虑以下例子。请想象这样一个过程:有一张桌子,每一次都要添加一只球到桌子上去。球有若干种可能的颜色——白色、红色、绿色或蓝色。下一次要添加到桌子上的那只球的颜色是未知的,但是取某种给定颜色的球的概率,取决于当前桌子上该颜色的球所占的比例。如果给定颜色的球的比例越大,添加另一个相同颜色的球的概率就越高,那么就可以用这个系统来演示正反馈。这样一来,问题也就转变成了:给定一个能够将当前比例映射到概率上的函数,在添加了很多只球之后,桌子上每种颜色的球的比例是多少?

1931年,数学家乔治·波利亚(George Polya)解决了这个问题的一个非常特殊的版本,即添加某种颜色的球的概率总是等于当前该颜色的球所占的比例。三位美国概率论专家,密歇根大学安娜堡分校的布鲁斯·希尔以及明尼苏达大学明尼阿波利斯分校的戴维·莱恩和比尔·萨德斯,在1980年解决了这个问题的一个更一般的非线性版本。1983年,两位苏联概率论专家尤里·叶莫列夫和尤里·卡尼奥夫斯基——他们都是来自基辅格卢什科夫控制论研究所(Glushkov Institute of Cybernetics)的数学家——与我合作,解决了这个问题的最一般的版本。我们证明,随着球不断地添加进来,每一种颜色的球的比例必定会稳定到概率函数的某个"不动点"上,即添加每一种颜色的球的概率等于桌子上该颜色的球所占的比例。而且收益递增允许存在多个这样的不动点(图1.3)。

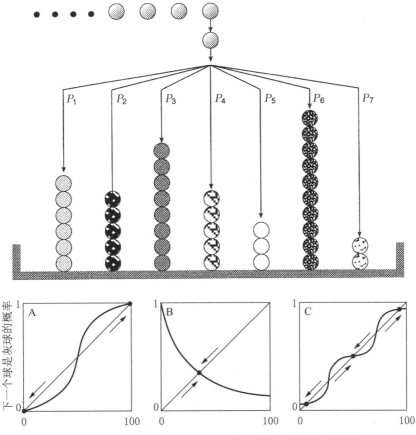

图 1.3 非线性概率论可以预测收益递增系统的行为特征

注：在这个模型中，不同阴影（用来代表正文中所说的颜色）的球一只接一只地被添加到桌子上，下一只球具有某种特定阴影的概率取决于当前该阴影的球所占的比例（如上图所示）。图 A 中出现了收益递增现象（该图显示了两种阴影的球的情况，其中的箭头表示可能的运动方向）：当前已有的灰球所占的比例越高，下一只添加进来的球是灰球的可能性就越大。在这种情况下，有两个均衡点：一个均衡点是几乎所有球都是灰的，另一个均衡点则是几乎没有灰球。图 B 中则出现了收益递减现象：当前已有的灰球所占的比例增加，会降低添加的下一球是灰球的概率。这种情况下只有一个均衡点。图 C 则显示了收益递增和收益递减的一种组合，这种情况下会产生很多个均衡点。

这就意味着，我们可以通过找出概率函数的不动点集这一容易得多的问题，来确定收益递增问题的可能模式或解。现在，借助这种工具，经济学家已经可以精确地定义收益递增问题，从而确定可能的解，并研究得到这种解的过程。由此,收益递增不再是"完全不受理论控制的一片混沌"了。

　　在现实世界中,这里所说的球可能代表若干企业,它们各自的颜色则可能代表这些企业将要选择的区位——假设企业是一个接一个地进入一个行业并选择各自的区位,以实现利润最大化。我们假设,每一家企业的地理偏好(在特定地域可以获得的固有利益)各不相同,而且下一家进入该行业的企业的偏好是由偶然机会决定的。此外,我们还假设,如果一家企业更靠近其他企业(它的供应商或客户),那么该企业的利润就会提高。第一家进入该行业的企业是完全根据自己的地理偏好来选择企业的区位的;第二家企业则根据经过修正的地理偏好来作出区位决策,因为选择的区位与第一家企业更接近,它就能够获得额外收益;第三家企业的区位决策要受前两家企业所处区位的影响;依次类推。如果在这种演化开始后的早期阶段,某个地理区域因为某种偶然的幸运机会,吸引到比其他区域更多的企业,那么它吸引更多企业落户的可能性就会增大。于是,产业的地理区位集聚就成了一个自我强化的过程。

　　企业进入某个行业的随机历史顺序决定了该行业的区位模式,但是这个理论同时也表明,并不是所有的区位模式都是可能实现的。如果其他企业的存在所产生的吸引力总是随着更多企业的加入而上升,那么某些区域将会始终占据主导地位并阻断所有其他区域的发展前景。如果吸引力趋于平稳,那么其他的解——若干区域共同分享该行业的市场——就有可能出现。运用我们给出的新工具,能够推导出在哪种条件下可以出现哪种类型的解。

　　那么,历史上是不是真的出现过这样的情况:某些区域之所以能够成为某个产业的集聚地,完全是因为偶然的历史机遇,而不是因为地理区位优势?加利福尼亚州的圣克拉拉县(即"硅谷")就是一个很好的例子。在 20 世纪 40 年代和 50 年代初期,美国电子工业的几个关键人物——瓦里安(Varian)兄弟、威廉·休利特(William Hewlett)、戴维·帕卡德（David Packard）和威廉·肖克利（William Shockley）——在斯坦福大学附近创办了一系列工场。这些早期企业出现之后，大大提高了相关资源的可得性（人们要在这些地方找到工程师、电子材料和组件变得更加容易了），从而对其他企业产生了非常大的吸引力——随后就有大约900家企业到这里落户。如果这些早期的企业家当初看中了别的什么地方，那么美国最密集的电子产品集聚地就很可能会花落他家了（图1.4）。

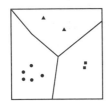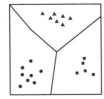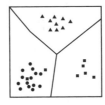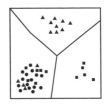

图1.4　一个由三个地点构成的地区内产业的成长

注：在这个模型中，有三种不同类型的企业在这个地区选择某个地点来实现自己的利润最大化目标。一家企业对区位的选择，取决于内在的地理偏好和其他企业的存在。图中显示的是一个由计算机程序生成的示例。在早期，所有企业都选择自己在地理上偏好的地点落户。但是，西南地区由于某种偶然因素取得领先地位之后，所有新企业最终就都选择落户于此了。这种集聚现象似乎暗示着西南地区在某种程度上是更优越的。然而，在另外几次运行这个计算机程序时，同样也出现了北部地区和东南地区占主导地位的结果。

从更大的范围来看，如果历史上的某个小事件与当初发生的不同，那么城市本身所处的地理位置也会变得不同吗？我认为答案是肯定的。如果某些城市所处的地点本身就是天然良港或河流或湖泊的交汇点，那么今天的城市格局所反映的就不是历史机遇，而是地理区位优势。但如果产业和人口被吸引到了这些资源已经聚集的地方，那么早期小规模的偶然聚集可能就是今天城市中心格局的种子。用雅克·莫诺的话来说，"偶然性与必然性"是相互作用的。在美国和其他地方的城市中心的发展过程中，两者都发挥了至关重要的作用。

除了产业的区域集聚之外，这种自我强化机制还在国际高科技产品的生产制造和贸易中发挥着重要作用。已经建立了巨大的高科技产业产能并从中获得了大量经验的国家，可以获得低成本、高质量等优势，从而有可能将其他国家排除在高科技产品的市场之外。例如，在20世纪70年代初期，日本汽车制造商开始在美国大规模地促销小型汽车。由于日本汽车制造商没有受到以底特律为代表的美国汽车制造商的有力反击，因此很快占领了市场，它们的工程师和生产工人由此获得了大量经验，结果日本车的成本不断下降、产品质量持续改进。这些因素，再加上不断改进和扩大的销售网络，使得日本汽车在美国汽车市场上的份额迅速上升；其结果是，日本汽车制造商的工人获得了更多经验，日本汽车的成本进一步下降，质量则进一步提高。在美国汽车制造商下定决心认真对待日本汽车之前，这种正反馈循环已经帮助日本汽车制造商几乎完全占据了美国的小型汽车市场。类似的事情，也发生在电视机、集成电路和其他许多产品的市场上。

那么，面对这样一个正反馈规律有机会大行其道的经济世界，各个国家应该如何应对呢？基于收益不变或递减收益的传统贸易理论给出的政策建议，倾向于采取一些低调举措，例如，要依赖开放市场，防止垄断，同时将研究支出等问题留给企业自己去解决。这些政策建议隐含的基本假设是，生产者必定会以某个固定的世界价格向市场供应商品，因此通过补贴或关税对当地成本或价格进行干预是非生产性的。很显然，这样的政策只适用于经济中收益递减的那部分，而不适用于收益递增居主导地位的、以技术为基础的部分。

适合高科技产品生产和国际贸易的成功政策，是那些可以鼓励产业积极寻求产能扩张和生产工艺改进的政策。这种政策能够加强建设高科技优势得以形成的全国性研究基地。它们还能够鼓励某个行业内部的企业大力合作，以分摊前期成本，同时共享营销网络、技术知识和标准。它们甚至还可能促成战略联盟的建立，从而使得多个国家的企业有能力进入一个没有企业可以单独应对的复杂产业。收益递增理论还强调了时机这个因素在开创新产业的过程中的重要性。进入一个已经接近被完全锁定或几乎没有成功机会的市场，并没有什么意义。在美国，有关方面已经开始逐渐提倡和采纳这种政策。

其他一些政策,例如为了帮助像生物工程这样的新产业占领国外市场,而为它们提供补贴和保护,其价值则是值得商榷的。即便有的时候人们会用反馈收益来证明政府资助一些大型而无用的工程的合理性,这种收益也是相当可疑的。而且,正如麻省理工学院的保罗·克鲁格曼和其他一些经济学家正确指出的那样,如果一个国家奉行这样的政策,那么其他国家就会通过补贴本国的高科技产业来进行报复。结果只能是两败俱伤。现在,经济学界正在深入研究基于收益递增的最优产业政策和贸易政策。各国选择的政策不仅会决定 20 世纪 90 年代全球经济的格局,还将决定谁将成为赢家、谁将沦为输家。

收益递增机制不仅会使国家之间的竞争平衡发生倾斜,而且还有可能导致某些经济体——即便是像美国和日本这样的成功经济体——被锁定低劣的发展路径上。一种技术,如果在初始发展阶段进步缓慢,那么即便它具有巨大的长期潜力,也很容易被排除在外,这种情况就会导致经济被锁定在一个既低劣又难以逃脱的路径上。

一般来说,采用某种技术的人越多,企业获得的能够用来指导进一步发展该技术的知识就越丰富,技术通常就越能得到改进。这种联系就是一个正反馈循环:采用某种技术的人越多,它得到的改进就越大,让更多的人采用它的吸引力就越大。当两种或更多技术相互竞争时(这类似于两种或更多产品相互竞争),正反馈会使得它们的市场不再稳定。如果某种技术仅仅是因为偶然的运气而在市场上取得了领先地位,那么它的发展就有可能会加速到足以垄断市场。因此,随着越来越多的人采用一项技术,它的改进速度会更快,其生存机会也就更大——它具有"选择优势"。然而,这种早期的优势并不一定能保证长期的适合度。

例如,1956 年,当美国开始着手推进建造核电站的计划时,考虑过多种设计:用气体、轻水、重水,甚至是液态钠来冷却反应堆。纽约大学的罗宾·考恩证明,是一系列看似微不足道的小事件,将几乎整个美国核电工业锁定在了轻水反应堆这种技术上。轻水反应堆最初是从原本设计用于推进核潜艇的高度紧凑的装置改造而来的。美国海军在早期反应堆建造合同中扮演的角色、美国国家安全委员会在苏联于 1957 年发射了"斯普特尼克 1 号"(Sputnik-1)人造卫星后做出的意在让反应堆(任何反应堆)在陆地上运行的努力,以及一些关键官员的个人偏好,都有利于轻水反应堆的早期发展。建造轻水反应推的施工经验又导致了轻水反应堆设计的改进,最后在 20 世纪 60 年代中期将整个核电行业的发展路径锁定在了轻水反应堆上。尽管事实上,从长期来看,其他设计是否更具有优势,至今仍然没有定论,但许多工程文献确实都表明,高温气冷反应堆也许更好。

正如我在斯坦福大学的同事保罗·A.戴维通过多个历史案例证明的那样,技术惯例或技术标准,以及特定技术本身,往往都会被正反馈所锁定。尽管技术标准本身可能不会随着时间的推移而改进,但是它们的广泛应用,却会使得所属市场的新进入者(他们必须与已经在该市场立足的先行者交换信息或产品)必须遵守该标准。无论是英语语法、高清电视系统、螺纹,还是打字机键盘,都是如此。许多在较早时期就确立的标准(例如 20 世纪 50 年代出现的老式计算机编程语言 FORTRAN),可能很难被后来的标准所推翻,无论未来的后继者有多么优秀。

直到最近,传统经济学教科书仍然倾向于将经济描述为类似于一个大型牛顿力学系统,它具有唯一的均衡解——可以由矿产资源、地理、人口、消费者偏好和技术可能性预先决定。根据这种观点,扰动或暂时的变化——例如 1973 年的石油危机冲击或 1987 年的股市崩盘——马上就能被它们所引发的反作用力完全抵消。而且,只要给定未来的技术可能性,从理论上说,人们就应该能够准确地预测经济发展的路径,即那个决定了商品价格和数量的解析方程组的可平滑转换的解。在这种观点中,历史并没有太大的重要性,它的作用无非是让经济达至其不可避免的均衡。

与此相反,正反馈经济学却与现代非线性物理学有很大的相似之处。由相互增强的元素组成的铁磁材料、自旋玻璃、固态激光器等物理系统,均显示出与我刚才讨论的经济实例相同的特性。它们会"锁相"到多种可能的"格局"(configuration)当中的某一种上面;关键时刻发生的微小扰动会影响最终选择的结果,而且所选择的结果可能具有比其他可能的最终状态更高的能量(即相比之下不太有利)。

这种正反馈经济学在间断平衡(punctuated equilibrium)进化论中也可以找到类似的表述。小事件(历史的突变)通常来说会被平均掉,但是偶尔,它们也会在使经济的某些组成部分向新结构和新模式转变的过程中,发挥非常重要的作用。这些新结构和新模式随后会被保留下来,并在新的发展阶段中得以延续和改进。

根据这种新的经济学观点,如果存在显著的收益递增部门,两个最初完全相同的经济体最终不一定会选择相同的发展路径。相反,它们最终会出现歧异。只要经济学家仍然对决定整体路径的小事件视而不见,那么要准确预测一个经济体的未来,不但在实际上不可能,而且哪怕就是在理论上也是根本不可能的。将一个具有正反馈的经济体引导到其许多可能的均衡状态中的最优均衡状态,不仅需要有好运气,还需要善于把握时机——一种对于最有可能促成从一种模式到另一种模式的有益变化的那些时刻的良好感觉。理论不仅能够帮助我们识别出这些状态和时机,而且还可以指导政策制定者做出适当的努力(不能太少,也不能太多),来对被锁定的结构进行解锁。

英国科学哲学家雅各布·布罗诺夫斯基(Jacob Bronowski)曾经说过,经济学长期以来一直受到 18 世纪强加给它的、致命的过度简化的结构的影响。不过今天我发现,这种情况正在发生变化,这令我欢欣鼓舞。随着正反馈概念得到越来越广泛的接受,经济学家的理论也发生了变化,他们不再将经济描述成简单的、确定性的、可预测的、机械的,而是开始将它描述成复杂的、依赖于过程的、有机的和不断演化的。

参考文献

Arthur, W. Brian. 1988. "Self-Reinforcing Mechanisms in Economics." In *The Economy as an Evolving Complex System*, ed. Philip W. Anderson, Kenneth J. Arrow, and David Pines. Reading, Mass.: Addison-Wesley Publishing Co.

——. 1989. "Competing Technologies, Increasing Returns, and Lock-in by Historical Events." *The Economic Journal* 99(394 March):116 - 31.

Arthur, W. Brian, Y. M. Ermoliev, and Y. M. Kaniovski. 1987. "Path-Dependent Processes and the Emergence of Macro-Structure." *European Journal of Operational Research* 30:294 - 303.

David, Paul. 1988. "Path-Dependence: Putting the Past into the Future of Economics." I. M. S. S. S. Tech Report No. 533, November. Stanford University.

Helpman, Elhanan, and Paul Krugman. 1985. *Market Structure and Foreign Trade*. Cambridge: MIT Press.

技术竞争、收益递增，以及历史上的小事件导致的锁定[*]

本章从"技术为得到采用而相互竞争"这个概念出发，分析收益递增下的配置性质。我们很早以前就知道，收益递增下的配置问题可能存在多重均衡，而且无效率的结果完全可能会出现。在这些性质的基础之上，本章进一步增加了两个性质：锁定（或无灵活性）的可能性，以及非遍历性（或路径依赖）。

本章还关注"选择问题"——当存在不止一种可能的长期结果时，一个配置结果是如何随着时间的推移而被微小的偶然事件"选择"出来的。

本章最早是在 1983 年 9 月发表的，当时它是以国际应用系统分析研究所的一篇工作论文的形式出现的（编号为 WP-83-90），所用的标题为"论技术竞争和历史上的小

* 作者非常感谢奥地利拉克森堡国际应用系统分析研究所在 1983 年夏天提供的资金支持；同时感谢保罗·戴维、沃德·汉森、理查德·纳尔逊、内森·罗森伯格、马丁·舒比克、加文·赖特，以及斯坦福大学"技术创新项目工作坊"的与会者，他们给出了非常有用的建议、评论和批评。

事件：收益递增下的选择动力学”(On Competing Technologies and Histor-
ical Small Events：The Dynamics of Choice under Increasing Returns)。本
书中收录的这个版本是一个更新版本，原本发表为：Center for Economic
Policy Research Publication No.43，Stanford，1985。后来，这个版本在经过
一定程度的缩写后，发表在 *Economic Journal* 99（March 1989）：116 - 31。

　　对于商品具有收益递增特性或供给具有成本递减特征的市场的静
态分析，现在已经开始变得为人熟知了。[①]大家公认，在这类市场中会出
现非凸性，因此会导致多重均衡。这些均衡通常是市场被一种商品或一
家企业垄断的"角点解"。然而，尽管只要拥有关于偏好、禀赋和转变可
能性的信息，我们就能够找到和描述这些各种可能的均衡，但是这些信
息通常不足以告诉我们哪一个均衡将会被"选中"。结果存在非确定性
(indeterminacy)。

　　早在大约一个世纪以前，马歇尔(Marshall，1891，p.485)就注意到
这种非确定性，当时他正在研究若干家长期成本曲线具有递减性质的企
业相互争夺市场的情况。马歇尔观察到，最终会有一家企业成为这个行
业的垄断者，但是我们无法提前推断出到底哪家企业会在市场上占据这
种支配地位。要想更深入地解决这个问题，我们还需要考察导致某个结
果被选中的可能路径。换句话说，我们需要考察收益递增情况下的配置
动力学。

　　为了更好地说明我们的想法和可以采用的分析策略，不妨先考虑如
下这个简单的例子。假设某个岛在某个时间点突然引入了若干辆汽车。
司机在开车的时候，可以选择靠右行驶，也可以选择靠左行驶。很显然，
无论选择靠哪一侧行驶，都是收益递增的：当选择靠右行驶的司机越来
越多的时候，选择这一侧的收益就会迅速上升。只要稍微花点心力思考
一下，我们就会想到，最初选择任何一侧行驶的司机所占的比例会有很
大的随机性，但是一旦选择某一侧的司机的比例由于某个偶然的原因而
领先得足够多，那么其他司机就会"跟随"着选择靠这一侧行驶，从而最

终所有的司机都将选择道路的同一侧行驶（即，将自己的汽车配置到这一侧来）。当然，最终"胜出"的那一侧——"支配市场"的一侧——无法提前推断出来。结果是非确定性的。

在这种情况下，实际结果很可能会取决于我们当前知识所及范围之外的各种各样的"小事件"，例如：某些司机的临时反应；有猫狗突然跑到马路上来了；红绿灯的时间或位置；等等。这样一来，分析收益递增情况下的配置的一个方法就是，明确列出这类"小事件"，将它们添加进模型中，并且用"慢动作"重放的方式仔细检查它们累积成一个总体结果的动态过程。在我们设想的上面那个例子中，直接进行这种考察无疑是相当困难的。但是作为一种分析策略，它在有更明确定义的情况下也许是可行的。

读者不难看出，我们给出的这个假想例子清晰地显示了许多人早就熟知的收益递增的潜在无效率性和不可预测性。在上面那个例子中，潜在无效率性指的是，即便个体选择是理性的，也不能保证从长期的集体观点来看，被"选中"的那一侧肯定是两侧中更好的一侧；不可预测性则是指，关于司机的偏好和概率的事前知识并不足以预测"市场结果"。需要提请读者注意的是，这个例子还显示出收益递增的动态过程所固有的两个新性质。首先，随着时间的推移，诱使个别司机改变行驶侧的努力（如果有人这样尝试的话），将会变得越来越无效，也就是说，让汽车只在道路某一侧行驶的配置会变得越来越难以改变和"锁定"。我们将这种锁定的性质称为无灵活性（inflexibility）。其次，"历史上的小事件"不会在这个动态过程中被"平均掉"，也不会被"遗忘"，也就是说，历史可能决定了结果。我们将这个性质称为非遍历性（nonergodicity）。

在本章中，我们探讨了收益递增情况下的配置动力学。为了给讨论提供一个具体背景，我们将引入一个简单的技术采用市场模型，在该市场中，技术会随着被采用而得到改进。我们特别关注的是这样一种情况："历史上的小事件"可以逐步累积起来并将市场锁定在由可能更低劣的技术占垄断地位的路径上。我们研究收益递增动态地导致低效率、无灵活性、不可预测性和非遍历性的机制。我们还将说明收益递增不会导致某种技术垄断市场，而会导致若干种技术共享市场的情况。

接下来，我们先引入技术竞争的概念，然后着手构建一个简单的配置模型。

2.1　技术竞争模型

2.1.1　预备知识

通常来说，要想实现任何一个经济目标，都会有不止一种途径。在这里，我们把这些"途径"（或方法）称为技术。我们感兴趣的是能够实现相同目标的各种技术，即若干种为了争夺潜在采用者的"市场"份额而相互竞争的技术。在现在这项研究中，我们所说的技术，既包括可以作为纯粹的方法或纯粹的信息而存在的技术，也包括体现为具体的物理设备或机械的技术。我们还将对我们所称的资助开发的技术（sponsored technologies）和非资助开发的技术（unsponsored technologies）加以区分，前者如索尼公司向市场推出的 Betamax 制式录像机，它是作为一种产品而被销售和定价的；后者则如喷气推进法，它是对所有人开放且无法定价的通用技术。在本章的大部分内容中，如果不加明确说明，我们所讨论的都是非资助开发的、且体现为实体机器设备的技术。

在本章中，我们还假设竞争所采取的形式要比标准的扩散模型更强。在标准的扩散模型中，是新的、更优越的技术与旧的、更低劣的技术相互竞争；相比之下，在我们这里，则是两种或多种更先进的新技术在取代过时、行将淘汰的旧技术的过程中的相互竞争。例如，在 19 世纪 90 年代，蒸汽机、电动机和汽油机为了成为新出现的汽车的动力源而相互竞争。在棉纺织业中，从 19 世纪头十年一直到 20 世纪初，走锭纺纱机与环锭细纱机一直在相互竞争（参见 Saxonhouse and Wright，1984）。最近，核技术与水力发电、火力发电及其他发电技术相互竞争，以争夺发电市场的份额。在快速半导体领域,砷化镓材料与掺杂硅材料也相互竞争。

需要提请读者注意的是,为某个特定目标而相互竞争的技术,种类不一定只有少数几个。如果我们将打字机上大约 40 个按键的任何一种排列视为一种技术,那么从原则上说,可以同作为现行标准的 QWERTY 键盘相互竞争的键盘类型,将会有 40 的阶乘或 10^{48} 种之多。

为了引入技术采用的收益递增特性,我们要先引述罗森伯格的"干中学"概念(Rosenberg, 1982;另见 Lieberman, 1985)。一种技术,如果不仅仅是一项标准或约定,那么它往往具有流变性:它会发生变异,它的设计会改变,有时甚至目标也会改变,而且通常会以数种甚至多种变体的形式存在。随着采用次数的不断增多,该技术的使用方法和经验也会不断积累起来,并且会被纳入更可靠且更有效的变体中。罗森伯格讨论过好几个这样的案例。一个例子是,喷气式飞机(比如说波音 727 机型或 DC-8 机型)的设计都会随着各家航空公司飞行经验的积累而不断调整,因而这些机型在结构稳定性、可靠性、机翼设计合理性、有效载荷能力和发动机效率等各个方面都能够得到显著改进。很显然,时间可能是一个因素。但是,我们要从一个纯粹的收益递增案例中抽象出"干中学"的影响,即随着选择某种技术的人的数量的增加,收益就会上升。

当然,并不是所有技术都会随着采用它的人数的增多而呈现出收益递增特性。例如,某种要素密集型技术如果过度流行了,就可能会抬高生产该技术的投入品的价格,那么这种技术的采用就是收益递减的。一个例子是,随着合适的坝址变得越来越稀缺以及水力效率的不断降低,水力发电就会变得更加昂贵。当然,也有一些技术不受其采用情况的影响——它们的收益是恒定不变的。

在下面的模型中,我们依次考虑了收益递增、收益递减和收益不变等各种情况下的技术竞争。

2.1.2 一个具有异质采用者的采用市场

假设存在两种非资助开发的技术 A 和 B,它们为了让自己被大量经济行为主体采用而相互竞争,同时假设那些经济行为主体当前正在使用的是一种过时的技术,比如说,单马两轮马车。(为简单起见,我们不妨将行为主体的人数视为无限的)再假设,行为主体 i 在其过时的设备于时间 t_i 报废之前一直使用它是合算的。但他不能没有可用的设备,所以在 t_i 这一时点上他会采用技术 A 或技术 B 的最新变体,并在此之后一直使用它。每个行为主体选择的变体的设计在其选择时刻就被固定或冻结了,因此他的得到的支付(payoff)* 不会受到未来任一技术变化或未来采用情况的影响。(稍后我们会允许支付受未来采用情况的影响。)行为主体分为两种类型,R 型和 S 型,每种类型的数量相等,这两种类型与选择时间无关,但在偏好或经济环境上有所不同。

使用某种技术的货币收益,或者说某个特定行为主体收到的支付,就是他所选择的技术变体在某个适当的时间期限内的产出减去要素成本后的(贴现)价值。为简单起见,我们还要假设,可供选择的技术 A 或技术 B 的变体,是随先前采用者的数量 n_A 和 n_B 而变化的,因此技术 A 的第 n_A 个采用者采用的是技术 A 的第 n_A 个变体(对于技术 B 也类似),而该变体的支付-效用则固定在表 2.1 中给出的水平上。[2]

表 2.1　在以往的采用情况给定的情况下选择技术 A 或技术 B 的收益

	技术 A	技术 B
R 型行为主体	$a_R + rn_A$	$b_R + rn_B$
S 型行为主体	$a_S + sn_A$	$b_S + sn_B$

令 r 和 s 同时为正、同时为负,又或者同时为零,我们就可以对收益递增、收益递减以及收益不变情况下技术采用过程的动力学进行比较分析了。我们假设,$a_R > b_R$ 且 $a_S < b_S$,这也就是说,R 型行为主体天生偏好技术 A,S 型行为主体天生偏好技术 B。

---

* 有不少人将"payoff"译为"收益"。但是在本书中,出于以下两点考虑,我仍然译为"支付":一是因为这是经济学中的传统译法;二是为了与"收益递增""收益不变"和"收益递减"中"return"的中译相区分。——译者注

　　为了完成对这个模型的构建，我们还必须定义一组"历史上的小事件"。请读者回忆一下前面给出的汽车靠左还是靠右行驶的例子，正是我们对特定事件的知识的有限性——司机的反应、天气状况、红绿灯的时间安排，等等——导致了结果的非确定性。如果我们对这些事件和状况都拥有无限详尽、无限精确的知识，那么结果——即将会被选中的是道路的哪一侧——很可能就是可以提前确定的。[③]因此，我们可以将"历史上的小事件"定义为那些超出了隐含的观察者的知识范围的事件或状况，即超出了观察者的"模型"或他对情境的抽象所能辨识的范围。

　　回到我们的模型。我们假设，有这样一个观察者，他拥有关于所有条件和收益函数的完全知识，但是关于行为主体的选择时间集$\{t_i\}$的知识除外。这样一来，观察者"看到"的选择顺序将会是 R 型行为人和 S 型行为主体所组成的二元序列，其性质为 R 型行为人或 S 型行为人出现在第 n 个位置的可能性相同，即概率均为二分之一。

　　现在，我们有了一个简单的新古典配置模型。在这个模型中，两种类型的行为主体要在技术 A 和技术 B 之间作出选择，即每个行为主体在轮到自己时选择自己最偏好的技术。供给成本函数（或收益函数）是已知的，需求函数也是一样（每个行为主体的需求都是一个单位，且没有任何弹性）。只有一个很小的因素是开放的，那就是，决定行为主体做出选择的序列的事件的集合。我们感兴趣的是，在收益不变、收益递减和收益递增这些不同的情况下，当引入一些小事件导致选择的顺序出现波动时，是否会对各种技术的市场份额产生影响。

　　我们还需要进一步界定其他一些性质。当总共做出了 n 个选择后，就可以用序列$\{x_n\}$描述这个技术采用过程了，其中，x_n 是技术 A 在阶段 n 的市场份额。虽然我们只在这个模型中内嵌了很小的不确定性，但是已经无法在一开始时就预先确定各种技术的市场份额了。对于一个过程，如果初始波动可以被"平均掉"，因而观察者能够获得足够的信息，以准确地预先确定长期市场份额，或者说，如果观察者能够在事前构造出一个拥有如下性质的预报序列$\{\hat{x}_n\}$，那么我们就说这个过程是可预测

的：当 $n \to \infty$ 时，$|\hat{x}_n - x_n| \to 0$ 的概率为 1。如果为了影响未来的市场选择而需要对一种技术发放补贴或征收税收的数额总是比较小的（比如说，小于某个常数 g），那么我们就说这个过程是灵活的（flexible）。如果历史事件的不同序列很可能会导致相同的市场结果——或者更确切地说，若给定观察者的可能历史事件集中取出的两个样本 $\{t_i\}$ 和 $\{t_i'\}$，分别对应于时间路径 $\{x_n\}$ 和 $\{x_n'\}$，则当 $n \to \infty$ 时，$|x_n' - x_n| \to 0$ 的概率为 1——那么我们就称这个过程是遍历的（ergodic）。我们还要说明一下效率在这个模型中的特定含义。在我们这个配置问题中，行为主体的选择确定了一条"路径"（或者说，技术 A 和技术 B 的各种变体被"开发"出来的序列），这里存在着外部性，因为以往的选择会影响当前的技术变体的支付。因此，一条"好的"路径可能需要早期采用者付出一定的"投资"（以便实现更好的技术变体）。在其他类似的动态问题中，我们可能会选择将（n 个选择后的）总支付作为效率标准。但是在这里，我们的行为主体有两种类型，它们具有不同的偏好，根据所谓的"贪婪算法"，每个行为主体都会选择当前对自己来说最好的选择；因而很容易就可以证明，在任何一个收益机制（returns regime）下，总支付的最大化都不是一定能保证的。④ 然而，我们更感兴趣的是，市场是不是会导致潜在的正确技术出现。为此，我们将采用一种"无遗憾"标准，并规定：如果在任何时候，对在采用中已落后的技术进行同等强度的开发（或者对它予以同等程度的采用）都不会带来更好的支付，那么就说这个过程是路径有效率的（path-efficient）。或者更准确地说，假设在任何时间 n，行为主体选择了已被更多采用的技术 α——它处于变体 m 的开发阶段——并且得到了 $\Pi_\alpha(m)$ 的支付（更少采用的技术 β 则处于变体 $k < m$ 的开发阶段），那么如果下式成立，我们就说这个过程是路径有效的：

$$\text{对于所有的 } k \leqslant j \leqslant m，都有 \Pi_\alpha(m) \geqslant \text{Max}_j\{\Pi_\beta(j)\}$$

这也就是说，如果滞后技术 β 的各个变体不会被更多地采用的话（如果滞后技术 β 的那些变体已经被开发出来并可供采用），我们就说该过程是路径有效率的。

2.2 三种收益机制下的配置

2.2.1 同质行为主体的情形——一点题外话

在研究我们这个有 R 型和 S 型两类行为主体的模型的选择结果之前，我们不妨先来讨论一下只有一类行为主体时的收益递增动力学。对后者的研究可以给我们带来很大的启发。在只有一类行为主体的情况下，选择的先后次序是不重要的，因为所有行为主体都是同质的、不可区分的；同时因为不存在未知事件，所以遍历性也不再是一个问题。收益不变的情形对我们的讨论无关紧要，我们可以直接略过，因为在那种情况下行为主体总是会选择支付更高的那种技术。

在只有一类行为主体的模型中，当两种技术都呈现出收益递减性质时（这也是标准经济学教科书所讨论的情形），就会出现共享市场的结果。随着需求的增加，采用的情况将由复合供给曲线给出，而复合供给曲线是通过将每种技术单独的收益曲线横向相加获得的。在这种情况下，结果是可预测的，作为观察者，我们可以提前精准地确定每种技术在 n 次选择之后的市场份额——而且很容易证明它是路径有效率的。它也是灵活的：调整任何一条收益曲线，都总是可以改变复合供给曲线，从而改变市场份额。

相比之下，在这两种技术都呈现收益递增性质的情况下，结果就更加有趣了。现在假设，第一个行为主体选择了他更喜欢的技术 A。这个选择增大了采用技术 A 的收益。既然如此，下一个行为主体就更有理由也选择技术 A 了。这个过程将会继续下去，于是每个行为主体每次都会选择技术 A，而技术 B 则根本没机会"启动"。最终结果是，技术 A"独占市场"，而技术 B 则被排除在外。如果收益以相同的速率增加，那么很容易证明这个结果是可预测的，并且也是路径有效率的。不过要注意的

是,如果收益是以不同的速率增加,那么采用过程就很容易变成路径无
效率的,如表 2.2 所示。从这个例子可见,在采用过程中做出 30 次选择
之后(前 30 次全都选择技术 A),如果采用技术 B 本来可以得到更高的
收益。而在那之后的任何时候,这种情况都无法通过征收某个给定的税
收或发放补贴 g 来进行弥补。如果这个过程已经延续了足够久,那么 g
就再也不能弥补该起点处技术 A 的收益与技术 B 的收益之间的差距了。
因此,灵活性在这里不复存在,从而市场变得越来越"锁定"于那个更低
劣的选择上。

表 2.2　收益递增情况下的采用支付(同质行为主体的情形)

采用次数	0	10	20	30	40	50	60	70	80	90	100
技术 A	10	11	12	13	14	15	16	17	18	19	20
技术 B	4	7	10	13	16	19	22	25	28	31	34

2.2.2　有两类行为主体(R 型和 S 型)的模型

现在,让我们回到我们最感兴趣的那种情况,即由于两种类型的行
为主体的选择序列是未知的,从而使得我们可以将历史上的"小事件"的
概念包括进我们的分析中。我们先从收益不变的情况开始探析。令
$n_A(n)$ 和 $n_B(n)$ 分别表示当选择总共进行 n 次之后,技术 A 和技术 B 被
选择的次数。我们将采用数之差 $[n_A(n)-n_B(n)]$ 记为 d_n。这样一来,
技术 A 的市场份额就可以表示为:

$$x_n = 0.5 + d_n/2n \tag{2.1}$$

不难注意到,通过变量 d_n 和 n(前者为采用次数之差,后者为总次
数),我们就可以全面地描述技术 A 和技术 B 的采用情况的动力学了。
在这种收益不变的情况下,R 型行为主体总是选择技术 A,S 型行为主
体总是选择技术 B,而不管任何一种技术的采用者的数量有多少。因此,
技术 A 和技术 B 的采用者的累积路径,是直接由 R 型行为主体和 S 型行
为主体"排队"做出选择的顺序决定的。这也就是说,如果排在下一位的

是 R 型行为主体，那么 $n_A(n)$ 就增加一个单位；如果排在下一位的是 S 型行为主体，那么 $n_B(n)$ 就增加一个单位；同时两种技术被采用的数量之差 d_n 也相应地向上移动一个单位或向下移动一个单位。

对于某个外部观察者来说，选择顺序是随机的，而行为主体的类型是等概率的。因此，对于这个观察者来说，"状态" d_n 看起来似乎是一个简单的抛硬币式的随机游走——每一"步"都有相等的概率 0.5。

而收益递减情况下的动力学就有所不同了。下面的图 2.1 给出了两种类型的行为主体的收益函数。不难观察到，虽然在一开始时 R 型行为主体会选择（对他们来说）收益更高的技术 A，但是对该技术的采用本身会驱使其收益下降，因此到了后来，如果采用技术 A 的人的数量超出采用技术 B 的人足够多，R 型行为主体就会转而更偏好技术 B。这也就是说，R 型行为主体将会将自己的偏好的选择"切换"到技术 B 上，如果：

$$d_n = n_A(n) - n_B(n) > \Delta_R = \frac{(a_R - b_R)}{-r} \tag{2.2}$$

类似地，S 型行为主体将会转换为更偏好技术 A，如果采用技术 B 的人的数量超出采用技术 A 的人足够多，也就是说，如果：

$$d_n = n_A(n) - n_B(n) < \Delta_S = \frac{(a_S - b_S)}{s} \tag{2.3}$$

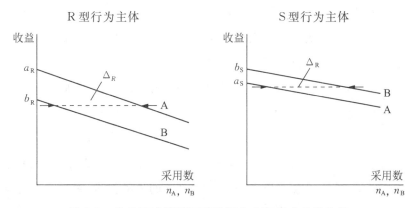

图 2.1　收益递减情形下采用技术 A 和技术 B 的收益

现在我们再看图2.2。在 d_n-n 平面中,选择的方向(在图中用箭头表示)是不同的,而且这个平面分成了三个不同的区域。在区域Ⅰ中,选择两种技术几乎没有什么差异,因而R型行为主体选择技术A,S型行为主体选择技术B。但是在区域Ⅱ和区域Ⅲ中,两种类型的行为主体最终都选择了同一种技术,即选择原来在采用中"落后"的那种技术。因此,d_n 可以在区域Ⅰ内自由游走,但是却不能进入区域Ⅱ或区域Ⅲ。这样一来,在我们外部观察者看来,收益递减下的配置过程似乎就是一个有反射屏障的随机游走过程。

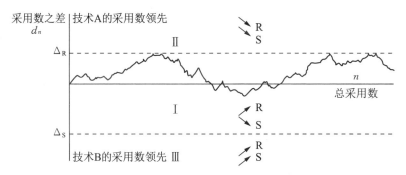

图2.2 收益递减情形下的技术采用:有反射屏障的随机游走

在收益递增情形下,我们可以得到一个与收益递减情形下稍有不同的动力学过程。现在,R型行为主体虽然在一开始时天然地更偏好技术A,但是如果技术B的采用者的数量和支付超出技术A的采用者足够多的话,那么R型行为主体就会转而选择技术B。类似地,只要技术A的采用者的数量和支付超出技术B的采用者足够多,原本天然地更偏好技术B的S型行为主体也会转而选择技术A。再一次,选择域是由 d_n-n 平面给出的(见图2.3),该平面可以用两个类似于式(2.2)和式(2.3)的不等式来定义。在这个选择平面中,一旦进入区域Ⅱ或区域Ⅲ,两种类型的行为主体就都会选择同一种技术,但是与收益递减情形不同,在收益递增情形下,他们将会选择采用数量"领先"的那种技术,由此导致的结果是,那种技术的领先优势会进一步扩大。自此之后,选择过程就会被

"锁定"在区域Ⅱ或区域Ⅲ中。这样一来，在 d_n-n 平面中，这些区域之间的分界线就变成了能够"吸收"该过程的屏障。一旦 d_n 的随机移动触碰到了某个屏障，该过程就不会再同时涉及两种技术了——它会"锁定"到某一种技术上。现在，我们要继续分析就很方便了。我们只需要运用随机游走的基本理论，就可以推导出上述选择过程在不同线性收益机制下的性质了。为了便于读者查看，我们把相关结果总结在了表 2.3 中。

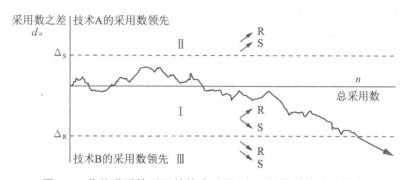

图 2.3　收益递增情形下的技术采用：有反射屏障的随机游走

表 2.3　三种收益机制的性质

	可预测性	灵活性	遍历性	路径有效率
收益不变	是	否	是	是
收益递减	是	是	是	是
收益递增	否	否	否	否

要证明这些结果并不太难。不过，在简述证明过程之前，不妨先来看一看各种技术的市场份额，这对证明有很大帮助。利用随机游走理论，我们很容易就可以推导出，在线性收益递增情形下 d_n 被吸收的概率为 1。因此，技术 A 的最终市场份额必定为零或百分之百。这两种技术不可能无限期共存：一种技术必定会将另一种技术排挤出去。相比之下，在收益递减情形下，两种技术是可以共享市场的，这是因为，技术采用数之差 d_n 局限在两个有限的常数之间，因此当 n 趋向于无穷大时，式 (2.1)中的 $d_n/2n$ 将趋向于零，同时 x_n 必定趋近于 0.5。（这里这个 50-

50 的市场份额配置,是两种类型的行为主体所占比例相同导致的。)在收益不变情形下,市场也是由两种技术共享的。在这种情况下,随机游走的范围没有固定边界,但是我们从随机游走理论可知,d_n 的标准差会随着 n 增加。因此 $d_n/2n$ 项将会消失,同时 x_n 会以 1 的概率趋向于 0.5,从而使得市场份额再一次分割为 50-50。

现在,我们考虑外部观察者对市场结果的预测。在收益递增的情况下,要想预测得更准确,观察者就必须预测技术 A 的最终份额为 0 或 100%;但是任何一个预测都有一半的概率出错。因此这个过程其实是不可预测的。需要注意的是,尽管从理论上说,观察者能够预测到会有某种技术占据整个市场,而且如果他懂一些随机游走理论,那么他还可以预测到该技术为技术 A 的概率为 $s(a_R - b_R)/[s(a_R - b_R) + r(b_S - a_S)]$,但是他不可能以任何准确程度预测到实际的市场份额,无论他对供给和需求条件拥有多少知识。这种情况与收益不变或收益递减有很大的不同。在收益不变或收益递减的情形下,市场份额将稳定在 50-50 的预测是正确的(其概率为 1),也就是说,在这两种情况下可预测性是有保证的。

在收益不变的情况下,针对收益的政策调整在所有时候都可以影响行为主体的选择,但前提是调整幅度要足够大,足以填补对不同技术的偏好之间的差距。因此,在这种情况下,政策调整最多只能保证部分灵活性。而在其他两种收益机制下,这类政策调整对应于其中一个或全部两个屏障的移动。不过,在收益递增的情形下,一旦这个过程被吸收进技术 A 或技术 B 中,为了将屏障移动到足以影响选择所需的补贴或税收金额(这其实也是衡量系统被"锁定"的程度的精确指标),将会无限制地增加。此时灵活性就完全丧失了。在收益递减的情形下,这种调整(给定的补贴或税收 g)总是能影响未来的选择(即便不是对市场份额有影响,也能对采用的绝对数量有影响),因为反射屏障在未来的各个时间仍然会继续影响该过程(其概率为 1)。因此,在收益递减情形下是有灵活性的。

在收益不变和收益递减的情况下，遍历性很容易得到证明。在收益递减的情况下，任何历史事件序列——行为主体的任何排队方式——都必定会将市场推向 50-50 的市场份额。在收益不变的情况下，只有在某种相关概率为零的极其偶然的排队方式下（例如，队列中出现的 S 型行为主体永远是 R 型行为主体的两倍），才有可能出现偏离 50-50 的市场份额的结果。在这两种情况下，行为主体作出选择的历史时间队列，对最终的市场份额没有任何影响，因此这是一个遍历性的过程，即，它忘记了发生过的小事件的历史。但是，在收益递增的情形下，情况却完全不同。选择序列中会有（不为零的）一部分导致市场结果倾向于技术 A，而剩余部分则导致市场结果倾向于技术 B。（某些可能导致市场共享的、非常特别的序列——比如说，S 型行为主体后面紧跟着 R 型行为主体，后面又紧跟着 S 型行为主体、R 型行为主体，如此无限循环——其概率或测度为零）。因此，（依赖于小事件 $\{t_i\}$ 的）选择的历史序列决定了市场份额的路径，并且这个过程是非遍历性的，也就是说，它会记得影响它的小事件的历史。

在收益不变和收益递减的情况下，路径有效率也很容易加以证明。根据定义，在收益不变的情况下，以前的采用情况不会影响当期支付。每个类型的行为主体都将选择自己偏好的技术，并且采用数落后的技术未能得到进一步开发（或未能得到更多的采用）也不意味着得益的损失。在收益递减的情况下，假设在任何一个阶段，有一个行为主体选择了采用数领先的技术的变体 m，而没有选择当前可用的采用数滞后的技术的变体 k。根据收益递减的定义，他必定也会更偏好采用数领先的技术的变体 m，而不是采用数滞后的技术的变体 $(k+1)$ 至变体 m 的甚至更低的支付。因此再一次，行为主体的指导原则——采用当前收益最高的可选技术——并不会导致"错误"的技术组合的开发。然而，在收益递增的情况下则无法保证路径有效率。假设现在市场锁定在了技术 A 上（这个假设不失一般性）。R 型行为主体不会有什么损失；但是对于 B 型行为主体来说，如果他们偏好的技术 B 在以往已经得到了同等程度的开发并且可供他们选择,那么每个 S 型行为主体就可以获得 $(b_S - a_S)$ 的收益。如果两种技术是以不同的速度得到改进的,那么情况可能会更糟。如果行为主体在早期选择了改进缓慢的技术,那么就可能将整个市场锁定在这个较劣的选择上;而从长远来看,被排除在外的那种技术如果得到了同等程度的开发,那么两种类型的行为主体的境况都会得到改善。

2.2.3 稳健性

如果我们在前述模型中做出的是一些较弱的假设,上面这些结论会不会出现很大的变化? 答案是不会。这是确定无疑的。

我们可以证明,同样的定性结果在有 M 种相互竞争的技术的情形下仍然成立,在不同类型的行为主体所占比例不相同的情形下亦然(尽管在这种情况下,随机游走会发生"漂移")。在这些较弱的假设下,只要某种技术的收益仍然依赖于采用其他技术的行为主体的数量,转换屏障就仍然会出现,且还是会导致锁定或反射。而且,如果不同的技术是在不同的时间进入市场的,那么整个动力学也仍然与以前一样,只不过该过程将从 n_A 或 n_B 不为零的某个初始状态开始。因此,在现实世界中,经济系统可能已经被锁定在早期启动的某种技术上了,从而使得新的、可能更好的技术无法在市场上获得立足之地。

尽管我们为方便起见在前面已经假设,市场可以不断扩张,但是在行为主体的数量有限这种更加符合现实的情况下,吸收或反射以及依赖于这两种性质的其他性质也都仍然成立,只要行为主体的数量相对于转换屏障之间距离的数值宽度而言足够大。

2.3 讨论

2.3.1 若干实例

在我们这个简单的理论模型中,在收益递增情形下,经济系统会通过历史上的小事件动态地将自己锁定到某个技术路径上,并且不能保证该路径一定是有效率的、容易改变的,或是在事前完全可预测的。这个模型可能最适用于机器设备中非资助开发的通用技术之间的竞争,例如作为汽车推进动力的蒸汽机与汽油机之间的竞争,或者核反应堆的轻水技术与气冷技术之间的竞争。最具普遍意义的一种情况是,某一种技术,在当初选择它是出于合理的工程原因,但是到现在却被用户外部性锁定了,从而排除了后来出现的更加合适的技术,使之无法立足。这方面的例子包括:英国铁路所采用的窄轨标准、美国的彩色电视制式、20世纪50年代的编程语言(如FORTRAN),以及QWERTY打字机键盘。[5]如果我们的路径有效率的标准不仅仅是一种理论建构,那么可以推测,过去的历史应该留下了一些关于这样一类技术的"化石记录":它们如果在同等程度上被采用了,可能会比最终占据支配地位的技术更好。确实,有不少研究者声称:如果Algol这种编程语言得到广泛采用,它将会优于FORTRAN;高温气冷反应堆其实优于现在占主导地位的轻水反应堆;类似地,1932年出现的Dvorak打字机键盘,如果得到广泛采用,也可能会优于QWERTY键盘。[6]

当然,我们不应该过于仓促地得出结论,认为任何一种情况下的技术竞争都无法逃避动态锁定的趋势。例如,传统的发电技术是要素密集型的,并且最终呈现出了收益递减的特征。我们相互竞争的技术会以一种或多或少可预测的、有效率的方式共享市场。

2.3.2 什么时候会发生锁定?

正如前面引用的马歇尔的论述,许多人通常认为收益递增必定会导致市场排斥或垄断性结果。但是事实上,由于存在消费者异质性,收益递增并不一定意味着垄断性结果。为了说明这一点,不妨假设在我们的模型中,现在存在非线性的"干中学"式收益递增:对于R型行为主体,其形式为$\Pi_A^R = a_R(1 - e_A^{-m})$,$\Pi_B^R = b_R(1 - e_B^{-m})$(对于S型行为主体也类似)。在这种情况下,我们可能会猜测,如果从早期开始,两种类型的行为主体在选择队列中都是相当均匀地分布的,那么学习效应可能会或多或少地同时耗尽,因此两种技术都可能被竞标到它们的上限,而不会有一种技术遥遥领先到足以导致锁定的程度。这样一来,偏好的异质性就不能被收益递增所克服,最终结果是两种技术均等地共享市场。理论推导证明这种情况确实有可能发生。在一般形式的收益函数下,技术采用数之差 d_n 导致转换的交叉点,可能会随着总选择数 n 的增加而变化。从而,屏障可能会随着总采用数 n 的增加而变宽或收窄,而如果它们变宽得足够快,那么就根本不会发生切换。我们需要的确切条件是:如果从某个有限的阶段开始,并非恒定的屏障始终位于迭代对数定律的范围之内,那么转换——在收益递增情况下即为市场排斥——发生的概率就为 1。在收益递减的情形下,仍然可以保证共享市场份额。但是在一般的收益递增的情形下,可能的结果确实包括垄断解之外的内点解。

通常,技术都是由厂商资助开发的,比如个人计算机和录像机都是如此。这些技术(产品)有一个特点:随着市场份额的增加,它们能够获得周边产品的支持,或者随着提供配送、通信或分销服务的技术网络的扩大,它们的成本会随着产量的增加而降低。那么,这类策略性定价行为会不会改变上面描述的那些结果呢?对于这个问题,我们目前还没有得出完整的答案。汉森(Hanson, 1985)在上述线性收益递增模型的基础上构建了一个随机双头垄断模型,他的分析表明,在存在策略性行为的情况下,对技术的市场排斥仍然会发生:厂商会采取渗透定价法,即在早期承受一些损失以换取日后的潜在垄断利润,最终,除了一个企业之外所有企业都退出的概率为 1。但是,在贴现率较高且收益递增很弱的情况下,市场共享则会重新出现(另见:Mookherjee and Ray, 1985)。

在多种标准相互竞争的情况下,早期采用者会受到后期采用者选择的影响,而后者可能与早期采用者的选择一致并跟随,也可能不一致。在这种情况下,行为主体要部分根据他们的预期进行选择。卡茨和夏皮罗(Katz and Shapiro, 1983, 1985)已证明,在这种情况下,对于什么标准可能会在市场上占据主导地位的预期,即便没有多少根据,也完全有可能是自我实现的。[7] 他们给出了一个两阶段分析，我们可以在我们的动态情况下确证他们的结果。在本章附录中，我们证明，当存在理性预期时，收益递增会再一次导致市场排斥的出现。但在这里，我们只需明确，如果一种技术由于偶然因素领先，那么预期它最终会被锁定将会收窄吸收屏障，从而加剧市场的基本不稳定性。

在一般的收益递增问题中证明市场排斥或市场共享，等价于研究路径依赖的增量（消费者选择）的随机过程的极限性质。在当今，概率论文献已经提供了研究这类问题的强大工具。[8]

2.3.3 对历史的解释以及政策建议

本章前面的讨论表明，在前述三种收益机制下，对经济史的解释理应有所不同。在收益不变和收益递减这两种机制下，市场的演化是遍历的——在描述经济系统的禀赋、偏好和转换可能性的基础上，就可以先验地确定最终的市场份额，而且小事件并不能影响结果。在这两种机制下，市场动力学本身就足以揭示更优的选择。然而，尽管这种分析得到的结论令人欣慰，但是这样一来，历史也就被降格为纯然的传递工具——必然结果的传递者。与此不同，在收益递增的情况下，整个过程就变得依赖于路径了。它是非遍历的——许多结果都是可能的，而异质性、小小的不可分割性，又或者偶然的相遇，都会被正反馈放大，从而让系统向实际"被选中"的结果发生"倾斜"。这样一来，历史就变得至关重要了。[9]

每当我们观察到，一种技术或一种经济制度相对于其竞争对手占据了主导地位时，我们就应该对那种寻求将获胜者固有的"优越性"解释为采用它的原因的标准理论保持警惕。例如，汽油机作为汽车的推进动力装置优于蒸汽机，这一点被我们很多人认为这是理所当然的。但是在专业工程师圈子内部，这个问题至今仍然存在争议，就像在 1900 年一样。[10]

接下来，还应该简单讨论一下政策问题。在收益递减的各种技术相互竞争的地方,最好的做法通常是,让更优的总体选择(或更优越的选择组合)在最终占主导地位的结果中自行证明其优越性。但是,在收益递增的情况下,自由放任并不一定能保证(从长期意义上讲)"适合度最高"的技术肯定就是能够生存下来的那种技术。对于(非资助开发的)收益递增型技术,应该根据细分市场的性质来选择更加有效的政策。在我们的模型中,早期采用者通过理性地选择最适合他们自己的技术变体,将外部性强加给了后来者;在这里,由于缺少一个行为主体之间的市场,所以无法诱使他们去探索更有前途但成本高昂的新兴技术,尽管这些技术可能会给后来的采用者带来丰厚的回报。⑪ 对此,标准的补救措施是,授予早期开发者可以从后期采用者那里获得一定补偿的权利("专利"权),但是这只在早期开发者可以享受后期收益的范围内有效。另一个问题是,如果只将此类"专利"权限制在严格界定的技术变体中,那么后来者就很容易绕开它们;而如果将它们扩大到通用技术(例如核能),那又是无法实施的,并且还会限制其他人的进一步开发和探索。第二种可能的补救措施是,由作为超级行为主体的中央政府出面,对那些很有前景但不太受欢迎的技术路径上的采用和探索加以担保和支持。但是,在很难确定一项技术最终回报的情况下——例如在太阳能领域——中央政府这一超级行为主体也不得不面对一个经典的"多臂老虎机"问题,即到底应该选择在哪些技术上押注为好。早期在一项技术上尝到的甜头,很可能会导致中央政府完全理性地放弃其他可能的技术。总而言之,在这种有计划的干预措施下,我们在这里一直关注的根本问题——技术很可能被锁定在一个最终令人遗憾的发展路径上——仍然存在。

2.4 结论

在收益递减的情况下,静态分析就足够了:结果是唯一的,而且对做出选择的顺序并不敏感,对市场形成过程中发生的小事件也不敏感。然而，在收益递增的情况下，静态分析就明显不够用了。可能的结果有不止一种，并且要想知道某个结果是如何被选中的，我们还需要一步一步地追踪小事件不断累积使得系统倾向于该结果而不是其他结果的过程。

在已知的关于收益递增的性质（如潜在的低效率和不可预测性）的清单上，我们利用动力学方法又加入了两个新的性质：不灵活性，即配置过程会逐渐僵化或锁定在某个结构中；以及非遍历性，即早期的小事件可能会决定更宏大的结构变化的过程。因此，这个动力学分析也就具有了进化论的味道，其机制类似于遗传学中的"创始者效应"（founder effect）机制。

在收益递增的情况下，经济系统的后期发展中有很大一部分可能取决于外部观察者的模型无法分辨的小事件，因此，我们可能无法以任何程度的确定性去做出预测。而这也就意味着，对于经济未来的可预测性，不但存在实际操作上的限制，而且也存在理论上的限制。[12]

2.A 附录：对有预期的情形的分析

在本附录中，我们分析当采用者的决策受到未来的选择和过去的选择的影响时，多种标准相互竞争的情况。假设，在我们前面给出的模型中，当采用过程锁定在被选中的技术 A（或技术 B）上的时候，R 型行为主体能够获得额外的净收益 Π_A^R（或 Π_B^R）；类似地，S 型行为主体则能够获得净收益 Π_A^S（或 Π_B^S）。（此外，为保证一般性，与前面的模型一样，我们允许技术随着被采用而改进）再假设行为主体在做出选择时知道市场状态 (n_A, n_B)，并且他们预期（或者说，他们相信），技术采用遵循一个随机过程 Ω。他们根据这些预期，理性地进行选择，以使得技术的实际采用遵循过程 $\Gamma(\Omega)$。当实际采用过程符合预期的采用过程时，即当 $\Gamma(\Omega) \equiv \Omega$ 时，我们就称该实际过程是一个理性预期均衡过程。

我们可以区分两种情况进行讨论，它们分别对应于市场中不同程度的偏好异质性。

情况一 假设在一开始时,$a_R - b_R > \Pi_B^R$,$b_S - a_S > \Pi_A^S$,而且 R 型行为主体和 S 型行为主体都拥有如下信念:采用过程是一个随机游走 Ω,分别在 Δ_R、Δ_S 处存在吸收屏障;与之相应地,锁定为技术 A 的概率为 $p(n_A, n_B)$、锁定为技术 B 的概率为 $[1 - p(n_A, n_B)]$。根据这些信念,R 型行为主体在选择技术 A 或技术 B 时的期望支付分别为:[13]

$$a_R + rn_A + p(n_A, n_B)\Pi_A^R \tag{2.4}$$

$$b_R + rn_B + [1 - p(n_A, n_B)]\Pi_B^R \tag{2.5}$$

类似地,可以得出 S 型行为主体的期望支付。在实际过程中,当 n_A 和 n_B 的取值使得式(2.4)和式(2.5)这两个表达式变得相等时,R 型行为主体将切换为选择技术 B;而且自那之后,两种类型的行为主体都将选择技术 B。在这里,锁定到技术 A 上的实际概率为零;因此如果预期的过程实现了,在这里的 p 也为零。这样一来,我们可以取适当的 n_A 和 n_B 使得:

$$a_R + rn_A = b_R + rn_B + \Pi_B^R$$

而相应的屏障则由式(2.6)给出:

$$\Delta_R = n_A - n_B = -(a_R - b_R - \Pi_B^R)/r \tag{2.6}$$

类似地,S 型行为主体则在由式(2.7)给出的边界位置处转换为选择技术 A:

$$\Delta_S = n_A - n_B = (b_S - a_S - \Pi_A^S)/s \tag{2.7}$$

很容易证实,在越过这些屏障之后,实际过程确实会锁定在技术 A 或技术 B 上;而在这些屏障之内时,R 型行为主体选择技术 A,S 型行为主体选择技术 B。因此,如果行为主体的信念是,采用过程是一个有吸收屏障的随机游走过程——其吸收屏障为分别由式(2.6)和式(2.7)给出的 Δ_R 和 Δ_S——那么他们的信念就将会得到实现。

情况二 现在假设,在一开始时,$a_R - b_R < \Pi_B^R$,$b_S - a_S < \Pi_{BA}^S$。那么

式(2.4)和式(2.5)表明，如果行为主体持有的预期是，系统将明确地锁定到技术 A 或技术 B 上，那么转换马上就会发生。从而，这些预期就变成自我实现的了，同时吸收屏障缩窄为零。类似地，当若干并非不断改进的标准相互竞争，使得 r 和 s 为零时，认为技术 A 或技术 B 将肯定锁定的信念也将会成为自我实现的。

总结情况一和情况二马上可以注意到，预期或者会缩小转换边界，或者会使转换边界完全坍塌——它们加剧了市场的根本不稳定性。

注 释

① 收益递增经济学可以解决的问题比我在这一章中讨论的要广泛得多。请参见：Arrow and Hahn，1971，Chap.7；Brown and Heal，1976，1979；Farrell and Saloner，1985；Flaherty，1980；Guesneries，1975；Katz and Shapiro，1983，1985；Kehoe，1985；Krugman，1980；Scarf，1981；Schelling，1978；Spence，1981；Weitzman，1982。从实质上看，Schelling(1978)和 Spence(1981)的处理与我这里的处理最为接近。

② 更现实的情况是，技术带来的货币收益具有不确定性。对于这种情况，我们可以假设一个冯·诺伊曼-摩根斯坦(von Neumann-Morgenstern)型行为主体，那样的话，表 2.1 就可以解释为由此而得到的、确定的预期效用型支付。

③ 当然，这样说并不是否认"上帝掷骰子"；这里只是直接采用了拉普拉斯式(Laplacian)的立场，即只要对世界拥有完全知识，"骰子"就会变成确定性的。随机性源自知识的缺乏，因而不需要援引"纯粹偶然性"的概念。

④ 总支付在收益不变和收益递减情形下是最大的，只要行为主体都是同一种类型的。但是，当行为主体属于不同类型时，在采用之后不同类型之间的选择交易偶尔也可能会提高总支付。当然，收益递增情形下可能会出现远非总支付最大的选择。

⑤ 请参见 David(1985)对打字机键盘如何锁定在 QWERTY 键盘上的饶有趣味的研究；另外，请参见 Kindleberger(1983)对英国铁路采用的窄轨距以及其他标准的研究，以及 Hartwick(1985)的研究。

⑥ 高温气冷(HTGR)反应堆热容量高且具有相当大的安全优势,但是轻水反应堆占据了主导地位,主要原因是后者更轻,因此更适合早期的核潜艇(资料来自作者与 Alan Manne 和 Harvey Brooks 的个人交流)。同样很好但却被排斥在外的技术的一个很好例子是一些早期的时钟,它们是逆时针方向转动的(例如乌切洛 1433 年为佛罗伦萨大教堂建造的大钟)。这类时针在 1550 年之后就消失了。另请参见 Cipolla(1967:65)的研究。

⑦ Farrell 和 Saloner(1985)研究了一种与此相关的重要情形,他们分析了对其他厂商行为的预期是否会导致各厂商都被锁定在较劣的标准中(而如果选择另一个标准,所有厂商的境况都会变得更好)。

⑧ 例如,由 Arthur,Ermoliev 和 Kaniovski(1983,1985a,1985b)以及 Hill,Lane 和 Sudderth(1980)证明的路径依赖的强大数定律。另请参见 Arthur(1985)。

⑨ 许多当代史学家,比如 Conrad 和 Meyer(1964),对这一古老的必然性与偶然性的争论采取了一种看似舒适的妥协立场,他们认为因果关系部分是确定性的,部分是随机性的。有意思的是,我们则发现这种妥协根本不能成立。因果关系要么确定地存在于给定的经济结构中,要么随机地存在于给定结构之外的小事件和环境中(严格地说,在本章中,我们并没有引用或定义"随机事件",它们仅指存在于我们主要描述的动态结构之外的情况)。关于非凸性和遍历性对经济史的重要性的早期讨论,也请参见 David(1975)的研究。

⑩ 特别好玩的是,Fletcher(1904)就曾经这样写道:"……除非可以去除汽油车存在的那些令人反感的特征,否则它必然会被它不那么令人反感的竞争对手——当时由蒸汽动力驱动的车辆——赶出道路。"72 年之后,Burton(1976)也得出这样的结论:某些不难实现的技术进步(带脉冲阀的单流式膨胀机和重量更轻的动力装置)将"使得车载蒸汽机在燃油里程方面具备与奥托循环式[汽油]发动机一较高下的竞争力,而在污染物排放方面则有非常大的优势"。[另外也请参见 Strack(1970)的论述]当然,即便这种观点是正确的,美国汽车工业继续坚持生产汽油推进的汽车也可能仍然是理性的,因为汽车发动机的生产与专门用于汽车和汽油的分销、维修网络以及与炼油基础设施相关的技术是紧密关联的。关于蒸汽机和汽油机的优劣问题,另请参见 McLaughlin(1954)的分析和 Arthur(1984)的讨论。

⑪ **受资助开发的技术之间的竞争**,受这种市场缺失的影响较小。只要提供资助的厂商能够享受日后的收益,它们就有激励去开发最初成本昂

贵但很有前途的技术。此外，为资助技术开发的投资者提供融资的金融市场，以及为那些可能做出"错误"选择的采用者提供保险的保险市场，也能够减轻风险厌恶者的损失。当然，如果一种产品获得了成功并被锁定在市场上，那么也可能会出现垄断定价问题。

⑫ 类似的论证也适用于对精确气象预报的理论可能性的讨论（见 Leith，1966；Lorentz，1963）。观测的网络必须比最小涡流的半径更小，否则那些"小事件"就会被固有的正反馈放大成巨大的不确定性。

⑬ 我们在这里假设，行为主体是在做出选择之前根据市场状况评估各种可能性。事后评估会使分析复杂化，但是仍然能够得出类似的结果。

参考文献

Arrow, Kenneth J., and Frank J. Hahn. 1971. *General Competitive Analysis*. San Francisco: Holden-Day.

Arthur, W. Brian. 1984. "Competing Technologies and Economic Prediction," *Options* (April). I.I.A.S.A. Laxenburg, Austria.

——. 1985. "Industry Location and the Economies of Agglomeration: Why a Silicon Valley?" Mimeo, Center for Economic Policy Research, Stanford.

Arthur, W. Brian, Y. M. Ermoliev, and Y. M. Kaniovski. 1983. "On Generalized Urn Schemes of the Polya Kind" (in Russian), *Kibernetika* 19:49 - 56. English translation in *Cybernetics* 19:61 - 71(1983).

——. 1985a. "Strong Laws for a Class of Path-Dependent Urn Processes," in *Proceedings of the International Conference on Stochastic Optimization, Kiev 1984*. Arkin, Shiryaev, and Wets(Eds.) Springer: Lecture Notes in Control and Info. Sciences.

——. 1985b. "Path-Dependent Processes and the Emergence of Macro-Structure." To appear, *European J. Operational Research*.

Beato, Paulino. 1982. "The Existence of Marginal Cost Pricing Equilibria with Increasing Returns," *Quart. J. Econ.* 97:669 - 87.

Brown, Donald J., and Geoffrey M. Heal. 1976. "The Existence of a Market Equilibrium in an Economy with Increasing Returns to Scale," Cowles Paper no.425.

——. 1979. "Equity, Efficiency and Increasing Returns." *Rev. Econ. Stud.* 46: 571 - 85.

Burton, Rodney L. 1976. "Recent Advances in Vehicular Steam Engine Efficiency." Society of Automotive Engineers, Preprint 760340.

Cipolla, Carlo M. 1967. *Clocks and Culture 1300—1700*. Norton: New York.

Conrad, Alfred, and John Meyer. 1964. "Economic Theory, Statistical Inference, and Economic History," in *The Economics of Slaving*. Aldine: Chicago.

David, Paul. 1975. *Technical Choice, Innovation, and Economic Growth*, Cambridge: Cambridge University Press.

——. 1985. "Clio and the Economics of QWERTY," *Amer. Econ. Rev. Proc.* 75:332 - 37.

Farrell, Joseph, and Garth Saloner. 1985. "Standardization, Compatibility, and Innovation," *Rand J. Econ.* 16:70 - 83.

Flaherty, M. Therese. 1980. "Industry Structure and Cost-Reducing Investment," *Econometrica* 48:1187 - 1209.

Fletcher, William. 1904. *English and American Steam Carriages and Traction Engines* (reprinted). Devon: David and Charles, 1973.

Guesneries, R. 1975. "Pareto Optimality in a Non-Convex Economy," *Econometrica* 43:1 - 30.

Hanson, Ward A. 1985. "Bandwagons and Orphans: Dynamic Pricing of Competing Systems Subject to Decreasing Costs." Ph.D. Diss., Stanford.

Hartwick, John. 1985. "The Persistence of QWERTY and Analogous Suboptimal Standards," Mimeo. Kingston, Ontario: Queen's University.

Katz, M. L., and C. Shapiro. 1983. "Network Externalities, Competition, and Compatibility." Paper no.54. Princeton: Woodrow Wilson School.

——. 1985. "Technology Adoption in the Presence of Network Externalities." Discussion Paper no.96. Princeton University.

Kehoe, Timothy J. 1985. "Multiplicity of Equilibria and Comparative Statics." *Quart. J. Econ.* 100:119 - 47.

Krugman, Paul. 1980. "Scale Economies, Product Differentiation, and the Pattern of Trade," *Amer. Econ. Rev.* 70:950 - 59.

Leith, Cecil. 1966. "The Feasibility of a Global Observation and Analysis Experiment." Publication 1290. Washington, D.C.: Nat. Acad. Sci.

Lieberman, Marvin. 1985. "Patents, R and D and the Learning Curve: Disentangling the Sources of Growth in the Chemical Processing Industry." Mimeo. Stanford.

Lorenz, Edward N. 1963. "The Predictability of Hydrodynamic Flow," *Transactions New York Acad. Sci.* 25:400 – 431.

Marshall, Alfred. 1891. *Principles of Economics*, 2d Ed. London: Macmillan.

McLaughlin, Charles C. 1954. "The Stanley Steamer: A Study in Unsuccessful Innovation," *Explorations in Entrepreneurial Hist.* 7:37 – 47.

Mookherjee, Dilip and Debraj Ray. 1985. "Dynamic Price Games with Learning-by-Doing," Mimeo. Stanford.

Rosenberg, Nathan. 1982. *Inside the Black Box: Technology and Economics.* Cambridge, England: Cambridge University Press.

Saxonhouse, Gary, and Gavin Wright. 1984. "New Evidence on the Stubborn English Mule," *Econ. Hist. Rev.* 37:507 – 19.

Scarf, Herbert E. 1981. "Production Sets with Indivisibilities—Part I: Generalities," *Econometrica* 49: 1 – 32.

Schelling, Thomas C. 1978. *Micromotives and Macrobehavior.* Norton.

Spence, Michael A. 1981. "The Learning Curve and Competition," *Bell J. Econ.* 12:49 – 70.

Strack, William C. 1970. "Condensers and Boilers for Steam-Powered Cars." NASA Technical Note, TN D-5813. Washington, D.C.

Weitzman, Martin L. 1982. "Increasing Returns and the Foundations of Unemployment Theory," *Econ. J.* 92:787 – 804.

路径依赖过程与宏观结构的涌现 *

对于许多以收益递增为主要特点的情况,最有用的一个研究方法是将它们建模为具有随机事件和自然正反馈(或非线性)的动力学过程。在本章中,叶莫列夫、卡尼奥夫斯基和我引入了一类非常具有一般性的随机过程。我们将它们称为非线性波利亚过程(nonlinear processes)。我们证明,可以用非线性波利亚过程来对各种收益递增和正反馈问题建模。

在收益递增或自我强化的情况下,非线性波利亚过程通常会呈现出一种多重性,即存在多个可能的渐近结果。我们证明,这些长期结果或均衡对应于相关的"瓮函数"的稳定不动点,并且可以很容易地识别出来。早期的随机波动会累积下来,并被该过程固有的非线性因素放大或削减。通过研究这些波动如何随着时间的推移而逐渐积累,我们可以观察到一个渐近的结果是如何随时间的推移而被"选择"出来的。

---

* 本章系与尤里·M.叶莫列夫和尤里·M.卡尼奥夫斯基合著。

本章原本是一篇论文,最初发表于 *European Journal of Operational Research* 30(1987):294 - 303。它是我们于 1983 年发表在《控制论》(*Kibernetika*)期刊上的论文《一个瓮问题的推广及其应用》(A Generalized Urn Problem and its Applications,在本章末尾有引用)的一个不那么技术化的版本。关于本章所描述过程的更严格的说明,请参见本书的第 10 章。尤里·M.叶莫列夫和尤里·M.卡尼奥夫斯基当时供职于乌克兰基辅的格卢什科夫控制论研究所。

许多物理化学家、生物学家和经济学家最近都对"耗散的"或"自催化的"或"自组织的"非线性动力学系统非常着迷。在这几类非线性动力学系统中,正反馈可能导致某些模式或结构涌现并呈现出自我强化的特征。这样的系统往往对早期的动态波动非常敏感。通常来说,会有多种模式可以作为长期自我强化的候选者;早期小事件的累积会将动力学过程"推入"其中某个模式的轨道,从而"选定"系统最终将会锁定其中的结构。

这种类型的"通过波动达至有序"(order-through-fluctuation)的动力学,通常都是用具有马尔可夫扰动的非线性微分方程来建模的(Nicolis and Prigogine,1971;Mansour et al.,1981)。在这种建模方法中,说明长期模式或极限行为意义上的结构是如何涌现的,就相当于分析特定类别的随机微分方程组的渐近特性。然而,尽管这些连续时间方程组的确相当有用,但是它们的渐近特性通常必须经过专门研究,而且并不一定是容易推导出来的。此外,对于离散事件,连续时间方法只能采用近似值。在本章中,我们引入了另一类可供选用的模型(在之前的论文中提出,参见:Hill,Lane and Sudderth,1980;Arthur,Ermoliev and Kaniovski,1983,1984),我们称之为非线性波利亚过程。这类过程的长期行为具有易于分析的特点,同时它们是分析离散的应用问题的精确工具。在这类随机过程中,我们可以通过推导长期极限行为的定理来研究结构的涌现。

本章相当简短。在这里,我们回顾了我们最近在非线性波利亚过程理论方面的研究工作。我们将尽可能避免涉及各种技术性的细节问题,但是将会讨论这类过程在产业区位理论、化学动力学和经济技术结构的演化等领域的应用。我们提出的极限定理将强大数定律推广到了广泛的路径依赖的随机过程中。

3.1 结构与强大数定律

如果无限次地抛掷一枚两面等重的硬币,那么正面朝上的比例在刚开始往往会出现很大的波动,但是到后来肯定会越来越接近于 50%。对此,我们可以说,在这个过程中逐渐涌现出了一种可以说显而易见的结构,或者说,正面朝上与反面朝上之间的比例在长期中有其固定模式。当然,完全有可能出现其他比例,比如说,两次正面朝上后紧接着一次反面朝上,然后无限重复这个组合,那样的话最终将会产生的比例为 2/3。这种序列与任何其他序列一样,都是有可能出现的。但是这样的结果确实不太可能。博雷尔(Borel)的强大数定律告诉我们,独立于先前随机变量的重复随机变量(从同一分布中抽取),具有非常接近于其期望值的长期平均值。虽然从原则上说其他结果也都是可能的,但它们的概率为零。因此,在抛硬币中,只要"正面朝上"这个事件确定与之前的抛掷无关,那么正面朝上的次数在总次数中的比例的平均值(正面朝上的比例)必定会稳定到 0.5 这一水平上,即每一次抛掷为正面朝上的期望值。50% 这个比例涌现出来的概率为 1。此外,博雷尔强大数定律中"强"这个字要告诉我们的就是,一旦这个比例稳定下来,它就会持续下去。如果我们重复抛硬币实验,那么最终所有重复的结果(除了零测度集之外)都会进入并维持在围绕 0.5 这个期望值的任意小的区间内。因此,标准的博雷尔强大数定律就是一种关于某些具有独立增量并受随机波动影响的系统中,独特结构的涌现及其必然性和持久性的陈述。

抛掷硬币这个例子的主要用途是作为教科书中的一个抽象示例。下面再举一个更有意思的、能够说明不同假设下宏观结构如何涌现的动力学系统的例子：一个行业中的各家企业逐渐集聚到了不同区域位置的过程（Arthur，1984）。假设这些企业是一家接一家地创办的，每家企业依次从 N 个候选区域中选择一个并在那里落户。如果企业的类型不同，同时我们又不知道接下来要进行选址决策的是哪种类型的企业，那么这个过程中就存在随机性。

最简单的选址动力学系统中的增量是相互独立的，就像抛掷硬币的情况一样。假设概率是固定的，即下一个选择区位的企业属于偏好区域 j 的那种类型的概率为 p_j。这样一来，在每一次选择时，都会有一个单位——一家企业——加入到区域 1，或区域 2……或区域 N 当中，并且每一次选择都独立于先前的选择，概率为 $p = (p_1, p_2, \cdots, p_N)$，其中 $\sum_j p_j = 1$。在初始状态，任何一个区域都没有企业落户，然后在最初一段时间内，各个区域的行业集中度的波动会很大；但是再一次，标准的强大数定律告诉我们，随着行业的成长，这 N 个区域中落户企业的比例，必定会稳定到每一次选择的期望值上，即一个等于 p 的常数向量上。在我们的假设下，一个可预先确定的唯一的结构——在本例中是一个长期来看固定的企业区位分布模式——必定会涌现出来，并持续存在。

那么，在更一般的情况下又会发生什么呢？比如说，如果企业的选址部分取决于做出选择时每个区域现有的企业数量，又会怎样？在这种情况下，各个区域的增量就不再独立于先前的选址决策了，从而标准的强大数定律不再适用。我们现在看到的是一个路径依赖的过程，即，一家企业加入到区域 j 的概率 p_j，变成了每次选择时每个区域的企业数量的函数，或者等价地，是每次选择时每个区域的企业数量在行业中所占比例的函数。这样一个过程还会稳定到某种固定的区位比例模式上吗？或者换句话说，在这种依赖路径的情况下还会涌现出宏观结构吗？如果会涌现出来，它又将会是什么样子的？这也就意味着，我们试图为这类路径依赖的系统找到相应的强大数定律。

我们马上就可以看到,路径依赖性可以导致前面提到的自催化或自我强化类型的动力学系统。接下来,在前述企业区位决策的例子中,假设存在潜在的集聚经济,也就是说,正在进行选择的企业会被当前区域内存在的其他企业所吸引。这样一来,如果某个区域因某种偶然原因而拥有了一个良好的开端,那么它的吸引力和被选中的可能性就会增大,从而会有更多的企业可能选择这个区域,这一区域也就将变得更有吸引力。如果集聚经济足够强大,这个区域所占的行业份额最终可能会任意地接近100%(Arthur,1984)。然而,另外某一区域也同样可能完全出于偶然原因而占据主导位置,从而出现类似的结果。如果在不同的企业选址随机序列下重复这个过程,那么很可能会涌现出不同的企业区位模式。在存在自我强化的路径依赖的情况下,可能会产生多种可能的结构。

不难想到具有路径依赖性质的系统的其他一些例子。在这些例子中,我们也许都能观察到同一种现象:存在多个潜在的涌现结构。例如,在通过化学反应来生成某种产物的时候,生成速度取决于该产物的当前浓度。如果存在不止一种可能的反应产物以及相应的自催化作用(产物的生成能够催化自身的生成),那么反应得到的最终浓度(即反应结果的宏观结构)也可能具有多种可能性。类似地,在消费经济中,如果人们的偏好是内生的,即人们在购买耐用品(比如说汽车)时的决策会受到其他人已经购买的品牌的影响,那么就会存在路径依赖。市场可能会"锁定"在众多品牌当中的某一个上面,也就是说,是早期事件决定了主导品牌是哪一个。

事实证明,将我们现在讨论的这类路径依赖的单位增量过程表述为一个广义波利亚过程是非常有用的。不过,在我们着手这样做之前,我们还得先讨论一下标准波利亚过程。

3.2 标准波利亚过程:一种特殊的路径依赖的过程

1923年,波利亚和埃根贝格尔(Polya and Eggenberger,1923)构想

并阐述了一种路径依赖的过程,它有一个特别惊人的结果。请读者想象一个容量无限的瓮,现在要往这个瓮中加入两种颜色的球,比如说,红球和白球。从瓮中只有一红一白两个球开始,每次只加入一个球,可以加无限次,但是要根据下面的规则来:从瓮中随机选择一个球然后放回;如果这个球是红色的,那么就再添加一个红球;如果它是白色的,那么就再添加一个白球。很显然,这个过程是路径依赖的且具有单位增量——在任何一个时刻,下一次添加的球是红色的概率,正好等于红球所占的比例。由此,我们可以提出这样一个问题:红(或白)球的比例是否会永远在 0 和 1 之间上下游走? 又或者,某个强大数定律会起作用,使得这一比例稳定到某个极限上,从而导致某种结构的涌现? 如果存在一个固定的极限比例,它又是什么? 波利亚(Polya,1931)证明,在上面描述的这种方案下,红球的比例确实会趋向于某个极限 X,而且其概率为 1。但是,X 本身也是一个均匀分布在 0 到 1 之间的随机变量。

换句话说,如果这个波利亚过程运行一次,红球的比例可能会稳定到 22.392 7…%上,并且永远不会改变;如果再运行一次,这个比例可能会稳定到 81.403 9…%上;第三次运行时该比例可能会稳定到 42.064 1…%上;等等。此外,这一过程的收敛性很强,只要它运行足够长的时间,就肯定会接近其极限,而不仅仅是很可能会接近极限;而且,它不会时不时地偏离这一极限。

下面的图 3.1 显示了这个最基本的波利亚过程运行 10 次所实现的结果。从图 3.1 中我们可以看到,在这个波利亚过程的这 10 个特定的实现中,球的比例确实都稳定下来了——每一次运行都会涌现出一个结构——但是到底哪一个结构会被"选中"则是完全随机的。事实上,在这个例子中,完全有可能会涌现出无数个可能的结构。对于这个标准的波利亚过程,及其如何应用于生物学和物理学中结构的涌现和误读,乔尔·科恩(Joel Cohen,1976)进行了深入而有趣的阐述。在更一般的情况下,即一开始时瓮内有任意数量的红球和白球,球的比例仍然会趋于

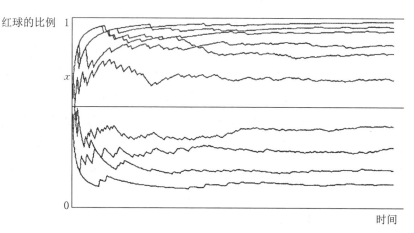

图 3.1 标准波利亚过程的 10 个实现

极限 X，只不过在这种情况下，X 服从有两个参数的贝塔分布（Beta distribution）（Johnson and Kotz，1977）。

下面给出了波利亚过程的路径依赖的两个例子。

例 3.1：（双重自催化化学反应）　底物分子 S 在遇到 R 分子时会转化为 R 分子，在遇到 W 分子时则会转化为 W 分子，即：

$$S+R \longrightarrow 2R+废物分子 E$$
$$S+W \longrightarrow 2W+废物分子 F$$

因此，在任何时刻，生成一个 R 分子的概率，正好等于 R 产物的浓度。不难看出，这是一个标准的波利亚过程。从一个 R 分子和一个 W 分子开始，这个过程会稳定到 R 产物的某个固定浓度上，但是 R 产物的浓度将会介于 0% 至 100% 之间。

例 3.2：（通过分拆进行产业区位布局）　在分布在若干区域的一些初始企业的基础上，形成了一个行业。在开始的时候，每一个区域都有一家初始企业，而新企业的加入，则是通过从母公司"分拆"来完成的——每次只能分拆出一家新企业。［戴维·科恩（David Cohen，1984）的研究告诉我们，在美国，这种分拆一直是电子行业中的新企业的主要"诞生"机制］假设每个分拆出来的新企业都留在它的母公司的所在地，并且任何一家现有企业都有可能像其他所有企业一样分拆出新企业。那么,我们将再一次看到波利亚过程的路径依赖——企业以增量方式加入到特定区域中,而且其概率恰好等于每个区域中企业的比例。再一次,区位结构会以 1 的概率涌现出来——不过,现在它是一个从均匀分布中随机选中的比例向量。[要想生成一个具有代表性的结果,我们可以在单位区间上随机放置 $(N-1)$ 个点,并在这些点处进行切分,从而得到该单位区间的 N 个"份额"]

为了对这个基本的波利亚瓮过程有一些直观的感受,我们可以注意到,如图 3.2 所示,添加一个红球的概率总是等于红球的比例。很容易证明,这意味着,就预期运动而言,这个过程倾向于停留在原处。这里并不存在"漂移"。当然,球的随机采样会对红球所占的比例造成扰动;但是随着球的总数的增加,每次往瓮内添加的一个球对比例的影响会越来越小,因此这些扰动的影响会趋于消失。然后,这个过程的波动越来越小,并且由于它完全不漂移,所以它会稳定下来。当然,它到底会稳定在何处,则完全取决于它早期的随机运动。

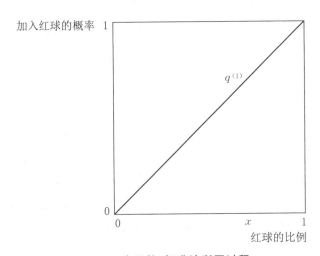

图 3.2　瓮函数:标准波利亚过程

3.3 非线性路径依赖

上面描述的标准波利亚框架对于我们的研究目的来说过于严格了。它需要有一种非常特殊的路径依赖性质,即增加一个类型 j 的球的概率恰好等于类型 j 的比例。对于更广泛的应用场景,我们希望考虑更一般的情况,即增加一个类型 j 的概率是所有类型的比例的任意函数。此外,为了便于在实际中应用,我们还希望能够处理不止两个维度(即两种颜色)的情况,并允许函数随时间而变化。下面我们就来描述这个新过程,并给出一系列与之相关的定理。这些内容将会更形式化一些,它们是以我们之前的研究(Arthur, Ermoliev and Kaniovski, 1983, 1984)以及希尔、莱恩和萨德斯的研究(Hill, Lane and Sudderth, 1980)为基础的。

现在,我们取一个容量无限的瓮,它可以装入 N 种可能颜色的球,而且每一次添加一个某种颜色的球的概率不一定等于瓮中该颜色的比例,而是瓮中各种颜色的比例的某个函数。令向量 $X_n = (X_n^1, X_n^2, \cdots, X_n^N)$ 表示颜色类型从 1 到 N 的球在时间 n 的比例[即在添加了 $(n-1)$ 个球之后的比例]。再用 $\{q_n\}$ 表示一系列连续函数,它们将各种(颜色的)比例映射到时间 n 的(加入每一种颜色的球的)概率上。从时间 1 开始——在时间 1,球的初始向量为 $b_1 = (b_1^1, b_1^2, \cdots, b_1^N)$——每次将一个球添加到瓮内。在时间 n,加入一个颜色 i 的球概率为 $q_n^i(X_n)$。重复迭代上述方案,就可以生成比例向量 $X_1, X_2, X_3, \cdots$ 这里我们感兴趣的是:会不会涌现出结构,以及能不能从多个可能的结构中以概率方式选择出某个结构;或者,用技术性更强的话来说,$\{X_n\}$ 是不是会以 1 的概率趋向于一个极限随机向量 X,而且 X 是从一个可能的极限向量的集合 B 中选择出来的。

为此,将初始状态下球的总数记为 $w = \Sigma i b_1^i$。在时间 n,定义如下随机变量:

$$\beta_n^i(x) = \begin{cases} 1, \text{概率为 } q_n^i(x) \\ 0, \text{概率为 } [1-q_n^i(x)] \end{cases}, \ i=1, \cdots, N$$

这样一来,将类型 i 的球添加到瓮中的动力学方程就可以写为:

$$b_{n+1} = b_n^i + \beta_n^i(X_n), \ i=1, \cdots, N$$

上式再除以总球数 $(w+n-1)$,就可以得出类型 i 的球的比例 $X_n^i = b_n^i/(w+n-1)$,其演化可以用下式描述:

$$X_{n+1}^i = X_n^i + \frac{1}{(w+n)}[\beta_n^i(X_n) - X_n^i], \ n=1, 2, \cdots \qquad (3.1)$$

其中,$X_1^i = b_1^i/w$。

我们可以将式(3.1)重写为如下形式:

$$X_{n+1}^i = X_n^i + \frac{1}{(w+n)}[q_n^i(X_n) - X_n^i] + \frac{1}{(w+n)}\mu_n^i(X_n) \qquad (3.2)$$

其中:

$$X_1^i = b_1^i/w$$

$$\mu_n^i(X_n) = \beta_n^i(X_n) - q_n^i(X_n) \qquad (3.3)$$

上面的方程式(3.2)就是我们这个 N 维路径依赖过程的基本动力学方程。它由一个确定性的驱动部分[方程式(3.2)右侧的前两项]和一个扰动部分[方程式(3.2)中含 μ 的那一项]组成。这里要注意的是,在式(3.3)中,相对于 X_n 的条件期望 μ_n^i 为零,因此我们马上就可以证明 X_n+1 的预期运动是由式(3.2)中的"驱动"部分给出的,即:

$$\mathrm{E}[X_{n+1}^i \mid X_n] = X_n^i + \frac{1}{(w+n)}[q_n^i(X_n) - X_n^i] \qquad (3.4)$$

由此我们看到,运动大体上是由 $[q_n(X_n) - X_n]$ 项引导的。举例来说,在下面的图 3.3a 中,瓮函数 2 显示出了趋向 0 或 1 的倾向,瓮函数 3 则显示出了趋向 X 的倾向。在每一种情况下,都存在一个引向 q 的某个不动点的"吸引力"。图 3.3b 则显示了一个更加复杂的二维瓮函数,在那里好几个不动点都会产生吸引力。

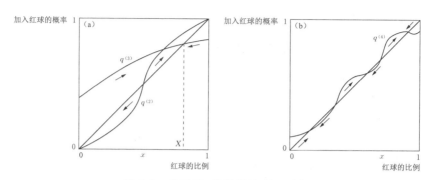

图 3.3 瓮函数：非线性波利亚过程

前文讨论的标准波利亚过程是用一个恒等于 x 的瓮函数表示的，因此不会有预期运动来驱动它。我们在这里给出一个如式（3.2）所示的更一般的过程，它是由一个非线性的驱动部分，加上一个波利亚扰动部分组成——因此我们称之为一个非线性波利亚过程。

3.4 非线性路径依赖的强大数定律

从图 3.3a 中，是不是可以推断出，上述动力学过程必定趋向于瓮函数 q 的某一个不动点呢？这似乎很有诱惑力。然而，我们从图 3.3a 和图 3.3b 中或许可以进一步推测，没有任何不动点会起到这种作用。有一些不动点似乎是稳定的（它们产生吸引），而另一些则是不稳定的（它们产生排斥）。然而，只需稍加思考就会明白，如果没有给出正式的证明，这些猜测都很难保证是对的。从式（3.4）中我们注意到，不动点的吸引力以 $1/n$ 的速率下降，因此这个过程可能无法产生足够的运动抵达不动点（尽管它们有吸引力）。此处还要注意的是，虽然不稳定的不动点会产生排斥，但是它们仍然可以自我维系——只有扰动才能动摇它们。只要在这些不动点的附近没有足够的扰动和足够的排斥力，那么不稳定的不动点就可能成为这个过程的极限点。

可以证明（在满足某些技术性条件的前提下），我们的猜想确实是成立的。这个系统最终确实必定会以映射到相同概率的比例而结束;而且它必定只会在那些稳定的不动点处结束。1980 年,希尔、莱恩和萨德斯发表了一篇优雅的论文(Hill, Lane and Sudderth, 1980),首次在具有平稳瓮函数的二维过程中证明了这些结果。我们则在分别于 1983 年和 1984 年发表的两篇论文中证明(Arthur, Ermoliev and Kaniovski, 1983, 1984),在这里描述的具有非平稳瓮函数的 N 维过程中,上述猜想同样成立。

不过,在我们引用相关定理之前,还要先给出两个很有用的定义。第一个是相当快速收敛(reasonably rapidly converge):对于瓮函数集 $\{q_n\}$,如果它向某个函数 q 收敛的速度比 $1/n$ 收敛到零的速度更快,那么就称它是相当快速收敛的。第二个是等价确定性系统(equivalent deterministic system):根据式(3.4),称式(3.5)表示的系统为对应于我们的随机过程的等价确定性系统:

$$X_{n+1}^i = X_n^i + \frac{1}{(w+n)} \left[q_n^i(X_n) - X_n^i \right] \tag{3.5}$$

现在,如式(3.5)所示的这种确定性系统本身可能是不会收敛的——它可能会产生极限环或其他更复杂的渐近行为。然而,我们可以通过将式(3.5)限定为一个梯度系统来简化问题——那样的话,它就存在一个非负势函数,其下坡梯度就描述了我们的确定性系统的运动。(这样也就排除了循环,因为没有任何过程是可以永远循环地下坡的)给定这一限定和相关的技术条件,我们就可以得出第一个结果:非线性波利亚过程必定会收敛到 q 的不动点。

定理 3.1　假设连续的瓮函数 $\{q_n\}$ 相当快速收敛到函数 q,同时假设等价确定性系统是一个梯度系统。再假设 q 的不动点集合 $B = \{x : q(x) = x\}$ 包含有限数量的连通分量。那么比例向量 $\{X_n\}$ 将以 1 的概率收敛到不动点集合 B 中的某个点 z。

关于定理 3.1 的证明,我们请读者阅读参考文献(Arthur, Ermoliev and Kaniovski, 1984)。完整的证明很长,但是要解释清楚并不复杂。只需注意到,在式(3.2)中,我们是以随机近似过程的形式表示动力学的(Nevelson and Hasminskii, 1972)。这样做的好处是,我们能够同时运用强大的随机逼近理论与执方法。然后,接下来的证明无非是要说明,对于我们这个有扰动的梯度动力学系统而言,在 q 的不是不动点的那些点上,势值的期望增量都小于某个负值(其阶为 $1/n$)。然而,除非系统稳定到势函数的一个局部平稳点上——q 的某个不动点上——负增量的累积最终必定会驱动势函数为负。这就产生了矛盾,从而也就完成了证明。

我们接下来要讨论的两个定理表明,实际上并非所有不动点都可以作为过程的最终结构出现。只有吸引不动点——稳定的不动点——才可以成为最终结果要"选择"的候选者;而排斥不动点——不稳定的不动点——则不是。更具体地说,给定一个不动点 z,如果存在一个对称正定矩阵 C 满足式(3.6),我们就说它是一个稳定不动点:

$$\langle C[x-q(x)], \ x-q \rangle > 0 \tag{3.6}$$

其中,x 为 z 的邻域中的任意一点。类似地,如果存在一个对称正定矩阵 C 满足式(3.7),我们则说它是一个不稳定不动点:

$$\langle C[x-q(x)], \ x-q \rangle < 0 \tag{3.7}$$

其中,x 为 z 的邻域中的任意一点。这两个准则分别检验预期运动是永远局部朝向 z 的,还是永远局部远离 z 的。

还有,对于点 x,如果过程可以在有限时间内以某个有限概率从起始条件到达它,我们就说点 x 是可达的(reachable)(其充分条件为,瓮函数 q_n 将单位单纯形的内部映射到其自身)。

定理 3.2 令瓮函数 $\{q_n\}$ 相当快速地收敛到函数 q。令 z 为 q 的一个可达的稳定点。那么该过程拥有极限点 z 的概率为正。

关于定理 3.2 的证明,我们同样要请读者阅读参考文献(Arthur, Ermoliev and Kaniovski, 1983, 1984)。证明这个定理的要点在于,需要利用准则式(3.6)来构造一个围绕 z 的局部李雅普诺夫(Lyapunov)函数。

定理 3.3 假设函数 $\{q_n\}$ 相当快速收敛到某个函数 q,同时假设 z 是

q 的一个非顶点不稳定点。那么该过程不能以正的概率收敛到 z。

在证明定理 3.3 时（Arthur, Ermoliev and Kaniovski, 1984），我们先利用式(3.7)围绕 z 构造一个合适的局部李雅普诺夫函数，然后引用内维尔森和哈斯明斯基(Nevelson and Hasminskii, 1972)的随机渐近结果。

要运用这些定理来研究结构的涌现——比例或浓度的长期行为——我们只需要验证一下极限函数 q 的不动点是不是稳定不动点即可(该函数将每个类型的比例映射到为每个类型添加一单位增量的概率)。不稳定不动点是不会作为"选中的结构"而涌现出来的，同时还可能存在多个稳定点——每个稳定不动点都是可用于"选择"的候选者。不妨先回头看一下前面讨论过的标准波利亚过程，我们现在看到，瓮函数 $q^{(1)}$ 的所有点不仅都是不动点，而且都是可达的，因此所有点都是长期选择的候选点。标准波利亚过程实际上是我们更一般的非线性路径依赖过程的一个高度奇异的特例。

需要注意的是，传统的强大数定律（具有独立的单位增量），只是我们上述结果的一个特例。在这个特例中，我们有：对于所有的比例 x，$q(x)=p$；向量 p 是一个不动点，它是稳定且可达的，并且是唯一的，因此 p 必定会作为最终比例而涌现出来。

下面讨论前述定理的两个应用。

例 3.3：（又一个双重自催化反应）　考虑前面例子中给出的化学反应的一个稍微不同的版本：

$$S+2R \longrightarrow 3R+废物分子 E$$
$$S+2W \longrightarrow 3W+废物分子 F$$

在这种情况下，一个底物分子 S 是转化为 W 式产物还是 R 式产物(分别还会产生废物分子 E 或废物分子 F)，要视它会不会在遇到两个 R 分子之前遇到两个 W 分子而定。我们可以考虑这样一个过程：对接下来会遇到的三个 W 或 R 分子进行采样，然后相应地将一个分子添加到 W 或 R 中，因为采样的三个分子中肯定有两个 W 或两个 R。这样一来，加入一个 R 分子的概率为：

$$q_n = \sum_{k=2}^{3} H(k; n, n_R, 3)$$

其中，H 是一个超几何分布，它的参数包括 n、n_R（R 分子的数量，其中 R 分子和 W 分子的数量总共有 n 个），以及样本规模 3。在这个配置方案中，瓮函数的形状是 S 形的，就像图 3.3a 中的 $q^{(2)}$ 显示的那样。在 0 和 1 处分别有一个稳定的不动点，在 0.5 处则有一个不稳定的不动点。在前面的那个例子中，任何介于 0 和 100% 之间的中间浓度都可能会涌现出来，但是在这个例子中则不同，只有 R 或 W 极端的 0 或 100% 的浓度才可以涌现出来。

接下来再给出一个不存在多重结构的例子，它是对我们之前通过分拆实现产业区位布局的例子的扩展。这一次必定会涌现出一个唯一的区域分布格局。

例 3.4：（通过分拆进行产业区位布局：第二种机制） 假设在一个国家中，有 N 个区域。与前面那个例子一样，一个行业要增加企业，必须通过从母公司中分拆出来这一途径。同样假设，任何现有企业都可以像其他企业一样分拆出新企业。不同的是，现在假设位于区域 j 的一家企业分拆出了一家新企业，不过该新企业以某个正概率 $q(i, j)$ 落户到区域 i，其中，对于所有的 j，$\sum_{i=1}^{N} q(i, j) = 1$。在这种情况下，我们可以写出给定比例 x 时的概率向量：

$$q_n(x) = Qx$$

其中，Q 表示矩阵 $Q = [q(i, j)]$。

我们上面证明的定理告诉我们，将会涌现出来的产业区位结构对应于一个不动点 $z = Qz$。同时，从 $q(i, j)$ 的所有元素都大于零这个现有条件出发，我们可以证明存在唯一的、稳定的不动点。因此，与之前那个分拆出来的新企业留在原区域的例子不同（在那里，任何区域份额都是可能的），在这个例子中，行业的区域份额必定会收敛到某个唯一的、可预先确定的结构上。

讨论至此,有必要先给出如下几个评注:

1. 从式(3.3)中我们可以看出,非线性波利亚过程具有以下性质:在一开始它们是受随机运动支配的——过程早期的随机单位增量会起到很大的作用——但是到后来,这个特征就消失了,确定性的预期运动则会走上前台。事实上,可能会涌现出来的结构,完全是由等价确定性系统给出的——而从这些候选者中做出"选择",正是扰动所能发挥的作用。也正是因为有了这种性质,才使得这些过程成为(确定性的)结构通过(随机性的)波动涌现出来的自然模型。

2. 我们还可以将这种非线性波利亚过程进一步推广到存在不连续的瓮函数的情形、等价确定性系统具有极限环或更复杂的行为的情形,以及非单位增量的情形。但是这些超出了本章的范围。

3. 需要注意的是,在上面给出的定理和例子中,我们处理的都是"纯诞生过程"(pure birth processes)——只允许存在增量。当然,在允许存在减量的情况下(即可以从瓮中取出球),我们也可以发展出相应的理论。但在那种情况下,通常我们将无法再得出强大数定律;也就是说,通常我们不会看到分布收敛到涌现出的结构上。

4. 我们可以对只具有单个稳定不动点的过程与具有多个可达的稳定不动点的过程加以区分,这很有用。对于前者而言,必定会涌现出唯一的结构或极限;而对于后者而言,结构在一定意义上是随机"选择"出来的。我们可以将前者称为遍历的——只有一个可能的结果,并且扰动将被"洗去";后者则是非遍历的——有多种结果,早期扰动在结构的"选择"中变得至关重要。

关于非遍历路径依赖,有一个案例非常有趣且极具启发性,它关乎经济系统中涌现出来的技术结构的决定(Arthur,1984,1985)。我们接下来就来简要讨论一下这个案例。

3.5　路径依赖与技术结构的涌现

在很多时候,单个技术的采用会表现出收益递增的特性。技术被采用得越多,人们对它们的了解就越多,从而它们被改进得也就越多,于是它们的吸引力也就越大(Rosenberg,1982)。同样普遍的是,在很多时候,会有若干种技术为获得由潜在采用者组成的市场份额而相互竞争。(例如,在 19 世纪 90 年代,蒸汽机、电动机和汽油机作为当时刚出现的汽车的动力源而展开了竞争,尽管这种竞争可能是无意识地发生的。)

我们可以将相互竞争的技术的采用过程建模为非线性波利亚过程,这种处理很有效。每次选择时,都会有一个单位增量(一个个体的采用)被添加到某一种给定的技术中,其概率取决于在特定时间使用每一种技术的采用者的数量(或比例)。我们可以运用我们的强大数定律来说明在何种情况下,采用的收益递增(即采用的概率随着市场份额的增加而增加)可能会推动采用者"市场"转向单一的主导性技术,而且这种独占市场的技术是由早期发生的小事件"选择"的(Arthur,1984,1985;Hanson,1985)。

在阐明这个非遍历的"收益递增"情形下动力学的下述三个关键特征时,逼近理论也发挥了重要作用。首先,我们无法准确地说出哪种技术结构将"赢得"市场。事实上,在 19 世纪 90 年代,汽油机一度被公认为最不可能的选择(Arthur,1984),但是它后来却成为汽车推进的主要技术结构。其次,占主导地位的技术——涌现出来的结构——不一定是"最好"或最有效率的,因为早期事件可能会将系统锁定在更低劣的技术路径上。在汽车工程文献中,的确有研究认为,如果蒸汽机技术得到与汽油机同等程度的开发,那么它很可能会成为更优越的一种技术路线(Burton,1976)。[同样可以阐明,20 世纪 50 年代出现的编程语言 FOR-TRAN、美国彩色电视制式和 QWERTY 打字机键盘(David,1985),似乎都是被锁定在更低劣的结构上的例子。]最后,一旦单一技术结构涌现出来并自我强化,就很难改变它。如果想要重建一项已经被排除在外的技术——比如用蒸汽机来推进汽车——就必须缩小不断扩大的技术转换鸿沟。

对于非遍历的系统而言(比如说,采用的收益递增特性足够高且相互竞争的技术),宏观结构的上述特性——不可预测性、潜在的非优越性和结构刚性——似乎都是很常见的,并且在某种程度上似乎是不可避免的(Arthur,1985)。

3.6 结论

在这简短的一章中,为了便于讨论,我们将"结构"定义为从一个动力学过程中涌现出来的长期模式,如球的最终比例、化合物的浓度,或市场份额。传统的强大数定律,其实也是一个关于结构涌现的命题,只不过向各种可能类别的每一次添加都是相互独立的,而且以固定概率发生。在我们研究的更一般的"非线性波利亚"过程中,往各种可能类别的每一次添加都会受到每个类别当前所占比例的影响,也就是说,该过程的增量具有依赖性。我们证明,博雷尔强大数定律(在特定的技术条件下)可以推广到这个非常重要的依赖性增量的情形:这样的过程确实会以 1 的概率稳定到固定的比例上。

在某些简单的情况下,非线性波利亚过程会稳定到某个唯一的、可预先确定的比例上。但是在更一般的情形下,它们具有人们所熟悉的非线性系统的特征:可能有多种结构,而且其中一种最终会被动态地"选中"。我们可以将这些候选结构识别为从比例到概率的映射中的一组稳定不动点。因此,非线性波利亚过程可以在研究者通常所用的微分方程方法之外提供一个非常有用的替代工具。尤其是对于离散的路径依赖系统,例如化学动力学、产业区位和技术选择,我们可以构建精确的模型来阐明,一开始的微小波动是如何导致了完全不同的最终结构的涌现。

参考文献

Nicolis, G., and I. Prigogine. 1971. *Self-Organization in Nonequilibrium Systems: From Dissipative Structures to Order through Fluctuations.* New York: Wiley.

Mansour, M. M., C. Van den Broek, G. Nicolis, and J. W. Turner. 1981. "Asymptotic Properties of Markovian Master Equations." *Annals Phys.* 131:1 – 30.

Hill, B. M., D. Lane, and W. Sudderth. 1980. "A Strong Law for Some Generalized Urn Processes." *Annals Prob.* 8:214 – 26.

Arthur, W. B., Y. M. Ermoliev, and Y. M. Kaniovski. 1983. "A Generalized Urn Problem and Its Applications." *Kibernetika* 19:49 – 57 (in Russian). Translated in *Cybernetics* 19:61 – 71.

Arthur, W. B., Y. M. Ermoliev, and Y. M. Kaniovski. 1984. "Strong Laws for a Class of Path-dependent Stochastic Processes, with Applications." In: *Proc. Conf. on Stochastic Optimization, Kiev 1984*, Arkin, Shiryayev, Wets. (eds.). Springer, Lecture Notes in Control and Information Sciences.

Arthur, W. B. 1986. "Industry Location Pattern and the Importance of History: Why a Silicon Valley?", Stanford University, Center for Econ. Policy Research.

Polya, G., and F. Eggenberger. 1923. "Ueber die Statistik verketteter Vorgaenge." *Z. Angew. Math. Mech.* 3:279 – 89.

Polya, G. 1931. "Sur quelques Points de la Théorie des Probabilités." *Ann. Inst. H. Poincaré.* 1:117 – 61.

Cohen, J. 1976. "Irreproducible Results and the Breeding of Pigs(or Nondegenerate Limit Random Variables in Biology)." *Bioscience* 26:391 – 94.

Johnson, N., and S. Kotz. 1977. *Urn Models and their Application.* New York: Wiley.

Cohen, D. 1984. "Locational Patterns in the Electronics Industry: A Survey." Mimeo, Econ. Dept., Stanford University.

Nevelson, M. B., and R. Z. Hasminskii. 1972. *Stochastic Approximation and Recursive Estimation.* Amer. Math. Soc. Translations of Math. Monographs. Vol.47. Providence, RI.

Arthur, W. B. 1985. "Competing Technologies and Lock-in by Historical

Small events: The dynamics of Allocation under Increasing Returns." C.E.P.R. Research Publication no.43. Stanford University.

Arthur, W. B. 1984. "Competing Technologies and Economic Prediction." *Options* (April). Laxenburg, Austria: IIASA.

Rosenberg, N. 1982. *Inside the Black Box: Technology and Economics.* Cambridge: Cambridge University Press.

Hanson, W. 1985. "Bandwagons and Orphans: Dynamic Pricing of Competing Systems Subject to Decreasing Costs", Ph.D. diss., Economics, Stanford University.

Burton, R. L. 1976. "Recent Advances in Vehicular Steam Engine Efficiency." Soc. of Automotive Eng. Preprint no.760340.

David, P. A. 1985. "Clio and the Economics of QWERTY." *Am. Econ. Rev. Proc.* 75:332-37.

产业区位模式与历史的重要性 [*]

在 20 世纪 20 年代和 30 年代,德国曾经出现过一个伟大的产业区位学派,学派成员们指出,产业的地理区位并不是确定性的:在存在集聚经济的地方,企业会发现靠近其他企业对自己有很大的好处(这是区位收益递增的一种形式),因此产业最终可能会高度集聚在历史偶然选择的某些地方。不过,这种观点虽然在直觉上很有吸引力,但是最终由于缺乏理论基础而沉寂了。通常来说,在出现了集聚经济的情况下,可能存在着大量候选的区位集群。德国产业区位学派缺少的,是对"历史偶然事件"如何随着时间的推移而发挥作用——从许多可能的模式中"选择"出最终结果——进行严格阐述。

本章原本是一篇写于 1986 年的论文,它的目标就是试图为集聚经济的产业区位动力学提供一个坚实的基础。为了考察产业区位问题,这篇论文构建了这样一个模型:

---

[*] 我非常感谢斯坦福大学经济政策研究委员会提供的资助,同时也要感谢保罗·戴维和尤里·卡尼奥夫斯基的有益讨论。

企业能够从其他同样在本地落户的企业的存在中获益,而且它们是按照"历史偶然事件"的选择顺序依次选择区位的。

这篇论文当初发表为:Center for Economic Policy Research(Stanford) Publication No.84,June 1986。后来我又对它进行过修改,这个经过修改的版本以"'硅谷'集群:收益递增在什么时候意味着垄断"("Silicon Valley" Locational Clusters:When Do Increasing Returns Imply Monopoly)为题,发表在:*Mathematical Social Sciences* 19(1990):235-51。本书现在这一章中的数学推理部分就取自后一个版本。

在空间经济学文献中存在两种不同的世界观,它们相互交织。第一种世界观,我们可以在冯·杜能(von Thünen,1826)、早期的韦伯(Weber,1909)、普雷德尔(Predöhl,1925)、克里斯塔勒(Christaller,1933)、勒施(Lösch,1944)和伊萨德(Isard,1956)等人的论著中找到踪迹,它倾向于将产业的空间布局视为预先注定的,即是由地理禀赋、交通机会和企业需求等因素决定的。它强调地理差异、运输成本、市场互动以及由这些因素引致的租金和价格的空间分布,并认为作为结果而产生的区位模式是一个均衡结果。根据这种世界观,区位的历史并不重要:只要均衡结果是唯一的,那么它就必定是不可避免的;因此,区位格局形成过程早期发生的事件不会影响后来的结果。我们可以称这种观点为区位静态论(stasis)。区位静态论认为,区位体系是确定性的,因此也是可预测的。从任何一个开端起步,它都会导致一个唯一的结果,因此它是遍历性的。

对于第二种世界观,我们虽然很难在任何地方找到明确的表述,但是它实际上或明或暗地贯穿于后期韦伯、恩伦德尔(Engländer,1926)、里奇尔(Ritschl,1927)和帕兰德(Palander,1935)的著作当中。这种观点认为,产业的空间秩序是依赖于过程的,近乎像地质层一样是分层的——新的产业是在继承而来的过往的区位结构之上一层一层地建立起来的。当然,地理禀赋和交通机会也很重要(尤其是对韦伯而言),但是这种观点强调主要驱动力是集聚经济——靠近其他企业或行业集中的好处。在这种观点的其中一个最简单的表述中（Maruyama，1963），一个行业从一个统一的、没有特色的平原开始发展；早期的一两家企业出于某种"历史偶然事件"而在某个地方落户，其他企业被它们的存在所吸引，然后更多的企业则又被后者的存在所吸引……最终结果是，这个行业聚集在早期企业选择的地方。但是这种空间布局并不是唯一的：另一组不同的早期事件可能会将区位模式引向不同的结果，因此落户历史至关重要。我们可以称这种观点为区位历史依赖论（historical dependence）。① 根据这种观点，产业区位体系在其发展过程中生成了结构。这种观点从根本上说是动态的：产业区位模式可以沿着不同的路径演化，因此它是非遍历的；它有多种结果，因此它是不可预测的。

这两种世界观对所观察到的空间模式的解释大不相同。② 静态论认为（举例来说），美国的电子工业实际上是遍布全国的，之所以其中有很大一部分位于加利福尼亚州的圣克拉拉县（硅谷），只不过是因为这个区域靠近太平洋的原料供给来源，同时还因为它比其他地方更容易获得熟练的劳动力以及科学、技术和工程等方面的最新研究成果。历史依赖论则把硅谷和类似的产业集聚视为主要是由偶然事件导致的结果。在 20 世纪 40 年代和 50 年代，若干关键人物——惠普公司的休利特、瓦里安联合公司的瓦里安、肖克利半导体实验室的肖克利等——碰巧在斯坦福大学附近创办了企业，然后在他们的推动下，圣克拉拉县聚集了一大批拥有丰富专业知识的劳动者，同时还促成了企业间市场的形成，从而使得在这个区位落户对于跟随他们而来的数千家企业来说是极其有利的[参见 Cohen（1984）]。如果这些早期的企业家当初有不同的地域偏好，那么"硅谷"就很有可能会出现在其他地方。

在静态论的假设下，对产业区位进行建模并不存在任何不可克服的困难。因为禀赋、机会集和偏好全都是事先给定的，所以产业区位格局也就直接可以确定下来了——它就是某个适当的均衡模型的解。相比之下，历史依赖加集聚论则更有可能提出一些有趣的问题。集聚经济引入了一种非确定性：当企业想要集聚到其他企业所在的地方去时，最终可能会是某一个或某几个地点容纳了整个产业。但是正如伊萨德（Isard，1956)指出的那样，到底是哪几个地点会"胜出"，是无法提前给出答案的。如果我们试图通过证明"历史偶然事件"有利于那些占主导地位的地点来绕过这种非确定性，那么我们就必须定义清楚什么是"历史偶然事件"（historical accidents）并说明它们是如何"选中"胜出的地点的。由于这样的理论并没有出现，因而这种观点至今仍然是模糊不清的。

　　本章的目的就是为"历史偶然事件加上集聚"的这种观点提供一个稳固的理论基础。更具体地说，本章构建一个模型来考察产业区位的动力学和渐近区位模式的选择，这个模型可以容纳一个简单的"历史偶然事件"概念，方法是假设不同企业在区位偏好上略有不同，而且这些企业一个接一个地做出区位决策的顺序，在外部观察者看来是"随机"的。利用这个模型，本章考察了集聚经济的存在如何影响区位模式，以及"历史"在多大程度上决定了具体的区位模式。

　　我将证明，在集聚经济没有上限的情况下，产业确实会聚集到一个占主导地位的地方，但到底是哪一个地方则取决于地理吸引力和历史上偶然的选择顺序。我还将证明，集聚经济的存在并不能保证类似"硅谷"这样的结果：在集聚效益有上限的情况下，"历史偶然事件"的某些特定组合可以导致单一的优势区位，但是其他组合则可以导致产业在区位上的分散，就像没有集聚效应一样。我还将阐明，悖谬的是，集聚效应也很容易导致产业在区域上的分离。

4.1　模型

　　首先简述若干预备知识。如果与其他企业一起在同一个地点落户的净收益会随着该地点企业数量的增加而增加，那么就意味着存在集聚经济（Weber，1909；Hoover，1937）。集聚经济的来源主要有以下几个。当某个地点争取到企业前来落户之后，它也就同时获得了一些有用的基础设施。它的劳动力市场会得到深化(David，1984a)。专业的法律和金融服务也会随之出现。备件和缺货商品将可以在当地获得，从而推动库存成本降低。社交网络也将应运而生，从而使得人们可以轻松交换信息和专业知识，合同流转也更为便利。当然，集聚不经济——净收益随着其他企业数量的增加而减少——也有可能发生。该地点可能会变得过于拥挤；土地可能会变得非常昂贵；或者，在当地销售的企业可能会发现自己陷入了不得不与附近居于垄断地位的企业竞争的不利环境，如勒施所说的那样(Losch，1941)。当然，除了集聚效应之外，在运输成本、原材料供应、要素价格、气候或者是否靠近市场等方面的地理差异，也都有可能会带来收益或成本。

接下来构建模型。在这个模型中，一个产业中的企业进行选址决策，它们可以在 N 个可选的区域、地点或城市当中选择其中一个。每家企业在决策时都对当时的利润或收益状况有非常好的了解(即知道选择任何一个地点落户的净现值)；而且每家企业都会选择能够为自己带来最大收益的地点，然后在那里落户。模型还假设，新企业是一家接一家地慢慢加入进来的，而且每家企业都会对未来进行贴现，因此在初始期，我们可以忽略预期问题，并假设新企业在选址时会决定在当前有最大收益的地点落户。

一个行业中的不同企业在产品组合或生产工艺上肯定会有所区别，因此它们的区位需求应该也会有所不同。在这个简单的模型中，我将企业 i 在地点 j 的所有收益或回报 r_j^i 浓缩为两个分量——q_j^i 和 $g(y_j)$：

$$r_j^i = q_j^i + g(y_j) \tag{4.1}$$

其中，q_j^i 是企业 i 落户在地点 j 的地理利益(geographical benefit)，即当该地点不存在其他企业时的收益；$g(y_j)$ 是企业 i 在做出决策时因该地点已经拥有了 y_j 家企业所带来的净集聚利益(net agglomeration benefit)。(我还会讨论企业的品味，将其理解为企业在没有其他企业落户的情况下的地理偏好。如果集聚函数 g 是递增的，那么就存在集聚经济；反之，如果集聚函数是递减的,那么就存在集聚不经济。)

各家企业是在不同的时间点进入该行业的。因此,我们可以将它们视为是按一定的先后顺序到达并做出选址决策的。为了引入"历史偶然事件",我们假设观察者不知道进入企业的类型序列。为此,我们可以认为,每一家新企业都是从一个关于潜在企业的区位品味的给定分布 F 中,随机"抽取"出来的一个向量 $q = (q_1, q_2, \cdots, q_N)$,后者表明该企业对于每一个可能的落户地点的区位品味。(因此,分布 F 决定了不同企业类型的到达频率,而且通常来说存在可能的公司类型的连续统)我假设品味向量 q 是具有有界支持的。不难注意到,由于我们可以在不改变区位决策的情况下给所有的 q 加上一个正常数,因此我们可以将 q 视为始终为正的。有的地点经常被企业列为首选(在不存在集聚经济的情况下),我将它们称为有吸引力的地点,同时我在分析中只考虑那些会以正概率被选中的地点。

我有意让这个模型尽可能保持简单,以免后续分析过于复杂化。可以从许多角度对该模型进行修正,例如指定新企业的产生方式以及其他行业是怎样影响区位收益的。本章后面有一节讨论了它的几个扩展。

给定上述假设,我们可以计算出一个打算进入该行业的企业选择地点 j 的概率。进一步假设,在地点 1 至地点 N,已经分别有 $y_1, y_2, \cdots, y_j$ 家企业落户。这样一来,下一家"抽取"出来的企业更偏好地点 j 而不是所有其他地点的概率是:

$$p_j = \text{Prob}\{[q_j + g(y_j)] > [q_i + g(y_i)], \text{对于所有 } i \neq j\} \quad (4.2)$$

对于这个概率,我们可以用勒贝格-斯蒂杰尔斯(Lebesgue-Stieltjes)积分法计算出来:

$$p_j = \int_{V_1} \cdots \int_{V_j} \cdots \int_{V_N} \mathrm{d}F(z_1, \cdots, z_j, \cdots, z_N) \quad (4.3)$$

其中,积分区域为 $V_i = [-\infty, z_j + g(y_j) - g(y_i)]$,对于 $i \neq j$ 且 $V_j = (-\infty, \infty)$。我将 $p = (p_1, p_2, \cdots, p_N)$ 称为区位决策的概率向量。从

聚集函数 g 不难注意到,在地点 1 至地点 N 加入一家企业的概率 p,是该行业当前配置格局的一个函数,正如我们所期望的那样。

接下来要解决的问题是,在存在因集聚经济而导致的收益递增的情况下,并且在关于地理利益的不同假设下,如何推导出区位模式(即在地点 1 到地点 N 落户的企业在该行业中分别所占的比例)并考察其性质。

4.2 选址过程的动力学

我们通过追踪行业区位模式的形成过程,以及不同类型企业进入该行业的情况,来进行研究。由于进入企业的类型的随机性,我们预计区位模式会有所波动;同时我们还预计,它的变动将会依赖于它当前的状态,因为企业的选址决策取决于所有在位企业的当前落户区位。

从每一个地点都有某个给定数量的企业开始(为方便起见,我们将每个地点的企业初始数量设为零),行业是这样形成的:每一次只增加一家企业,而且这家企业必须入驻一个地点且只能在那个地点落户。在总共有 n 家企业完成落户之后,对于"时间"n 上的行业空间布局,我们可以用一个表示 N 个地点上企业数量的向量来描述,$Y_n = [y_1(n), \cdots, y_N(n)]$。另一个等价且更方便的描述方法是,用表示区位份额或占行业比例的向量来描述,即 $X_n = [x_1(n), \cdots, x_N(n)]$,其中,$X_n = Y_n/n$。区位选择概率向量 p 是 Y 和 n 的(连续)函数,或者等价地,是行业的区位份额 X 和 n 的(连续)函数。

现在,行业的形成是通过一次加入一家企业来实现的,因此潜在地点上的企业数量向量的演化方程为:

$$Y_{n+1} = Y_n + b(n; X_n); Y(0) = 0 \qquad (4.4)$$

其中,b 是概率为 $P_j(n; X_n)$ 的第 j 个单位向量。

然后,对式(4.4)除以$(n+1)$,就可以得到在地点 1 至地点 N 上的行业比例向量或区位份额向量的演化方程：

$$X_{n+1} = X_n + \frac{1}{n+1}[b(n；X_n) - X_n]；X_0 = 0 \qquad (4.5)$$

我们可以将式(4.5)改写为如下形式：

$$X_{n+1} = X_n + \frac{1}{n+1}[p(n；X_n) - X_n] + \frac{1}{n+1}\mu(n；X_n)；X_0 = 0$$

$$(4.6)$$

其中，μ 定义为如下随机向量：

$$\mu(n；X_n) = b(n；X_n) - p(n；X_n)$$

式(4.6)就是我们想要得到的区位份额动力学方程。不难看出，它在数学上呈现为一个随机逼近的形式。

不难注意到，μ 相对于当前状态 X_n 的条件期望为零，因此我们可以推导出，区位份额的预期运动方程为：

$$E(X_{n+1} | X_n) - X_n = \frac{1}{n+1}[p(n；X_n) - X_n] \qquad (4.7)$$

由此我们看到，如果一家新企业落户地点 j 的概率 $P_j(X_n)$，大于地点 j 当前在行业中所占的比例 $x_j(n)$，那么这个地点的份额应该会增加——至少在预期意义上是这样。相反，如果该概率小于当前比例，则份额应该会降低。

因此，式(4.6)告诉我们，区位份额的驱动力量有两个，一是源自区位本身的相对吸引力和当前集聚经济的拉动力的预期运动效应[式(4.6)右侧第二项]，二是源自进入的随机性的扰动效应[式(4.6)右侧第三项]。随着产业的成长，预期运动和波动对区位份额的影响都会变小——它们都会以 $1/n$ 的速率减弱。因此我们可以预料，当行业规模变得足够大以后，区位份额将会稳定下来。

对于一个给定的区位概率函数 p，我们只要在区位份额的单位单纯形上绘制出预期运动，就可以了解区位份额是如何稳定下来的(如图4.1所示)。

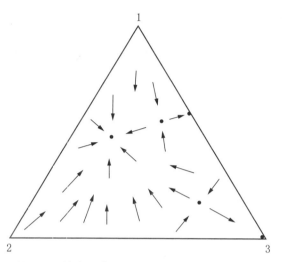

图 4.1　给定一个区位概率函数时的预期运动

　　根据函数 p——最终取决于企业品味的分布和集聚函数——可能存在几个点，在这些点处的预期运动为零。这些是 p 的不动点，它们能使得 $p(x)=x$。在这些点当中，有一些点是吸引子，另外一些点则是排斥子。我们可能会推测，如果给定问题中的选择是由区位选择概率函数 p "驱动"的，那么区位模式将会收敛到区位份额单纯形上的一个不动点 p 上，而且还是收敛到一个吸引子上。此外，如果存在多个吸引子，那么它们可能都是极限区位模式的候选者，行业的区位分布模式会因企业进入序列中的"历史偶然事件"而落入其中某个吸引子的轨道内。

　　最近，阿瑟、叶莫列夫和卡尼奥夫斯基（Arthur，Ermoliev and Kaniovski，1983，1986）证明了一组关于像式（4.6）这样的路径依赖过程的定理（这些定理广泛适用于经济学和物理学中的各种非凸性问题），它们证实了上面这些猜想。在特定的技术条件下：（1）X_n 以 1 的概率收敛到 $p(x)=x$ 的不动点上；（2）X_n 可以收敛到"吸引子"或者稳定的不动点上（在图 4.1 的单纯形中预期运动所朝向的那些点）；（3）X_n 不能以正的概率收敛到"排斥子"或者说不稳定的不动点上（在图 4.1 的单纯形中预期运动所远离的那些点）。在函数 p 会随时间 n 变化的情况下（我们这里讨论的区位模式就属于这种情况),这个广义强大数定律仍然适用,前提是动力学能够"稳定"到平稳态——也就是说,只要"驱动"概率集$\{p_n\}$趋向于极限函数p。

需要提请读者注意的是,标准强大数定律其实说明的是,当增量的添加独立于过程的当前状态时的极限份额。因此,阿瑟、叶莫列夫和卡尼奥夫斯基的定理是对强大数定律的推广,适用于增量是路径依赖的情况。

4.3 若干情况下的区位模式

我们在上文将行业的空间分布模式的形成描述为这样一个过程:单位增量(企业)加入到 N 个类别(候选地点)中的某一个,加入的概率向量 p(加入类别 1 至 N 中的某一个的概率)一般来说是 N 个类别的当前比例 X_n 的函数:$p = p(x; n)$。接下来,我们将求出区位份额的极限向量,且让我们从一种看似微不足道但却非常有用的基准情况开始分析。

假设不存在集聚经济(因此 g 为零),于是只有地理因素 q 在起作用。我们从式(4.3)中可以看到,选择 p 的概率是恒定的,因此在任何时候都与区位份额无关。因此,增量的添加是独立于当前比例的,从而我们直接引用标准的强大数定律就可以证明区位份额 X_n 收敛到 p。就这样,我们得到了如下的定理 4.1。

定理 4.1 如果不存在集聚经济或集聚不经济(即 $g \equiv 0$),那么随着行业的变大,区位份额将以 1 的概率趋向于固定的、可预测的比例。

在这种"纯吸引力"的情况下,行业的地域分散程度取决于行业中企业在品味上的异质性。如果所有企业都是相似的,那么每家企业都会选择相同的能够最大化收益的地点,因此行业将聚集到一处。这样看来,洛杉矶附近电影业的密集集中,并不一定能作为存在集聚经济的证据。这种集中可能只是反映了早期需求的同质性——例如,对低廉的房地产价格、干燥的天气状况和良好的户外照明条件的需求。集聚经济并不是空间聚集的必要条件。

4.3.1 无限集聚经济

在我们上面讨论的、更一般的存在集聚经济的情况下，添加到各个地点的增量并不是独立的——企业加入的概率，依赖于以往企业加入的情况——因此标准的强大数定律就不再适用了。我们现在就来研究这种情况。先假设企业加入某个地点，总会给那个地点带来净收益且该收益没有上限。我们可能会猜测，如果某个地点因"历史偶然事件"而在行业份额上占据了足够大的领先位置，那么它就能够建立起无懈可击的优势，并最终垄断整个行业。这种事情确实会发生。

定理 4.2 在存在无限集聚经济的情况下，即集聚函数至少以 $\partial g/\partial y$ $>\varepsilon y^{\mu}$（其中 $\mu>-1$）的速率增加，那么随着行业逐渐变大趋向极限，除了有限的若干家企业之外的所有企业都集中到某一个地点的概率为 1。从而除了一个地点之外，所有其他地点的区位份额都趋向于零。

证明：证明这个定理，要点在于证明，如果 n 足够大，对于区位份额单纯形中的点，最高份额的地点被选中的概率必定为 1。而且此后，该地点将会被反复选中，从而整个过程都被锁定在该地点上，它在行业中的份额也就会趋向于 100%。

考虑集合 $B=\{x\in S^N: x$ 的两个或更多个元素实现了最大化}（图 4.2），以及 B_ε（它的 ε 邻域）。这样一来，$S^N\backslash B_\varepsilon$ 中的点就表示只有唯一一个最大化的元素的区位份额，我们用 J 来给它编号（指最近的顶点）。将 $S^N\backslash B_\varepsilon$ 分区成单独的集合 C^J，并用最近的顶点 J 来标示。现在考虑 C^J 中的一个给定点 z。g 递增且无上界这个事实保证了，存在某个有限时间 $n(z)$，使得对于所有 $I\neq J$ 的收益，$\{q_J+g[n(z)\cdot z_J]\}>\{q_I+g[n(z)\cdot z_I]\}$ 都成立。此外，很容易证明 $n(z)$ 在 C^J 中具有上界 n^J。因此，如果在某个大于 n^J 的时间 n 处，过程 X_n 处于 C^J 当中，那么地点 J 必定可以为所有企业类型带来最大收益，这样一来，它必定会以 1 的概率被选中；而且，它还将继续以 1 的概率被选中。这个过程永远都不会退出 C^J，而且它将会收敛至地点 J 拥有 100%行业份额的结果。

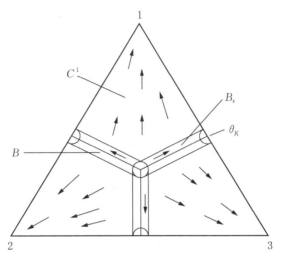

图 4.2　无限集聚经济中的预期运动

　　又或者,这个过程也可能不会进入一个集合 C^J,也就是说,它可能永远留在 B_ε 的内部。这时,我们可以考虑"平衡点"θ_K。"平衡点"是这样定义的,它们是单纯形中的一些点,其中子集 K 之外的各个地点的比例均为零,而 K 之内各个地点的比例均相等。B_ε 中没有"不平衡点"可以持续存在,因为在超出某个有限时间之后,份额最小的那些地点将会被排除在外(就像前面的例子中一样)。此外,这个过程也不可能是循环的:不平衡点一旦被排除在外,就无法恢复。因此,只有通过收敛到某个"平衡点"θ_K 上,X_n 才能无限期地停留在 B_ε 内部。但是,只要直接进行计算就可以证明,在定理中所述的关于 g 的条件下,平衡点 θ_K 是不稳定的。这也就是说,我们可以证明,只要 $\partial g/\partial y > \varepsilon y^\mu$(其中 $\mu > -1$),那么任何给定的 θ_K 都满足不稳定性判定准则:K 内存在一个对称矩阵 C,而且对于 θ_K 邻域内的 z,存在参数 λ 和 $v > 0$ 使得 $\langle C_{p_n}(z), z - \theta_K \rangle \geqslant \lambda \langle C(z - \theta_K), z - \theta_K \rangle^{1+v} + \delta_n$,其中 $\Sigma_n \delta_n < \infty$。从阿瑟、叶莫列夫和卡尼奥夫斯基(Arthur, Ermoliev and Kaniovski, 1989)给出的定理可知,θ_K 的不稳定性足以确保 $\text{Prob}\{X_n \to \theta_K\} = 0$。[③] 所以,这个过程不能收敛到 θ_K,它必定会在有限时间内退出 B_ε,从而必定会收敛到某个顶点 J。由此,

本定理得证。这里需要注意的是,极限概率函数 p 变成了一个阶跃函数(对于具有最近顶点 J 的点,元素 $p^J = 1$,并且每个顶点都是一个吸引不动点)。∎

当然,在现实世界中,任何行业都不可能永远增长。我们最好从通常意义上的大数定律的角度来理解这一点:行业的最终规模越大,一个地点占据的区位份额趋向于100%这种事情就越有可能发生。*

在这种无限集聚的情况下,选址过程最终会"锁定"到类似"硅谷"那样的结果上,即由一个地点垄断所有市场份额。当然,到底是哪个地点最终会占据垄断地位,则取决于企业类型的进入次序,同时在很大程度上也取决于早期入驻企业对地点的相对偏好。这个过程是路径依赖的(或者更准确地说,是非遍历的),因为早期选择顺序稍微不同的历史就有可能会影响结果,从而让另一个不同的地点占据主导地位。一个更有吸引力的地点可能会在选择顺序的早期受到更多企业的青睐,因此它占据主导地位的可能性更大。吸引力及其与选择顺序的"历史偶然事件"的相互作用,决定了结果。

垄断必定会导致这种无限集聚的情况出现,这是显而易见的。然而,要构建能够导致各个地点无限共享行业份额的进入序列也相当容易,而且也不难证明存在无限个这样的序列。这个定理的强大之处就在于,它表明这种非垄断结果在所有可能结果的样本空间中的测度为零。

评论4.1 我们很容易验证,在地理偏好的密度函数 f 在各个方向上都有无限"尾"而不是有界支持的情况下,顶点仍然是唯一稳定的吸引子,而且上面这个定理仍然是成立的:再一次,单个地点将垄断行业份额。

---

* 本书有好几章都涉及区位选址问题。作者在讲到企业所要选址的地点时,对于"location""region"两个词是混用的,中文版将"location"译为"地点"而将"region"译为"区域"或"地区",其实表达的基本上是同一个意思。而对于"location"一词,中文版则根据含义和语境分别译为"区位""寻址""地点"等。——译者注

4.3.2　有限集聚经济

接下来要讨论的一种情况是,收益递增(即集聚经济)是有界的,因而垄断不再以 1 的概率发生。在这种情况下,各个地点将会以正的概率共享行业份额,就好像不存在集聚经济一样。

那么为什么会这样?假设集聚经济 g 是收益递增的,但是受到了作为其上界的常数 h 的限制,因此,企业的加入会增强特定地点的优势,但是并非没有止境。为了便于说明,假设只有两个地点——地点 A 和地点 B。现在,可能发生的一种情况是,如果有足够多偏好地点 A 的企业出现在地点进入序列的早期,那么 A 将会领先得足够多,从而在所有后续选择中都将压倒 B。于是与之前一样,一个地点将占据所有份额。然而,倘若假设偏好地点 A 的企业和偏好地点 B 的企业在进入序列中是或多或少均匀地到达的,那么地点 A 和地点 B 就会轮流被抬高吸引力。结果,这两个地点都会达到集聚上限,而且任何一个地点都无法领先另一个地点足够多(图 4.3)。不过,这样一来实现的集聚经济将会是平等的,它们之间的差异在区位选择中将不再重要,因此最终两个地点将会共享整个行业,而且其份额将等于在没有集聚经济的情况下分别偏好地点 A 和地点 B 的企业类型的比例。当然,最终结果到底是垄断还是区位共享,取决于进入序列中的"历史偶然事件"。

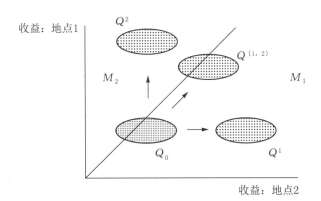

图 4.3　两地点问题中企业收益的支持集

我们接下来要分析的有 N 个地点的情况则要更复杂一些。我们必须首先确定一个"候选"地点集合,它们如果一起被抬高吸引力,那么就可能会将其他地点排斥在外,然后由它们共同主导整个行业。

给定企业的向量 y,考虑收益 $\pi = q + g(y)$ 的(随机)向量。在下面的论述中,很重要的一个因素是对收益的支持,我们将其指称为 Q_y[支持 Q_y 表示 N 维偏好(或收益)空间中企业类型分布的区域]。随着企业的陆续入驻,在它们选择的地点上集聚经济逐渐累积,收益的支持 Q_y 随之发生变化。如果该支持进入了令特定地点子集总是具有最大收益的区域,那么所有企业都将选择该子集中的地点,而永远不会选择其他地点。这样一来这个过程就会被锁定到该地点子集里。

现在,令 K 表示一组地点的集合,并且令 M_K 表示 $\mathscr{R}^N$ 中在集合 K 中能够带来最大收益的元素的向量锥。再令 Q^K 表示收益向量 $(q + \gamma_K)$ 的支持,其中,向量 γ_K 的元素为:不在 K 中的地点为 0 元素;在 K 中的地点为 h 元素。(如果只有集合 K 中的地点接收企业落户,那么这就是最终的收益所在)从而,如果(1)$Q^K \subset M_K$ 且(2)对于任何 $K' \subset K$,都有 $Q^K \not\subset M_{K'}$,那么我们就说 K 是一个潜在的锁定集(lock-in set)。如果此外还存在某个能够导致 Q_y 属于 $Q_\varepsilon^K \subset M_K$ 的有限到达序列(其中,Q_ε^K 是 Q^K 的任一给定 ε 邻域),那么我们将说 K 是一个潜在主导集(potentially dominant set)。

定理 4.3 假设集聚经济 g 是递增且有上界的。那么在极限状态下,随着行业变得越来越大,来自由各潜在主导集构成的族(collection)中的某个地点集,将占据 100% 的行业份额,其概率为 1,并且每一个这样的集合 K 都有正的概率成为那一个垄断集合。此外,垄断集合中的各地点将共享行业份额,就好像不存在集聚经济并且它们从一开始就是仅有的可用的地点集合一样。

证明:首先,这个过程必定会在某个由某些特定地点组成的子集 J 中以 1 的概率收敛到非零的比例上。虽然每一次只加入一家企业,但是肯定会有某个特定地点集合 J 持续不断地接收企业入驻。于是这个集合中的所有地点都将会被抬高吸引力至它们的集聚上限。因此,添加到 J 中地点的概率,将会变得与当前比例无关;而且根据强大数定律,这个过程必定是收敛的。

现在,假设这个过程收敛到了某个非潜在主导集 J 中的非零比例。J 的非主导性意味着,要么 J 中的某些地点在其区位概率为零时还会接收企业,要么对 J 之外的地点的选择以正概率发生。无论哪种情况都与收敛到 J 相矛盾。

最后,考虑一个潜在主导的地点集 K。根据定义,可能会以正概率出现一个有限到达序列,导致收益 Q_y 位于向量锥 M_K 中的 Q_c^K 之内。一旦收益位于该集合内,除了 K 中地点之外所有地点就都不会成为首选,从而这个过程就被锁定在了这个集合 K 上。因此,集合 K 将会以正概率垄断选址过程,同时区位比例 X_n 则会向偏好于 K 中每个地点的企业的相对比例收敛。本定理得证。∎

在这种有限集聚的情况下,行业份额可以由多个地点共享。究其原因,与其说是异质性压倒了集聚,还不如说是特定的选择顺序导致某几个地点以或多或少相同的速度聚集起了企业,这样一来,在行业形成的过程中,导致企业分散布局在各个地点的企业品味异质性的影响,将会始终与集聚的力量形成足够的平衡。因此,即便是很小程度的异质性,也可能足以克服收益递增效应的垄断趋势。在这里,历史选择顺序再一次变得非常重要——它"选择"出了一个将会共享行业份额的主导地点集合。但是,一旦这个集合已经确定下来并被"锁定",接下来继续进行的选址过程就会变得好像集聚效应完全不存在一样。这里还有两种极端情况值得专门讨论一下。第一种极端情况是,集聚力量可能太弱,根本不会导致某个地点子集在任何程度上垄断整个行业。

推论 4.1 如果 $h < \mathrm{Min}_K[d(Q_0, M_K)]$,那么行业份额由所有地点共享,其概率为 1,而且比例与倘若不存在集聚经济时一样。

(其中,d 为定距算子。)在这种情况下,潜在的集聚经济不足以克服偏好的异质性。另一种等价的说法是,总是有一些企业类型不会将它们自己的"自然"选择转换为企业更密集的地点。最终,所有地点都将达到集聚上限,因此就好像集聚力量根本不存在一样。在这种特殊情况下,历史是无关紧要的。

第二种极端情况是,哪怕集聚效应是有上界的,也仍然可能出现单一地点必定垄断全部行业份额的结果。为了说明这一点,令 Q_e^j 表示当只有一家企业完成了选址决策并入驻地点 j 时的收益支持,于是有如下推论。

推论 4.2 如果对于所有的 j,都有 $Q_e^j \subset M_{(j)}$,那么一个地点占据所有行业份额的概率为 1。

这种情况很极端,但很能说明问题。在这种情况下,集聚经济将收益支持直接推进到接受第一家企业入驻的那个地点的主导区域。实际上,当各个企业的偏好紧密聚拢并且一开始的集聚效应就非常强时,这种结果确实是可能出现的。

在上面的结果中,企业品味的支持是有界的这一点至关重要。现在,假设它们拥有无界支持——这也就是说,地理偏好的分布函数 F 在各个方向上都有无限的尾部。此时我们有如下定理:

定理 4.4 如果偏好 F 具有无界支持,同时集聚函数 g 是有上界的,那么所有地点以 1 的概率共享行业份额,而且其比例与不存在集聚经济的情况相同。

证明:在这种情况下,任何子集都永远不会成为主导集——也就是说,在特定子集之外总是会有一个地点以正的概率被选中。然后,企业不断入驻,直到所有地点都达到集聚上限为止。我们可以从所有地点平等地减去这种集聚优势,然后动态过程继续进行,就好像不存在集聚的成分一样,所有地点都根据自己被选择的自然概率共享行业份额。■

4.4 区位孤立和空间分离

许多行业并没有像硅谷那样,在某个主导地点集聚起来。相反,企业以一定的空间规律分布在各地。对于产业的扩散和分离,通常的勒施式解释所依据的是空间垄断竞争理论:企业为了本地市场而与竞争对手保持距离。这也就是说,是集聚不经济导致企业在空间上的相互分离。

不过特别奇怪的是,集聚经济也会导致分离和扩散。原因在于,落户企业数量很多的那些地点,要比地理位置相似、企业数量少的邻近地点更受青睐。因此,拥有大量企业的地点会形成一个"集聚阴影"地带,其中很少或根本没有新的企业落户地点出现。这样就导致了行业的分离。

为了更详细地说明这一点,现在考虑这样一个二维景观,其中任何给定企业类型的收益 q 都在景观表面上连续变化——这种变化可能反映了气候状况或运输成本。(为了保持地点数量的有限性,我们可以将潜在地点想象为一个细密网格上的点。行业内的企业仍然是异质性的,因此品味 q 还是像前面的例子中一样在密度函数 f 中分布。)品味在以下意义上是一致连续的:对于所有企业类型而言,企业对两个相邻地点的品味差异总是小于某个 ε。

考虑两个地点,地点 a 和地点 a',两者之间隔开了 d 个单位(在适当的度量下),它们分别拥有 k 家和 k' 家企业。假设地点 a 拥有的企业更多,如果 $[g(k)+q(a)]>[g(k')+q(a')+\varepsilon d]$,那么对于所有企业类型,地点 a 都占优于地点 a',因此位置 a' 将不会接收任何未来的企业。当吸引力在整个景观上平滑地变化时,靠近某个拥有大量企业的地点的那些地方,在地理上是与该地点相接近的,并且它们的吸引力不足以克服其占优的邻居的集聚优势。于是这些地方会在动力学上"被孤立"(orphaned),或者我们可以说它们位于其占优的邻居的集聚阴影(agglomeration shadow)内。

一个地点的集聚阴影是随着企业的入驻而增大的,同时它也就把更多的邻居排除在外了,这就扩大了自己的品味域——"引力区域"——然后又可以据此接收更多的企业。在集聚经济有界这种更符合现实的情况下,这种演化的结果是,邻近的地点无法分享行业份额,但是离得足够远的地点则可以。

就这样,集聚经济导致了分离和扩散。哪些地点能够获得行业的入驻,哪些地点则会成为"被孤立",仍然依赖于历史偶然事件的选择。

4.5 说明及扩展

在本章中,我们通过一个简单的模型阐明,在存在集聚经济的情况下,是选择顺序中的"历史偶然事件",从一个可能很大的候选空间模式集中,选择出了一个有限的空间模式。这个模型可以从多个角度进行扩展,下面简要地予以说明:

1. 假设最终会出现净集聚不经济,那么所属行业集聚带来的不利因素最终会超过集聚的好处。在这种情况下,g 最终会减小并且是下无界的。部分由于历史偶然事件,那些有吸引力的地点将首先被填满,直到出现收益递减为止。然后,该行业会开始在吸引力较小的地点选址,再到吸引力还要更小的地点选址……直到所有地点都出现收益递减为止。点 $x=(1/N,\cdots,1/N)$ 将会是极限区位概率函数的唯一吸引子(要验证这一点很容易,读者不妨自行尝试一下),因此该行业的份额最终将以 1 的概率由所有地点平等共享。而在集聚不经济的情况下,历史偶然事件将不再重要。

2. 假设企业不仅会受到同一地区的其他企业的影响,而且还会受到所有其他地区的企业整体布局的影响,那么总收益将变为:

$$r_j^i = q_j^i + g(y_1, y_2, \cdots, y_j) \tag{4.8}$$

在这种情况下,集聚函数 g 纳入了更广泛的因素,不过在必要时该函数也可能是特定于区位或特定于企业类型的。这种形式还可以容许更一般的集聚效应或去集聚效应(例如勒施式垄断竞争情况,其中相邻的竞争对手会在一定程度上削减企业需求,具体程度则随距离而变化)。在这个整体布局框架下的分析与前面类似——例如,用阿瑟、叶莫列夫和卡尼奥夫斯基强大数定律就可以直接处理这种情况——但是现在区位选择概率的计算将变成更加复杂。我预计可以得到与前面类似的结果。

3. 假设搬迁的交易成本为零,那么企业可以在不同地区之间迁移,从而就它们的选址决策"重订契约"(recontract)。现在,在每一个新进入者做出了选择之后,原本已经落户的企业会进行一轮搬迁(以提高它们的收益)。企业倾向于从早期有企业入驻但因为"偶然因素"而在集聚过程中被孤立或抛下的地方,迁移到目前企业密集的地方。再一次,在这种情况下会出现多种潜在结果,而最终的区位模式仍然是由迁移和入驻的选择顺序中的"偶然事件"来选定的。因此,"历史偶然事件"仍然很重要。

4. 假设正在进入的企业类型不是独立的,而是存在序列"关联":某些进入者可能会吸引与之互补的生产者;同时后来进入者可能会辨析自己的企业类型以适应早期进入者;而且,一个行业技术发展的特定阶段也可能与特定企业类型的进入有关。这样一来,企业类型的到达就将会是序列相关的;同时路径依赖现在将扩展到企业类型、新近到达的企业,以及先前的区位决策。要给这种情况建模仍然相当简单,只不过分析时需要比这里使用的更为一般化的路径依赖技术。

5. 假设当前企业的选择会受到未来企业的选址决策的影响。这样一来,我们就可以假设企业形成了关于它们发现自己所处其中的随机过程的类型的信念,即关于该区位选址过程的未来状态的条件概率。因此,随着企业入驻过程的依次推进,预期会发生变化。在做出选择的过程中,企业将创建一个实际的随机过程,如果它与相信的随机过程相同,那么企业就处于理性预期均衡状态(参见 Lucas,1972)。初步结果表明,预期会加剧垄断趋势(参见 Ar-

thur，1985）。一个早期幸运有企业入驻、但其实并不具有吸引力的地点，随着选择入驻的企业不断增加对该地点成功的信心，最终可能变得主导。

4.6 结论

阿尔弗雷德·韦伯（Alfred Weber）对集聚经济情形下以成本最小化为目标的独特选址模式进行过精巧的论证。大约二十年后，恩伦德尔和帕兰德都反对称：那只能通过单一的、从头开始协调的企业家来实现；在现实世界中，历史事件会提供一个区位结构，它在企业家出面协调之前就已经存在；并且是这种继承而来的结构与集聚趋势的结合，决定了未来企业的落户地点。恩伦德尔和帕兰德是对的。然而，尽管这种历史依赖论从直觉上看很有吸引力，但是它仍然过于含糊不清，且饱受非确定性问题的困扰。

本章的这项研究表明，确实有可能为"历史偶然事件加上集聚"的这种观点提供一个坚实的理论基础。集聚经济确实能够带来多种潜在的区位模式。继承而来的结构和导致它们的历史偶然事件，确实可以决定行业进入的区位模式。这在很大程度上印证了历史依赖论。但是与传统观念相反，仅凭集聚经济——空间模式中的收益递增——不足以使一个地点建立其区位垄断地位。如果集聚经济是有界的，那么即便是很小的异质性也可能导致各地点共享行业份额，就好像集聚经济不存在一样。集聚经济也不是必要条件。一个行业的高度集中并不能证明一定存在集聚经济。行业集中可能只是反映了需求的同质性。

在产业区位问题中，如果存在集聚经济，那么只进行静态均衡分析是不够的。企业入驻模式有可能是沿着不同的路径展开；我们必须追踪区位结构的形成，而这就需要进行动力学分析。这里最有意思的是，由此呈现出来的图景，在本质上更像是达尔文式的，而不是均衡式的（由地理吸引力赋予选择优势);早期偶然被"选中"的地点会被锁定或"固定"下来;一些地点可能独占可得的集聚经济收益,从而实现对其他地点的"竞争性排斥"(competitive exclusion)。

我们对历史依赖论有效性的分析,并不意味着传统观点——认为存在唯一均衡结果的静态论——是错误的。这两种世界观是互补的,各自的有效性取决于集聚经济存在(或不存在)的程度。

注　释

① 在 20 世纪 50 年代,类似的区位历史依赖论也出现在讨论区域差异的文献中,例如 Myrdal(1957)、Kaldor(1970)、Faini(1984)以及 Perroux(1955),还出现在其他一些学者对"增长极"理论的讨论中。Allen 和 Sanglier(1981)使用仿真技术研究了小事件在区位模式决定中的重要性。

② 这种分歧也是区域经济学中许多争论的背后原因所在。例如,一方面,安大略人有时会将多伦多(安大略省会)在加拿大金融服务业中的领先地位视为加拿大英语人口卓越的企业家精神带来的必然结果。另一方面,同样可以理解的是,讲法语的魁北克人则倾向于将其视为自己历史运气不佳,以及随后多伦多集中了大量资源后的集聚效应造成的。

③ 我已经更新了这里的数学资料,以对应 1990 年发表的、本章论文经过修改后的版本。此处请参考 Arthur, Ermoliev and Kaniovski, 1989, "A Generalized Urn Scheme with Arbitrary Increments", Santa Fe Inst., Mimeo。

参考文献

Allen, P., and M. Sanglier. 1981. "Urban Evolution, Self-Organization, and DecisionMaking." *Environment and Planning A*, 13:167 – 83.

Arthur, W. B. 1985. "Competing Technologies and Lock-In by Historical Small Events: The Dynamics of Choice under Increasing Returns." C. E. P. R. Paper 43. Stanford.

Arthur, W. B., Y. M. Ermoliev, and Y. M. Kaniovski. 1983. "A Generalized Urn Problem and Its Applications." *Cybernetics* 19:61 – 71.

——. 1985. "Strong Laws for a Class of Path-Dependent Urn Processes." In *Procs. International Conf. on Stochastic Optimization, Kiev 1984*. Arkin, Shiryayev, and Wets (eds.). Springer: Lecture Notes in Control and Info. Sciences 81.

——. 1986. "Path-Dependent Processes and the Emergence of Macro-Structure." Forthcoming *European Journal of Operations Research*.

Christaller, W. 1933. *Central Places in Southern Germany*. Prentice-Hall, 1966.

Cohen, D. L. 1984. "Locational Patterns in the Electronic Industry: A Survey." Mimeo. Stanford.

David, P. 1984. "The Marshallian Dynamics of Industrialization: Chicago, 1850 – 1890." Mimeo. Stanford.

——. 1984. "High Technology Centers and the Economics of Locational Tournaments." Mimeo. Stanford.

Engländer, O. 1926. "Kritisches und Positives zu einer allgemeinen reinen Lehre vom Standort." *Zeitschrift für Volkswirtschaft und Sozialpolitik*, Neue Folge 5.

Faini, R. 1984. "Increasing Returns, Non-Traded Inputs and Regional Development." *Econ. Journal* 94:308 – 23.

Hill, B., Lane, D., and W. Sudderth. 1980. "Strong Convergence for a Class of Urn Schemes." *Annals of Probability* 8:214 – 26.

Hoover, E. M. 1937. *Location Theory and the Shoe and Leather Industries*. Harvard. Isard, W. 1956. *Location and Space-Economy*. Wiley.

Ljung, L. 1978. "Strong convergence of a Stochastic Approximation Algorithm." *Annals of Statistics* 6:680 – 96.

Lösch, A. 1941. *The Economics of Location*. Yale University Press, 1954.

Maruyama, M. 1963. "The Second Cybernetics: Deviation Amplifying Mutual Causal Processes." *American Scientist* 51:164 – 79.

Myrdal, G. 1957. *Economic Theory and Underdeveloped Regions*. Duckworth.

Palander, T. 1935. *Beiträge zur Standortstheorie*. Almqvist and Wicksell.

Perroux, F. 1955. "Note sur la Notion de Pôle de Croissance." *Économie Appliquée* 7:307 – 20.

Predöhl, A. 1925. " Das Standortsproblem in der Wirtschaftslehre."
　　Weltwirtschaftliches Archiv 21:294 – 331.

Ritschl, H. 1927. "Reine und historische Dynamik des Standortes der Erzeu-
　　gungszweige." *Schmollers Jahrbuch* 51:813 – 70.

Thuenen, J. H. von. 1826. *Der Isolierte Staat in Beziehung auf Land-
　　wirtschaft und Nationalökonomie.* Hamburg.

Weber, A. 1909. *Theory of the Location of Industries.* University of Chicago
　　Press, 1929.

5 信息传染[*]

本章探讨了一种与本书前面讨论的大不相同的正反馈机制。在典型的技术产品市场中,这种正反馈机制是通过信息的传播发挥作用的。

例如,当潜在购买者在几种可选的技术产品之间做出购买决策时(例如,在不同的计算机工作站之间进行选择时),他们通常会咨询以前的购买者,利用前人经验来补充自己可以找到的公开信息,包括选择了哪种产品以及使用

---

[*] 本章系与戴维·A.莱恩合著。本研究是在圣塔菲研究所经济研究项目的资助下完成的,该项目的资金来源包括:花旗银行/花旗银行研究公司(Citibank Research Corp.)、亚历克斯·C.沃克基金会(Alex C. Walker Foundation)和拉塞尔·塞奇基金会。圣塔菲研究所还得到了约翰·D.麦克阿瑟和凯瑟琳·T.麦克阿瑟基金会(John D. and Catherine T. MacArthur Foundation)、美国国家科学基金会(PHY-8714918)和美国能源部(ER-FG05-88ER25054)提供的资助。莱恩还获得了美国国家科学基金会的资助(DMS-8911548)。我们还要感谢尼古拉·迪米特里(Nicola Dimitri)、埃德·格林(Ed Green)、拉里·格雷(Larry Gray)、弗朗切斯科·科雷利(Francesco Corelli)、马塞尔·法夫尚(Marcel Fafchamps)、阿肖克·迈特拉(Ashok Maitra),以及斯坦福大学数理经济学研讨会的参与者,感谢他们对本文观点提供的有益评论和对话。

效果如何,等等。这无疑是一个既自然又合理的方法,利用它可以获得其他方式难以获得的信息。但是它也在不同产品为市场份额而竞争的过程中,引入了"信息反馈"。新购买者所了解的产品,就会依赖于先前购买者"调查过"(或抽样过)并决定购买的产品。因此,与先前只有很少用户的产品相比,潜在购买者可能会更多地了解人们经常购买的产品。因此,如果买家是风险厌恶的并倾向于更偏好他们了解更多的产品,那么那些偶然在早期就赢得了市场份额的产品,就会获得信息反馈优势。在某些情况下,一个产品可能会因为这个优势而占据主导地位。

我们将这种现象称为信息传染(information contagion),本章的目的就是深入探讨这种现象。本章最初是在 1991 年以工作论文的形式发表为:Santa Fe Institute Paper 91-05-026,当时所用的标题为"信息收缩与信息传染"(Information Constriction and Information Contagion)。这里收录的版本,是后来在 1993 年公开发表于《经济动态和结构变化》(*Economic Dynamics and Structural Change*)期刊上的版本。戴维·A.莱恩当时供职的机构,是位于明尼阿波利斯的明尼苏达大学统计学院。

5.1 引言

对于潜在购买者来说,技术含量高的新产品可能带来相当大的不确定性。他们也许能够利用说明书、广告小册子甚至消费者体验报告获取信息,并且可以准确地了解购买成本。然而,他们可能仍然无法确定新产品的性能究竟如何、能够帮自己完成什么工作任务,比如说:新产品可以如何顺利地融入他当前的工作流程中;新产品需要多少维护或"停机时间";新产品是否真的适合他所考虑的特定用途。例如,在选择用于"数学计算"或者用于统计数据分析的台式计算机软件时,潜在用户可能对价格和技术特征非常了解,但是他们通常无法事先就知悉在运行某个特定程序后会不可避免地出现的各种实际困难,以及意想不到的好处。

在这种情况下,潜在购买者为了减少这种不确定性,通常会尝试询问以前的购买者他们在购买和实际使用后对产品有什么看法。

这种对过去购买者体验的抽样或"调查"是自然且合理的,它有助于填补原本缺失的信息。但是它也在不同产品为市场份额而竞争的过程中引入了"信息反馈"。潜在购买者决定购买哪种产品,依赖于从先前购买者那里获得的信息;但是他所能获得的信息又依赖于先前那些购买者决定购买的是哪种产品。在满足特定条件的情况下,这种信息反馈会导致市场份额的自我强化。与先前用户很少的那些产品相比,潜在购买者更有可能了解的是人们经常购买的产品;因此,如果他们厌恶风险,那么那些在早期偶然赢得市场份额的产品就会处于优势地位。事实上,在某些情况下,一个产品可能仅凭这一优势就占据了主导地位。这种由信息生成的产品流行度与被购买可能性之间的联系,我们称之为信息传染(information contagion)。

当然,我们还要注意一点,即便通过"调查"先前用户,可以将私人信息添加到公共信息中去,在只能对所有先前的购买者当中的一小部分进行抽样时,也必定会遗漏许多关于那些相互竞争的产品的可用信息。所有先前的购买者手中与产品表现有关的信息,对潜在购买者来说都是有价值的,但是在大多数情况下,没有办法把这些信息全部收集起来。因此,市场上有许多可用信息是潜在购买者无法获得的。市场不得不受信息收缩(constriction of information)的约束。

在本章中我们将考察,对先前购买者进行抽样这种信息反馈,会如何影响随着时间的推移而浮现出来的市场份额的决定。我们构建了一个模型,作为我们分析的基础(下面的第5.2节对这个模型进行了详细描述)。为了分离出信息反馈的影响,这个模型排除了会与信息传染共同发挥作用,从而决定实际经济环境中配置动态的其他反馈过程,包括网络外部性、学习效应,以及竞争性产品的生产者对价格和信息的策略性操纵,等等。①

我们试图利用这个模型来解决以下两个问题:

1. 随着时间的推移,每种产品都会有一个稳定的市场份额吗? 如果是这样,可能的极限份额是怎么样的?

2. 在什么条件下,信息反馈会推动市场被单一产品所主导?

我们的信息传染模型详细说明了潜在购买者如何选择咨询哪些先前购买者,他从他们那里发现了什么,以及他如何使用他所获得的信息。在这里,我们想先强调一下这个模型的两个关键特征:

1. **面向主体的抽样**(Agent-Oriented Sampling):在理想情况下,潜在购买者希望获得关于每种产品"足够多的"信息,并且为了有效地做到这一点,他在选择将哪些产品纳入他的样本中时,希望能考虑先前购买者所购买和使用过的产品。然而不幸的是,如果不直接去问某个人,通常很难知道此人使用过哪种产品。因此,我们假设潜在购买者是在事先不知道他们购买了哪种产品的情况下对先前的购买者进行抽样。也就是说,抽样是针对行为主体,而不是针对产品进行的。

2. **贝叶斯信息处理**(Bayesian Information Processing):有的人也许会设想,潜在购买者可能就是简单地模仿先前购买者的决策,例如,他可能决定购买自己调查过的那些人当中大多数人都使用的过产品。信息传染可以如何由这种模仿策略而产生是相当显而易见的,但是对购买者的心理做出这样的假设,在我们看来既不现实也无趣。相比之下,我们将假设一个同样显得有些极端但相反的心理学观点:购买者会以"理性"的方式处理从自己抽样的那些行为主体那里了解到的、关于相互竞争的各种产品性能的信息。也就是说,购买者会将私下获取的信息与公开可用的信息进行整合,然后他选择使他的后验期望效用最大化的那个产品,而这种整合是通过贝叶斯更新其关于相关产品性能特征的概率分布来实现。

我们在上文中之所以要把"理性"一词放在引号里,是因为这种信息处理远远达不到完全理性的标准。完全理性要求,我们的行为主体还必须利用好每个抽样到的先前购买者对产品的选择所隐含的产品质量信息。但是要做到这一点,他就必须对其他行为主体收集信息并利用信息来指导他们在产品之间进行选择的过程进行建模,我们认为,将这样一个过程视为共同知识既不符合现实,又会使分析不必要地复杂化。因此,我们简单地假设,我们的行为主体通过对先前购买者进行抽样,了解每个人购买了什么产品,并获得关于该产品性能如何的有关信息:后面这种信息会被"理性地"处理,而前面这种信息的证据内容则会被忽略。

我们还要简略地提一下,这项研究能够以何种方式融入讨论不确定性的经济学文献。关于经济学中的搜索或抽样问题的经典文献(可参见下面几份综述:Diamond and Rothschild,1978;Lippman and McCall,1981;Rothschild,1973),主要集中于最优信息收集的问题。但是这些研究都假设正在被搜索的环境是不变的。在本章中,我们允许被搜索的总体本身——被抽样的分布——可能由于信息收集过程的存在而发生内生变化。我们研究可能由此而产生的现象。因此,我们更关心信息收集和决策过程的自我强化效应,而不是最优抽样这个标准问题。[②]

在下文中,我们考虑的问题是,当一个进行"贝叶斯信息处理"的购买者序列中的每个人都必须在两个新产品 A 和 B 之间进行选择时,会发生些什么。这些购买者共享一个关于这两种产品的公共信息池,而且他们可以通过对先前购买者进行面向主体的抽样来扩增这个信息池。

本章的结构安排如下。5.2 节描述一个一般性的信息传染模型。为了给信息反馈的影响提供一个背景,5.3 节讨论在两种极端信息状态下最终的市场份额可能的样子:第一种,行为主体根本无法获得关于先前购买者经验的信息;第二种,每个购买者对产品性能的观察都立即成为公开知识。5.4 节分析了信息反馈导致的市场过程的动力学:每一种产品渐近地获得某个稳定的市场份额;最终实现的一组可能的极限份额取决于行为主体的心理特征以及他们所采用的抽样规则;而且这些极限份额是可以计算出来的——作为某个函数的不动点。在某些特定的情况下,存在多个可能的极限份额,而且在那些极限份额中,到底哪一个会随着时间的推移而涌现出来,则往往取决于"偶然",即取决于早期谁从谁那里了解到了什么。5.5 节更深入细致地探讨了,当每一个购买者都对固定数量的先前购买者进行抽样时,会产生什么样的市场结构。特别是,我们识别出并讨论了可能导致极限份额的两个因素:行为主体的风险厌恶程度,以及他们低估新产品的实际有效性的程度。5.6 节提供了一个例子,它说明了另一种此类机制,当购买者采用更加复杂的序贯抽样规则时,这种机制可能会起作用。最后,5.7 节讨论了对模型的一些可能的修正。本章末尾的附录给出了数学结果的证明。

5.2 信息传染模型

行为主体依次进入市场,在功能相似的两种新产品 A 和 B 当中做出选择。这两种产品分别具有决定其实际使用性能的性能特征 c_A^* 和 c_B^*。我们假设这些性能特征和产品价格都不会在模型描述的市场过程中发生变化。

首先,我们要对每个行为主体决定购买哪种产品的过程给出一般描述。然后,我们引入五个假设,它们的主要目的是使模型在分析时更易于处理。5.3 节和 5.7 节讨论了修正这些假设会带来的后果。

5.2.1 信息获取和产品选择

产品 $i(i = A, B)$ 对一个潜在购买者的价值,由他的效用函数 u 决定。效用函数的两个参数为产品的性能特征 c_i^* 和价格 p_i。然而,由于价格是已知的且不会改变,所以我们可以在期望效用的表达式中消去 u 对价格的依赖。据此,我们可以假设潜在购买者选择能够最大化 $E[u(c_i^*)]$ 的产品 i。

这个潜在购买者根据公开信息将他对产品 i 的看法编码为概率分布 π_i。然后,他随机抽样 τ 个先前的购买者,其中 τ 是一个停止规则(stopping rule)。停止规则是用于终止抽样的、具有明确定义的决策规则,它只取决于收集到的信息、收集信息的成本和模型参数。对于每个抽取出来的个体,这个潜在购买者都要确定该个体购买了什么产品,以及相关产品的性能特征的估计值 X。然后利用贝叶斯定理将这些估计中的信息合并到 c_A^* 和 c_B^* 的后验分布中。接着,再根据它们的后验分布,计算出这些量的预期效用。

5.2.2 假设

假设 1:观测值 X 的结构

$X = c_i^* + \varepsilon$,其中 $i(=A, B)$ 是被抽样的购买者所使用的产品类型,ε 是一个均值为 0、标准差为 σ_{ob}^* 的正态分布。

误差随机变量 ε 在单个潜在购买者的样本内、不同潜在购买者的样本之间都是独立的。

这种假设包含了一个特别含义,那就是 ε 具有"纯"测量误差的特征,它不依赖于抽样过程或被抽样行为主体的属性。另一个很有意思的替代方案是,假设每个用户都会体验到不同的 c_i^* 的实现值,对应于其在使用产品方面的独特技能和要求。在这个假设下,每一次抽样到某个特定购买者时,都可以获得相同的产品信息。但是由此得到的模型,分析起来有些复杂。不过,5.4 节和 5.5 节中描述的主要定性结论,同样适用这个假设下的模型;另外,5.7 节还讨论了这两种模型之间的不同之处。

假设 2:同质行为主体

所有购买者都拥有相同的先验信念 π_A、π_B,以及相同的停止规则 τ 和效用函数 u。

购买者具有相同的先验分布,不仅反映了心理同质性的假设,而且还依赖于另一个假设,即他们可以获得关于产品性能特征的、相同的公开信息,特别是,在越来越多的行为主体购买和使用这一种或那一种产

---

* 下标"ob"表示"观测值"(observation)。——编者注

品之后,也不会有其他额外信息可以公开获得。最后一点当然是一种理想化的情形,但是在许多情况下仍然是相当合理的,包括:当购买者策略性地采取保密措施对自己有利时(例如,对于石油勘探技术);或者,当信息获取成本过高时(例如,药物上市后与其有效性有关的信息);又或者,当采用过程的时间尺度比相关信息传播的过程更快时(例如,在科学期刊上被评论的、为科学家提供的新计算机程序)。

假设 3:先验信念的结构

π_A 和 π_B 是独立的正态分布,其均值分别为 μ_A 和 μ_B,标准差分别为 σ_A 和 σ_B。

假设 4:常风险厌恶

行为主体具有如下形式的常风险厌恶效用函数 u_λ,其中 $\lambda(\geqslant 0)$ 为参数:

$$u_\lambda(c) = \begin{cases} -\exp(-2\lambda c) & \text{如果 } \lambda > 0 \\ c & \text{如果 } \lambda = 0 \end{cases}$$

假设 5:有界停止规则

停止规则 τ 从根本上说是有界的,即存在一个整数 N,使得 $[\tau \leqslant N] = 1$。

在假设 1—5 下,只要选定一个有界停止规则 τ 以及前述六个参数 μ_A、μ_B、σ_A、σ_B、σ_{ob} 和 λ 的值,就可以完全设定一个决策模型了。市场份额配置过程的动力学,将由这些参数和实际产品性能特征 c_A^* 和 c_B^* 决定。

在这个模型中,产品 i 的期望效用 U_i 由下式给出:

$$U_i = \mu_{\text{post}, i} - \lambda \sigma_{\text{post}, i}^2$$
$$= \frac{1}{n_i + \alpha_i}(n_i \bar{X}_i + \alpha_i \mu_i - \lambda \sigma_{ob}^2)$$

其中,下标"post"指的是通过抽样获得信息之后 c_i^* 的"后验"(posterior)分布,n_i 是抽取出来的选择产品 i 的购买者的数量,$\bar{X}_i$ 是观察到的性能特征的平均值,α_i 为 $\sigma_{ob}^2 / \sigma_i^2$。

5.3 两个极端模型中的市场份额

我们的目的是了解信息在市场份额配置动力学中发挥的作用,为此,不妨先考虑两个简单的、有极端信息状态的产品采用模型,相信它们会有很大的帮助。第一个模型我们称之为完全收缩模型(full constriction model),是一般的信息传染模型的一个平凡的特例。在这个模型中,信息是完全收缩的,以至于行为主体不能获得任何私人信息,即 $\tau = 0$。因此,在这个模型中,所有行为主体都将购买具有更高先验期望效用的产品。如果先验的分布相同,那么当前这个问题就是不适定的(ill-posed):在这种情况下最终的市场份额将完全取决于行为主体是如何解决平局的(resolve ties)。无论我们是以何种方式解决这种非确定性,我们都可以非常肯定地得出这样一个结论:由此产生的市场份额配置,对模型任何可以想象的扰动——比如说,稍微改变其中一个分布,或者行为主体将公开可用信息编码为他们的先验分布 π 的方式略有不同——都高度敏感。如果对各种产品的先验信念不同,那么具有更高预期效用的那种产品,将轻而易举地获得彻底的市场支配地位。因此,只要了解行为主体如何编码可用信息(即知悉 π_A 和 π_B)就完全足以预测配置过程的结果了。

在第二个极端模型中,不存在任何信息限制。每个购买者的产品性能信息都是公开可得的;因此,行为主体无需对先前购买者进行抽样。在这样一个完全公开知识(full-public-knowledge)模型中,我们可以认为每一个购买者都已将他对自己所购买产品性能特征的观察结果贡献出来,并发布在所有后续购买者都可以访问的"公告板"上(如假设 2 所述)。于是,购买者根据公告板上的数据和前面假设 3 所描述的先验分布,形成对性能特征的后验分布,然后选择能最大化自身期望效用的产品,其效用则如假设 4 中所述。(这里需要注意的是,在信息收集的方式上,这个模型不同于5.2节给出的标准信息传染模型,因此它不是后者的一个特例。)

在完全公开知识的情形下,将会生成关于产品的足够多的信息,哪一种产品更好最终也会水落石出,然后那种产品就将占据市场支配地位——这似乎是一个很容易想象的结果。同样的直觉似乎还告诉我们,当各种产品实际上完全相同时,这一信息也会昭然于天下,因而最终的市场份额将会与具有相同先验分布的完全收缩模型中一样,完全取决于行为主体如何打破平局。

然而,根据下面的定理5.1,这些直觉都是错误的。在完全公开知识模型中,只有一种极限市场结构是可能的,那就是由一种产品支配市场。即便两种产品实际上是完全相同的(即 c_A^* 等于 c_B^*),结果也是如此。而且,如果产品的性能特征不同,也不一定是最好的产品最终胜出。虽然在完全公开知识模型中,可以先验地确定会有一种产品最终压倒另一种产品,但是究竟是哪种产品获胜则取决于"偶然",通过观察误差序列来体现。

为了便于陈述定理5.1,我们先引入以下定义。

定义:

(1) 如果存在一个整数 N 使得第 N 个购买者之后的每个购买者都选择 A,那么就说产品 A 对产品 B 拥有强市场支配地位(strong market domination)。

(2) 如果在前 n 个购买者中产品 A 的购买者的比例在 n 趋于无穷大时收敛为 1,那么就说产品 A 对产品 B 拥有弱市场支配地位(weak market domination)。

(3) 在前 n 个购买者中产品 A 的购买者的比例在 n 趋于无穷大时最终会超过 $(1-\varepsilon)$,那么就说产品 A 对产品 B 拥有 ε 弱市场支配地位(ε-weak market domination)。

定理5.1 在完全公开知识模型中,一种产品将以 1 的概率获得对另一种产品的强市场支配地位。对于模型参数的任何值,两种产品中的任何一种支配另一种的概率均为正。

对于这个定理,我们在本章附录中给出了正式证明。在这里,为了直观地理解为什么它是正确的,且先让我们假设不会出现一种产品对另一种产品有支配地位的情况。这一假设意味着,即便一种产品的性能确实比另一种更好,这两种产品也都会在无限长的期限有人购买,这样一来行为主体对它们性能的信念将趋向于其真实价值。然而这也就等于说,更好的那种产品最终会淘汰另一种更劣的产品,并支配后者——于是自相矛盾。在两种产品的真实性能相同这种更加微妙的情况下,观察中的随机性意味着,关于某一种产品的性能的信念,迟早会(以 1 的概率)"游走"到低于 c^* 的水平,从而使得关于另一种产品的性能的信念收敛到 c^* ——这样就会再一次导致强支配地位。最后,无论各个参数的值是多少,以下情况都会以正的概率发生:对其中一个产品的一系列低值观测,会差到足以终止后续购买者选择这种产品(哪怕该产品的真实性能更优越),并将接下来所有时间内的选择锁定到另一种产品上。我们在这里提出的观点,以及将更好的可选项排斥在外的可能性,有些类似于以往的研究者在著名的双臂老虎机情况下给出的论点(参见 Rothschild,1974)。

5.4　信息传染和市场份额配置

现在,让我们回到 5.2 节中引入的一般的信息传染模型。回想一下,我们只需要指定停止规则 τ 和模型参数 μ_A、μ_B、σ_A、σ_B、σ_{ob}、λ、c_A^* 和 c_B^*,就可以完全确定这个模型的参数。我们将在下面的定理 5.2 中表明,无论这些参数取什么值,相互竞争的产品的市场份额都会渐近收敛到稳定的极限值。此外,对于模型的任何给定参数设定,这些可能的极限份额都是由一个多项式的不动点决定的,而且该多项式可以通过计算选择类型为 A 的产品的条件概率求出,给定 A 的购买数在所有先前购买

数中的比例。当然,当产品 A 存在多个可能的极限份额时——存在不止
一个不动点时——到底哪一个会实现是历史依赖的,抽样或观察中的偶
然事件在这个过程中发生得越早,对市场结构的演化产生的影响就
越大。

与完全收缩模型和完全公开知识模型相比,信息传染模型为市场份
额配置过程的动力学提供了更丰富的可能性。在本节中,我们先简要地
陈述一下这几个模型之间的三个特别有意思的区别(我们在 5.5 节将通
过例子加以详细说明):

首先,在信息传染模型中,有些参数设定可以容许稳定的市场共享,
比如说,两种产品的市场份额相等,或者几乎完全是由这一种或另一种
产品支配市场。因此,在这些参数设定下,是否会涌现出"竞争性"或"垄
断性"的市场结构,可能取决于抽样中的偶然事件,因而对于一个知悉行
为主体的所有相关心理特征和相互竞争的产品的全部真实性能和特征
的外部观察者来说,这不一定是先验可知的。

其次,与完全公开知识模型不同,在信息传染模型中,还有一些特定
的参数设定只允许每种产品只存在一种可能的极限市场份额。此外,在
参数空间中,这些"渐近确定性"的参数设定,可能任意接近于允许多个
可能的极限份额的参数设定。例如,在某些情况下,行为主体风险厌恶
程度的轻微增加,就可以将一个"确定性"的市场结构(在这种结构中,两
种产品必然会各占 50% 的市场份额),转变为这样一种结构,在这种结构
中,两种产品都有可能席卷几乎整个市场。

再次,在这个一般的信息传染模型中,强市场支配地位和弱市场支
配地位都不可能出现。这是因为,一个行为主体总是有可能从所有(最
多至 N,即上界)抽样出来的、购买了较优产品(或者,仅仅在当前占据支
配地位的产品)的购买者那里得到糟糕的观测,从而转而倾向于选择可
替代的另一种产品。然而,对于 ε 的任何值,都很容易找到允许一种或
两种产品拥有 ε 弱支配地位的参数。

为了便于定理 5.2 的陈述,我们先在这里引入一些记号。

考虑随机抽样假设的两种变体:一是行为主体进行有放回抽样;二是行为主体进行无放回抽样。(这两种抽样方法会在配置过程中生成两种不同的概率分布。不过,我们的定理 5.2 断言它们会产生相同的定性极限行为。)

对于 $j=1, 2, \cdots$,令 $T_j = \begin{cases} 1,\text{如果第 } j \text{ 次购买的是产品 A} \\ 0,\text{其他情况} \end{cases}$

且令:

$$a(j) = \sum_{k=1}^{j} T_k$$

引理 5.1 在一个信息传染模型中(有放回抽样),我们有:

$$P[T_{n+1} = 1 \mid T_1, \cdots, T_n] = f\left(\frac{a(n)}{n}\right)$$

其中,f 是一个最高次数为 N 的多项式,其系数取决于停止规则 τ 和模型参数 μ_A、μ_B、σ_A、σ_B、σ_{ob}、λ、c_A^* 和 c_B^*。

这也就是说,给定模型参数和假设 1—5,购买产品 A 或产品 B 的概率只取决于它们的当前比例。

定义:给定一个信息传染模型(τ, μ_A, μ_B, σ_A, σ_B, σ_{ob}, λ, c_A^*, c_B^*),相关的瓮函数[③] f 就是关于在 [0,1] 中的有理数 x 的、由下式定义的函数:

$$f(x) = P\left[T_{n+1} = 1 \mid \frac{a(n)}{n} = x\right]$$

其中,P 是在假设有放回抽样的情况下计算出来的,并依据连续性扩展到 [0,1] 中的所有 x。

定义:假设 f 是 [0,1] 上的一个函数,且有 $f(x) = x$。那么,如果对于某个 $\varepsilon > 0$,对 $(x-\varepsilon, x)$ 中的 y 有 $f(y) < y$,对 $(x, x+\varepsilon)$ 中的 y 有 $f(y) > y$,则称 x 是一个上穿(upcrossing)。

定理 5.2 在信息传染模型中(无论是有放回抽样还是无放回抽样),选择类型 A 的产品的购买者的比例,以 1 的概率收敛。而且,以正概率达到的极限点是以下集合的元素：

$$L = \{x \text{ 在} [0, 1] \text{中}: f(x) = x, x \text{ 不是一个上穿}\}$$

其中，f 是与该模型相关联的瓮函数。

这个定理告诉我们，对于信息传染模型的某个给定设定，如果我们能够计算出将 A 的市场份额映射为购买 A 的概率的函数，那么我们就可以确定，极限市场份额就是这个映射的稳定（非上穿）不动点。

如前所述，对于一个产品所有抽样出来的观察点，存在一个低值序列的概率总是为正。因此我们可以得到如下推论。

推论 5.1 在信息传染模型中，任何一种产品都不能弱支配（因而也不能强支配）另一种产品。

5.5 风险厌恶下的市场份额和意料之外的有效性

证明了市场份额将会收敛到相应瓮函数的稳定不动点给出的极限值之后，我们下一步要研究的是，这些极限值如何受到风险规避态度、先验信息，以及模型其他方面因素的影响。在这个阶段，我们或许可以根据最优停止规则对经济行为主体的采样施加限制。但是，这样做是有问题的，原因有两个：我们在上面既没有假设，也没有定义"最优"信息收集。如果试图给出它的完全定义，就会极大地复杂化本已相当复杂的分析。[④]因此，在本节中，我们将把注意力限制在固定预算停止规则（fixed-budget stopping rule）上，这是一类我们可以获得分析结果的规则。[⑤]然后，在下一节中，我们将通过考虑几个说明性的顺序停止规则（sequential stopping rule）的后果，实实在在地朝最优性迈出一步。

现在，假设行为主体遵循固定预算停止规则，因此有 $\tau \equiv k$ 是一个常数（k 是一个正整数）。在这种类型的停止规则下，我们可以显式地计算出相关的瓮函数，进而通过特定例子说明信息传染下市场份额配置的某些动态行为。更具体地说,利用定理 5.3 以及根据它构造的例子,我们将阐明,行为主体的风险规避和新产品意料之外的有效性都可以推动其中一种产品在市场上占据主导地位。

我们首先讨论对称的信息传染模型。在这类模型中,我们假定行为主体对两种产品具有相同的先验信念,而且这些产品的实际性能也完全相同。因此,市场份额的任何差异之所以会出现,都完全可以归因于行为主体设法从先前购买者那里获得的信息以及他们处理这些信息的方式,而不能归因于产品质量的差异或"预先发布"的关于它们的公共信息。

定义:一个信息传染模型 $(\tau, \mu_A, \mu_B, \sigma_A, \sigma_B, \sigma_{ob}, \lambda, c_A^*, c_B^*)$ 是对称的,如果:

(1) $\mu_A = \mu_B = \mu$,并且 $\sigma_A = \sigma_B = \sigma$;

(2) $c_A^* = c_B^* = c$。

下面,为了行文简洁,我们用记号 SC 来表示具有恒定停止时间的对称信息(symmetric information)传染模型。

我们可以通过如下途径得到 SC 模型的一个简洁的重新参数设定。首先,通过令 σ_{ob} 等于 1 将涉及的各种单位归一化。然后,引入两个新参数 α 和 e:$\alpha = 1/\sigma^2$,$e = \alpha(c^* - \mu)$。我们不妨将 e 称为"意料之外的有效性"(unanticipated effectiveness)参数,因为它衡量了产品实际上比行为主体当初所认为的更好的程度。从下面的引理 5.2 可知,足以生成配置过程的动态行为的其中一个参数设定是 (n, λ, e, μ),其中 n 为每个行为主体采样的先前购买者的数量。

引理 5.2 对于一个 $\tau \equiv n$ 的 SC 模型,相关的瓮函数 f 由下式给出:

$$f(x) = \sum_{k=0}^{n} p(k) \binom{n}{k} x^k (1-x)^{n-k}$$

其中:

$$p(k) = (1-\Phi)\left((\lambda+e)\frac{n-2k}{r(k)}\right)$$

这里面的 Φ 是标准正态分布的累积分布函数($c.d.f.$),并且:

$$r(k) = \sqrt{k[\alpha+(n-k)]^2+(n-k)(\alpha+k)^2}$$

定理 5.3(分岔定理) 考虑具有固定参数 α 和 n 的 SC 模型族($n\geq3$),那么:

(1)存在一个值 $r>0$ 使得,对于 $\lambda+e<r$,产品 A 和产品 B 均以 1 的概率渐近地获得 50% 的市场份额。

(2)固定 $\varepsilon>0$,存在一个值 $R<\infty$,使得对于 $\lambda+e>R$,要么是产品 A,要么是产品 B,会以 1 的概率实现 ε 弱市场支配地位。

根据定理 5.3,如果 λ 和 e 都足够小,那么产品 A 和产品 B 最终将平分市场;而如果这两个参数中有任何一个足够大,那么必定是其中一种产品支配市场,而到底是哪种产品获得支配地位,则完全取决于抽样中变幻莫测的扰动。为什么会这样呢?

其实不难看出为什么高风险规避倾向可能会导致市场被单一产品支配。行为主体规避风险的程度越高,就越看重他们对某种产品了解的信息有多少(与他们自己认为该产品有多好相比)。如果一种产品在当前处于市场领先地位,行为主体就更有可能对它的先前购买者进行抽样,因此对这种产品的了解将多于与它竞争的产品,从而也就更有可能购买它,其概率作为其风险规避程度的递增函数。

意料之外的有效性参数的取值如果很高,会导致市场支配地位的出现,这是行为主体的"理性"的一个副产品。现在假设 e 很大,也就是说,产品实际上要比行为主体最初认为的要好得多。当然,如果行为主体只关注他们从先前购买者那里得到的正面信息,那么他们的先验错误校准不会对他们在产品之间的选择产生任何影响。然而,由于他们会根据贝叶斯公式将这些正面信息与他们先前的信念相合并,因而他们先前对新产品好处的低估,对于在他们的样本中未被充分代表的那种产品影响更大,这就给当前领先的产品带来了优势,而且这种优势还会被放大,直到该产品席卷市场。

那么,我们可以认为这两种信息传染机制中的任何一个都可以在现实世界的配置过程中发挥实际作用吗?当然,现实世界中行为主体的风险厌恶程度完全可能相当高,足以引发足够强的信息传染效应,从而导致某种产品支配市场。⑥而且从另一方面来讲,我们也有理由相信,在某些情况下,行为主体可能倾向于系统性地低估新产品实际上有多好。特别是,当新产品源于最新的科学或技术突破时,行为主体可能倾向于将他们对新产品性能的预期,锚定于他们对能够实现某些相同功能的老产品的体验上。但是,由于那些老产品是以现在已经过时的技术为基础的,所以它们的性能实际上很可能比新产品差得非常多。但是,确实很难先验地设想老产品比新产品差多少。或者换句话说,要想预料到技术革命的影响是非常困难的。在这种情况下,意料之外的有效性参数的取值都可能会相对较高。

定理 5.3 描述了 λ 和 e 取较大的值或较小的值时可能会涌现出来的市场结构。为了全面地表示 SC 模型的渐近行为,我们需要将所有此类模型的可能极限分布描述为模型参数的函数。目前我们还不能完成这样的分析,但是我们发现了两种分岔行为,而且我们推测它们实际上是唯一可能的。由于引理 5.1 中给出的瓮函数对于 λ 和 e 的对称性,保持其他参数(n、α,以及 e 或 λ)固定不变,我们只需要一个参数(λ 或 e)就可以在图中表示这两个分岔了。

下面的图 5.1 给出了 $n=3$ 时的一个典型的分岔图。在图 5.1 中,横轴表示 λ,纵轴给出了产品 A 可能的极限市场份额。在这里,有一个临界值 λ_c——当然,它取决于 α 和 e。对于 $\lambda < \lambda_c$,唯一可能的长期市场结构是两种产品占据相等的份额;而对于 $\lambda > \lambda_c$,则有两个可能的极限份额,$a(\lambda)$ 和 $[1-a(\lambda)]$,其中 a 是 λ 的一个连续函数。在这个例子中,在 $\alpha=1$ 且 $e=0$ 时,这个临界值等于 1.788。

对于 $n > 5$(n 至少可以达到 150,那是我们进行相关计算的最大整数值),典型的分岔图如图 5.2 所示。这里有两个临界值,λ_{c1} 和 λ_{c2}。对于 $\lambda < \lambda_{c1}$,唯一可能的极限市场份额是 1/2。在 λ_{c1} 处,出现了两种新的可能性,

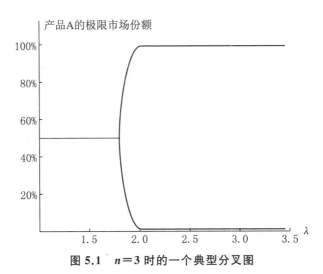

图 5.1 $n=3$ 时的一个典型分叉图

注:本图给出了一个 SC 模型中产品 A 的可能极限市场份额(作为 λ 的函数),参数值为 $n=3$、$e=0$、$\alpha=1$。λ 的值绘制在横轴上,而纵轴上标示的百分比数则表示可能的极限点。图中的极限值是以 0.01 的 λ 增量计算和绘制的,因此,尽管可能的极限值在 λ_c 之后仍然是连续变化的,但是信息传染极限却很快就达到了。

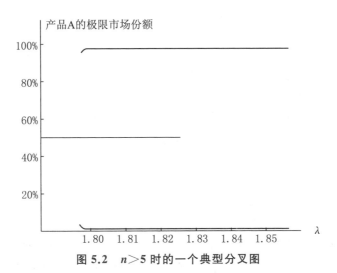

图 5.2 $n>5$ 时的一个典型分叉图

注:本图给出了一个 SC 模型中产品 A 的可能极限市场份额(作为 λ 的函数),参数值为 $n=5$、$e=0$、$\alpha=1$。图中的极限值是以 0.01 的 λ 增量计算和绘制的,所在区间包括两个临界值。

$a(\lambda_{cl})$ 和 $[1-a(\lambda_{cl})]$,其中 $a(\lambda_{cl})$ 在零附近。而在 λ_{cl} 和 λ_{c2} 之间,则存在三种可能性:$1/2$、$a(\lambda)$ 和 $[1-a(\lambda)]$。极限份额是 $1/2$ 的概率,在这个区间上是递减的(从 1 到 0)。当超出 λ_{c2} 时,可能性只剩下 $a(\lambda)$ 和 $[1-a(\lambda)]$。函数 a 是连续的且在区间 (λ_{cl}, ∞) 上递增。特别值得注意的是,如果行为主体的风险厌恶参数恰好落在两个临界值之间,那么即便拥有对模型参数的完全知识,两种相互竞争的产品最终是会共享市场还是其中一种产品实质上支配另一种,也仍然是先验非确定的。在这个例子中,当 $\alpha=1$ 且 $e=0$ 时,λ_{cl} 等于 $1.800\ 69$,λ_{c2} 则等于 $1.827\ 04$。

接下来,我们构建一个信息传染模型的例子,并以此结束本节。在这个例子中,唯一可能的极限市场结构是两种相互竞争的产品之一(比如说产品 A)最终获得了 ε 弱市场支配地位。很显然,这个结果在对称模型中是不可能发生的。然而,我们不妨假设,虽然行为主体对 c_A^* 和 c_B^* 拥有相同的先验分布,但是实际上 $c_A^* > c_B^*$。在这种情况下,引理 5.2 中给出的瓮函数就必须通过对系数 $p(k)$ 做如下改变来加以修正:

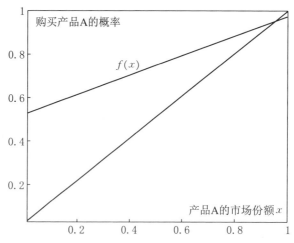

图5.3　与非对称常数停止规则信息收缩模型相关的瓮函数示例

注:本图给出了与一个非对称常数停止规则信息收缩模型相关的瓮函数 f,参数值为 $n=3$、$e=0$、$\alpha=1$、$\lambda=0$,以及 $c_A^*-c_B^*=1$。对于产品 A,唯一可能的极限市场份额为 0.943(相比之下,如果 $c_A^*-c_B^*=2$,那么产品 A 的可能极限市场份额为 $0.999\ 712$)。

$$p(k) = \Phi\left[\frac{(2k-n)\left[\alpha(c_B^* - \mu) + \lambda\right] + k(n-k+\alpha)(c_A^* - c_B^*)}{r(k)}\right]$$

如果 c_A^* 比 c_B^* 大得足够多,那么相关的瓮函数与对角线将只有一个交点,且可以令其任意接近 1,因此相关的配置过程必定会导致产品 A 拥有 ε 弱市场支配地位。下面图 5.3 给出了这种瓮函数的示例。

5.6 顺序停止规则

在 5.5 节中,我们只考虑了常数停止规则,主要是因为这可以使计算更简单。更加符合现实的假设是,行为主体将会继续抽样下去,直到他们获得"充分"的信息为止,或者直到继续进行抽样就会超过特定的预算约束为止。(定义信息"充分性"的标准可以通过多种不同的方式建模。)一般来说,这样的考虑会导致随机的顺序停止时间;也就是说,不同的行为主体会根据他们观察到的情况对不同数量的先前购买者进行抽样。

当然,对于顺序停止时间,也可以简单地视之为常数停止规则的混合(实际上,根据假设 5,这是一种有限混合)。有人可能会假设,顺序停止时间下配置过程的渐近行为,在一定意义上可以视为与若干相关的恒定时间相关联的配置过程所产生的渐近行为的"混合",这种想法可能很吸引人。特别是,如果 τ 是一个停止时间,使得 $n \leqslant \tau \leqslant N$,同时如果对于 n 与 N 之间的每一个恒定停止时间,相应的信息传染模型都只产生一种类型的极限市场结构,那么人们可能会猜想对于停止时间为 τ 的模型也应该如此。然而,下面的例 5.1 和例 5.2 表明,这个猜想是错误的。

例 5.1:考虑一个参数值为 $\lambda = 1.786$、$e = 0$ 且 $\alpha = 1$ 的对称信息传染模型。因为对于 $n = 3$ 和 $n = 4$,λ 小于临界值,所以对应于这两个恒定停止时间的 SC 模型只能导致均等的市场份额。但是,请考虑如下停止规则:如果所有 3 个被抽取出来的行为主体都购买了相同类型的产品,那么就在 3 处停止;否则就对第 4 个先前购买者进行抽样,然后再停止。

与这个模型相关联的瓮函数由下式给出：

$$f(x) = \Phi(\lambda\sqrt{3})x^3 + \Phi(-\lambda\sqrt{3})(1-x)^3 + 3\Phi(\lambda/\sqrt{7})x^3(1-x)$$

$$+ 3x^2(1-x)^2 + \Phi(-\lambda/\sqrt{7})x(1-x)^3$$

而且，从这个函数计算出来的产品 A 的极限市场份额分别是 0.003 9 和 0.996 1。这也就是说，如果各行为主体在他们认为其中一种产品明显领先于另一种产品时马上停止抽样（即在 3 处停止），那么就将导致市场支配地位的出现。

例 5.2：现在考虑一个对称信息传染模型，其参数值为 $\lambda=2$、$e=0$ 且 $\alpha=1$。在这里，对于 $n=3$ 和 $n=4$，风险规避参数都高于临界值，因此这些恒定停止时间的 SC 模型会导致相互竞争的产品之一获得 ε 弱市场支配地位（对于 $n=3$ 和 $n=4$，分别有 $\varepsilon=0.005$ 和 $\varepsilon=0.000\ 4$）。但是，考虑具有如下停止规则模型：在 3 处停止，除非所有 3 个抽取出来的行为主体都购买了相同类型的产品；在所有 3 个抽取的行为主体都购买相同类型产品的情况下，再抽样第 4 个先前购买者，然后停止。通过计算该模型的瓮函数，可以证明由此产生的配置过程必定会导致均等的市场份额。

上面给出的例 5.1 和例 5.2 中的停止规则，只依赖于抽样出来的行为主体购买的产品，而不依赖于对这些产品的性能特征的观察值。与还依赖于这些观察值的停止规则相关的瓮函数，通常很难计算出来。然而，例 5.1 提出了一种可以在采用此类规则的模型中产生市场支配地位的机制：一个设计用来检测相互竞争的产品之间是否存在"充分"大的差异并一旦发现就停止的规则，可能真的能够"发现"这种差异，即便它所发现的差异实际上并不存在；而且，这样做可能会给当前领先的竞争者带来优势。

5.7　讨论和扩展

在本章中，我们先引入了信息传染的概念，然后利用它来探索这样一个问题：从先前购买者那里了解关于新产品的信息，会如何影响市场份额的动态变化？这种情境下的学习，不是发生在一个恒定不变的环境中的；相反，学习本身就会导致被抽样的总体发生内生变化，从而引发信息反馈。我们描述了这种信息反馈驱动相互竞争的产品之一获得市场支配地位的几种途径（哪怕这些产品实际上是相同的，并且公开可用的信息无法区分它们）。

在最后一节中，我们将勾勒我们这个信息传染模型的一些可能的变体和扩展，并预测我们的结论对于模型这些变化的稳健性。

5.7.1　随机效应模型

我们的模型假定每种产品的性能特征都是固定不变的，特别是，不取决于购买者的预期用途或技能。在许多情况下，更加合理的假设是，产品的性能是特定于每个购买者的，同时不同购买者的经验仍然与关于产品能够为其他人发挥怎样的性能的推论相关。因此，我们或许可以假设每种产品都与一个分布相关联，并且每个潜在购买者都体验到从这个分布中抽取的性能特征。然后，进一步假设，如果购买者被另一个行为主体抽样，那么他所体验到的产品的价值可以被该行为主体无误差地观察到。

当然，使用这种随机效应模型时，对特定产品的不良体验仍然会存在。任何人抽样到那些对产品有不佳体验的行为主体，都可以得到关于该产品的坏消息。因此，随机效应模型会产生比我们在本章上文中分析的模型更大的历史依赖性，特别是，随机效应模型很明显比我们的模型更容易达到导致市场支配地位的条件。

如果假设产品的性能特征的分布具有有限支持，那么就可以运用阿瑟、叶莫列夫和卡尼奥夫斯基（Arthur, Ermoliev and Kaniovski, 1983, 1986, 1987）开发的多值广义瓮过程理论来分析随机效应模型了。从原则上说，在多值情况下，配置过程的动力学往往更加复杂。我们尚未确定，与随机效应信息传染模型相关联的特定瓮函数是否也是如此。

5.7.2　关于分布的假设

　　我们假设,先验和抽样分布是正态的,风险规避倾向是指数形式的,这样做的目的是便于进行封闭式分析。在我们看来,我们的所有定性结论都不太可能依赖于这些特殊的函数形式;事实上,我们已经为第5.4节中描述的所有动态现象开发了具有简单离散分布的例子。行为主体的同质性假设,对于我们描述的效应也不是必不可少的,尽管如果产品确实不同质并且每种产品都更适合潜在购买者群体中的某一个部分,那么如此明显的不均匀性本身就可以阻止市场支配地位的出现。因此,我们认为我们的模型在那些可能会完全改变5.3节所述的完全收缩模型结论的扰动下依然是稳健的。

5.7.3　策略性操纵

　　如果相互竞争的产品的生产者通过策略性地操纵价格或信息来应对市场信号,那么我们描述的配置过程就会增加一个策略层面。我们可以轻而易举地将信息传染问题的这个策略变体表述为一个随机双头垄断博弈,其中生产者面临在提高价格(从而提升短期利润)与降低价格以增加人们的购买概率(从而通过正面的信息传染效应扩大长期市场份额)之间的权衡。我们没有在这里对这种情况下的极限市场份额进行全面分析。但是根据对其他正反馈模型的研究(Arthur and Ruszczynski,1992);Dosi,Ermoliev and Kaniovski,1992),我们预测,在其他条件相同的情况下,如果相互竞争的企业的贴现足够高,那么就会出现各企业共享市场份额的结果。(如果只考虑现在,这个问题将简化为一个标准的伯特兰双头垄断模型,定价竞争会使动力学过程"变为凸形",并维持各企业共享市场份额的结果。)另一方面,如果贴现率很低(因此企业很重视长期),并且存在显著的信息传染(即正反馈),那么通常来说,策略性定价的企业都会尽早降价以获得市场份额;但是,一旦一家企业在一开始就取得了主导地位(部分可能完全出于偶然性),它就会提高价格并获取垄断利润,同时让其他企业仅保住可维持竞争的利润,最终将会导致接近 0 或 100％市场份额。

5.7.4　空间抽样

当行为主体获取私人信息时,他们通常不会从所有先前购买者当中进行随机抽样,而是去咨询在地理、专业或其他某种适当意义上与他们"接近"的先前购买者。在建模时将采样中的这个"空间"因素考虑进去,可以构建出很多种不同的模型。这些模型可以用来探索由不同产品支配不同区域的模式的涌现等有趣的现象。

5.A　附录:对正文中一些结论的证明

5.A.1　5.3 节的证明

考虑如下随机变量族:

1. $\{X_{ij}\}$, $i=$A, B; $j=1, 2, \cdots$,

X_{ij} 是独立的,且 $X_{ij} \sim N(c_i^*, \sigma_{ob}^2)$。

(X_{ij} 是产品 i 的第 j 个购买者产生的观察值。)

2. $V_{i,n} = \dfrac{1}{(n+\alpha_i)} \left[\sum\limits_{j=1}^{n} X_{ij} + \alpha_i \mu_i - \lambda \sigma_{ob}^2 \right]$,

其中,$\alpha_i = \sigma_{ob}^2/\sigma_i^2$,且 $i=$A, B; $j=1, 2, \cdots$。

(如果恰好有 n 个先前购买者选择了产品 i,那么 $V_{i,n}$ 将把 i 的期望效用提供给下一个购买者。)

3. $\{T_j\}$, $j=1, 2, \cdots$,其定义如下:

$$T_1 = \begin{cases} 1, \text{如果 } \mu_A - \lambda \sigma_A^2 > \mu_B - \lambda \sigma_B^2 \\ 0, \text{否则} \end{cases}$$

$$T_k = \begin{cases} 1, V_{A, \sum_{j=1}^{k} T_j} > V_{B, k - \sum_{j=1}^{k} T_j} \\ 0, \text{否则} \end{cases}$$

4. 对于 $n=1, 2, \cdots, \infty$，令 $a(n)=\sum_{j=1}^{n} T_j$，且 $b(n)=\sum_{j=1}^{n}[1-T_j]$。对于 $N=1, 2, \cdots$，令 $B(N)=\{a(\infty)\leqslant N\}$，且 $A(N)=\{b(\infty)\leqslant N\}$。

〔在前 n 次购买中，$a(n)$ 次为购买产品 A，$b(n)$ 次购买产品 B。在 $\bigcup_{N=1}^{\infty} B(N)$ 上，产品 B 获得了强市场支配地位，而产品 A 则在 $\bigcup_{N=1}^{\infty} A(N)$ 上获得强市场支配地位。

引理 5.3 对于 $i=$A, B，$P[$当 $n\to\infty$ 时，$V_{i, n}\to c_i^*]=1$。

证明： 由强大数定律可知。

引理 5.4 假设 $c_A^*=c_B^*(=c^*)$，那么：

（1）$(*)P[\bigcap_{m>n}\{V_{j, m}>r\}|V_{j, n}=r]$ 不依赖于 $j(=$A, B) 或 n，而仅依赖于 r。我们用 $f(r)$ 表示 $*$，则有：

（2）f 是 r 的一个减函数。

（3）$\forall r<c^*$，$f(r)>0$。

证明： 对于 $m>n$，我们有：

$$V_{j, m} = \frac{1}{m+\alpha_j}\sum_{n+1}^{m} X_{jk} + \frac{\alpha_j+n}{\alpha_j+m}(V_{j, n})$$

因此，在 $\{V_{j, n}=r\}$ 上，有：

$$V_{j, m} > r \text{ 当且仅当} \frac{1}{m-n}\sum_{n+1}^{m} X_{jk} > r$$

因此：

$$f(r) = P\big[\bigcap_{m>n}\{V_{j, m}>r\} \mid V_{j, n}=r\big]$$

$$= P\Big[\bigcap_{m\geqslant 1}\Big\{\frac{\sum_{k=1}^{m} X_{jk}}{m} > r\Big\}\Big]$$

$$= P\Big[\bigcap_{m\geqslant 1}\Big\{\frac{S_m}{m} > r\Big\}\Big] \tag{5.1}$$

其中，S_m 是一个 $N(c^*, \sigma^2)$ 型随机游走的第 m 个部分和。引理 5.4 的结论（1）和结论（2）马上就可以由式（5.1）得出，而结论（3）则只是强大数定律的一个简单推论。■

引理 5.5 假设 $c_A^* = c_B^* = c^*$。对于 $j = A, B$,我们有 $P[\exists n \ni V_{j,n} < c^*] = 1$。

证明:

$$V_{j,m} \geqslant c^* \text{ 当且仅当 } \sum_{k=1}^{m} X_{j,k} - mc^* > \alpha_j(c^* - \mu) + \lambda\sigma^2$$

或者:

$$S_m > b$$

其中,S_m 是一个 $N(c^*, \sigma^2)$ 型随机游走的第 m 个部分和,并且 $b = \alpha_j(c^* - \mu) + \lambda\sigma_{ob}^2$。因此,$P[V_{i,m} \geqslant c^* \ \forall m] = P[S_m > b \ \forall m] = 0$,因为 $P[\limsup S_m = \infty, \liminf S_m = -\infty] = 1$。∎

定理 5.1 的证明:

第一种情况:$c_A^* \neq c_B^*$。

先固定 δ。我们只需证明存在 $N < \infty$,使得 $P[A(N)] > 0$,$P[B(N)] > 0$,且 $P[A(N) \cup B(N)] > 1 - \delta$。这就直接隐含了定理 5.1 的结论。

不妨假设 $c_A^* > c_B^*$,然后选择 $\varepsilon > 0$,使得 $c_A^* - \varepsilon > c_B^* + \varepsilon$。根据引理 5.3 以及 $\{X_{Aj}\}$ 与 $\{X_{Bj}\}$ 的独立性,我们可以选择 N,使得:

$$P\left[S = \bigcap_{m \geqslant N} U_{i=A,B} \{c_i^* - \epsilon \leqslant V_{i,m} \leqslant c_i^* + \epsilon\}\right] > 1 - \delta$$

不难注意到,对于 $\omega \in S$,如果 $a(\infty)(\omega) > N$,那么 $b(\infty)(\omega) \leqslant N$。因此 $A(N) \cup B(N) \supset S$。很显然,$A(N)$ 和 $B(N)$ 都有正概率。

第二种情况:$c_A^* = c_B^*$。

根据引理 5.5,为了不失一般性,我们可以假设对于某个 n 和 $r < c^*$,$V_{A,a(n)} < V_{B,b(n)} = r$。令 $\tau_1 = \inf\{t > n: V_{B,b(t)} < V_{A,b(t)}\}$,并且对于 $k \geqslant 1$,令:

$$\tau_{2k} = \inf\{t > \tau_{2k-1}: V_{A,b(t)} < V_{B,b(t)}\}$$

$$\tau_{2k+1} = \inf\{t > \tau_{2k}: V_{B,b(t)} < V_{A,b(t)}\}$$

根据引理 5.4,对于所有的 j,都有:

$$P\left[\tau_j=\infty\mid\tau_{j-1}<\infty\right]\geqslant f(r)$$

因此,根据博雷尔 0-1 定律,我们有:

$$P\left[\exists j\ni\tau_j=\infty\right]=1$$

但是,$\{\exists j\ni\tau_j=\infty\}$ 就是这两种产品之一获得强市场支配地位的集合。∎

5.A.2　5.4 节的证明

引理 5.1 的证明:考虑有序样本集:

$$S=\{0,1\}^N$$

它的含义是,对于在 S 中的 $s=(s_1,s_2,\cdots,s_N)$,如果第 i 个被抽样的行为主体购买了产品 A,那么 $s_i=1$。我们假设,共抽样了 N 个行为主体,而观察结果则来自他们当中的前 $\tau\leqslant N$ 个。对于 S 中的 s,令:

$$S=\sum_{k=1}^N s_k$$

$$P[T_{n+1}=1\mid T_1,\cdots,T_n]$$
$$=\sum_{s\text{ in }S}P[T_{n+1}=1\mid s,T_1,\cdots,T_n]P[s\mid T_1,\cdots,T_n]$$

因为只从被抽样的行为主体那里获得观测值,所以给定 s,T_{n+1} 和 $(T_1,\cdots,T_n)$ 是独立的。由此,在有放回抽样下,存在:

$$P(s\mid T_1,\cdots,T_n)=\left(\frac{a(n)}{S}\right)^S\left(1-\frac{a(n)}{n}\right)^{N-S}$$

因此:

$$P[T_{n+1}=1\mid T_1,\cdots,T_n]=\sum_{s\text{ in }S}P[T_{n+1}=1\mid s]\left(\frac{a(n)}{n}\right)^S\left(1-\frac{a(n)}{n}\right)^{N-S}$$

而且 $P[T_{n+1}=1\mid s]$ 取决于停止规则 τ 和模型的各个参数。

定理 5.2 的证明:

在有放回抽样中,引理 5.1 意味着过程 $\{a(n)/n\}_{n=1,2,\cdots}$ 是一个符合希尔、莱恩和萨德斯(Hill，Lane and Sudderth，1980)的定义的广义瓮

6

过程。这个过程的渐近稳定收敛和极限集的表示,可以从他们的论文中的定理 4.1、定理 4.2 和定理 5.1,以及佩曼特尔的论文(Pemantle, 1988)中定理 1 的推论推导出来。对于这些结果的证明,只需要稍作修改,就可以用来证明在无放回抽样下的相同结论。■

推论 5.1 的证明:

这个推论可以直接根据如下事实得证:对于所有相关联的瓮函数 f,都有 $f(0)>0$ 且 $f(1)<1$。

5.A.3 5.5 节的证明

引理 5.2 的证明:令 $s(k)$ 表示 n 个被抽样的行为主体中有 k 个人购买了产品 A 这个事件。从引理 5.1 证明过程可知:

$$f(x) = \sum_{k=0}^{n} P_{\text{WITH}}\left[T_{n+1} = 1 \mid s(k) \right] \binom{n}{k} x^k (1-x)^{n=k}$$

$\{T_{n+1}=1\}=\{U_A>U_B\}$,且在 $s(k)$ 之上

$$U_a>U_B \text{ 当且仅当 } Y=\frac{k}{\alpha+k}\bar{X}_a - \frac{n-k}{\alpha+(n-k)}\bar{X}_B$$

$$>(\lambda-\alpha)\frac{n-2k}{(\alpha+k)(\alpha+n+k)}$$

因为:

$$\bar{X}_a \sim N\left[c^*, 1/k\right] \text{且 } \bar{X}_B \sim N\left[c^*, \frac{1}{n-k}\right]$$

$$Y \sim N\left[\frac{\alpha(2k-n)}{(\alpha+k)\alpha(n-k)}c^*, \frac{k}{(\alpha+k)^2}+\frac{n-k}{[\alpha+(n-k)]^2}\right]$$

所以:

$$p(k)=P_{\text{WITH}}\left[U_A>U_B|s(k)\right]$$

$$=(1-\Phi)\left[(\lambda+e)\frac{n-2k}{\sqrt{k[\alpha+(n-k)]^2+(n-k)(\alpha+k)^2}}\right]$$

对于 SC 模型 (n, λ, e, α),我们将关联的瓮函数记为 $f_{(n,\lambda,e,\alpha)}$,并将相

应的系数[引理 5.2 中的 $p(k)$]记为 $p_k(n, \lambda, e, \alpha)$。

要想证明定理 5.3,我们需要先证明以下三个引理。

引理 5.6:对于所有的 n 和 α,存在:

(1) 当 $(\lambda + e) \to \infty$ 时:

$$p_k(n, \lambda, e, \alpha) \to p_k(n, \infty) = \begin{cases} 1 & k > \dfrac{n}{2} \\[2mm] \dfrac{1}{2} & k = \dfrac{n}{2} \\[2mm] 0 & k < \dfrac{n}{2} \end{cases}$$

以及(2)当 $(\lambda + e) \to 0$ 时:

$$p_k(n, \lambda, e, \alpha) \to \frac{1}{2}$$

证明:不难注意到,$p_k(n, \lambda, e, \alpha) = (1 - \Phi)[(\lambda + e)(n - 2k)R(n, \alpha, k)]$,并且对于 $k = 0, \cdots, n$,有 $R(n, \alpha, k) > 0$。∎

现在,令 $f_n(x) = \sum_{k=0}^{n} p_k(n, \infty) \binom{n}{k} x^k (1-x)^{n-k}$,有下面引理。

引理 5.7 对于所有的 n 和 α,当 $(\lambda + e) \to \infty$ 时,$f_{(n, \lambda, e, \alpha)}$ 均匀地在 $[0, 1]$ 中收敛到 f_n,同时 $f'_{(n, \lambda, e, \alpha)}$ 收敛到 f'_n。

证明:从引理 5.6 立即得证。∎

引理 5.8 对于 $n \geq 3$:

(1) 对于区间 $(1/2, 1)$ 中的所有 x,都有 $f_n(x) > x$;

(2) $\{x$ 在 $[0, 1]$ 中:$f_n(x) = x\} = \{0, 1/2, 1\}$。

引理 5.8 的结论(1)的证明:对于区间 $[0, 1]$ 内的所有 x,都有 $f_1(x) = f_2(x) = x$。我们要证明,对于 $(1/2, 1)$ 中的所有偶数 n 和 x,有:

(a) $f_{n+1}(x) > f_{n-1}(x)$;

(b) $f_n(x) = f_{n-1}(x)$。

(a)和(b)就蕴涵了引理 5.8 的结论(1)。

（a)的证明：在(1/2，1)中固定 x。令 X_1，…表示具有参数 x 的独立伯努利随机变量,同时令 S_1，…表示相应的随机游走。不难注意到,对于一个偶数 n,有：

$$\{S_{n-1}>n-1\}=\left\{S_{n+1}>\frac{n}{2}, S_n\neq\frac{n}{2}\right\}\cup\left\{S_n=\frac{n}{2}, X_n=0\right\}$$

因此：

$$P\left[S_{n+1}>\frac{n}{2}\right]=P\left[S_{n-1}>\frac{n}{2}-1\right]-P\left[S_n=\frac{n}{2}, X_n=0\right]$$
$$+P\left[S_n=\frac{n}{2}, X_{n+1}=1\right]$$
$$=P\left[S_{n-1}>\frac{n}{2}-1\right]-P\left[S_n=\frac{n}{2}\right]P\left[X_n=0\mid S_n=\frac{n}{2}\right]$$
$$+P\left[S_n=\frac{n}{2}\right]P\left[X_{n+1}=1\mid S_n=\frac{n}{2}\right]$$
$$=P\left[S_{n-1}>\frac{n}{2}-1\right]-P\left[S_n=\frac{n}{2}\right]\frac{1}{2}+P\left[S_n=\frac{n}{2}\right]x$$
$$=P\left[S_{n-1}>\frac{n}{2}-1\right]+\left(x-\frac{1}{2}\right)P\left[S_n=\frac{n}{2}\right]$$
$$>P\left[S_{n-1}>\frac{n}{2}-1\right]$$

最后,注意到 $f_{n+1}(x)=P[S_{n+1}>n/2]$，$f_{n-1}(x)=P[S_{n-1}>n/2-1]$。

（b)的证明：

$$f_n(x)=P\left[S_n>\frac{n}{2}\right]+\frac{1}{2}P\left[S_n=\frac{n}{2}\right]$$

而且：

$$P\left[S_n>\frac{n}{2}\right]=P\left[S_{n-1}>\frac{n}{2}-1\right]-P\left[S_{n-1}=\frac{n}{2}, X_n=0\right]$$

但是事件 $\left\{S_{n-1}=\frac{n}{2}, X_n=0\right\}$ 和 $\left\{S_{n-1}=\frac{n}{2}-1, X_n=1\right\}$ 有相同的概率,

117

而且它们的并集为 $\left\{S_n = \dfrac{n}{2}\right\}$。因此：

$$f_n(x) = P\left[S_{n-1} > \frac{n}{2} - 1\right] = f_{n-1}(x)$$

引理 5.8 的结论（2）的证明：

根据引理 5.8 的结论（1），求出 $\{0, 1/2, 1\}$ 处的 f_n，就可以证明引理 5.8 的结论（2）。

定理 5.3 的证明：

固定 $n \geqslant 3$、α。由于 $f_n'(0) < 1$，$f_n'(1) < 1$，$f_n'(1/2) > 1$，所以可以选择 δ，使得 $0 < \delta < \varepsilon$，并且：

（i）在 $[0, \delta] \bigcup [1-\delta, 1]$ 上，$f_n' < 1$，而在 $[1/2-\delta, 1/2+\delta]$ 上，$f_n' > 1$。因为，根据引理 5.8，对于区间 $(1/2, 1)$ 中的 x，$f_n(x) > x$，并且根据对称性可知，在 $(0, 1/2)$ 上，$f_n(x) < x$。

（ii）在 $[\delta, 1/2, -\delta] \bigcup [1/2+\delta, 1-\delta]$ 上，$f_n(x) - x > 0$。

根据引理 5.7，存在 $R < \infty$，使得当 $\lambda + e > R$ 时，（i）和（ii）对于 $f_{(n, \lambda, e, \alpha)}$ 也同样成立。因此很显然，对于所有的 (n, λ, e, α)，都有：

$$f_{(n, \lambda, e, \alpha)}'(1/2) = 1/2, \quad f_{(n, \lambda, e, \alpha)}(0) > 0, \quad f_{(n, \lambda, e, \alpha)} < 1$$

对于 $\lambda + e > R$，则有：

$$f_{(n, \lambda, e, \alpha)}'(1/2) > 1$$

因此，对于所有具有 $\lambda + e > R$ 的 (n, λ, e, α)，都必定存在唯一的 $c_{(n, \lambda, e, \alpha)}$，使得：

$$f_{(n, \lambda, e, \alpha)}(c_{(n, \lambda, e, \alpha)}) = c_{(n, \lambda, e, \alpha)}$$

类似地，$[1 - c_{(n, \lambda, e, \alpha)}]$ 是 $f_{(n, \lambda, e, \alpha)}(x) - x = 0$ 在 $[1-\delta, 1]$ 内的唯一根。因此：

$$\{x \text{ 在 } [0, 1] \text{ 中}: f_{(n, \lambda, e, \alpha)}(x) = x \text{ 且 } f_{(n, \lambda, e, \alpha)}'(x) < 1\}$$
$$= \{c_{(n, \lambda, e, \alpha)}, 1 - c_{(n, \lambda, e, \alpha)}\}$$

这样再结合定理 5.2,就可以证明定理 5.3 的结论(2)了。基于 $f_{(n, \lambda, e, a)}(x) \equiv 1/2$ 这个事实,对定理 5.3 的结论(1)的证明也是相似的。∎

注 释

① 之所以要假设在市场过程中不存在对价格或信息的策略性操纵,主要是出于我们希望专注考察纯粹的信息效应的动机。尽管如此,在许多情况下,这种假设都是合理的。例如,涉及的两种产品可能源于未受资助的技术(如公共软件)。在这种情况下,策略性操纵不会给任何人带来利益。或者,每一种产品都可能有多个生产者,因此没有任何一个生产者有足够的市场势力影响价格;又或者,市场结构可能使得定价对市场信号做出反应的时间尺度,远慢于市场上的购买速率,以至于在价格变动能够生效之前,下文描述的渐近结构就可能已经实现了。

② 因此,除了为关于不确定性的经济学文献添砖加瓦之外,本章这篇论文也完全符合新出现的这批关于收益递增下配置问题的文献的研究方法(参见 Arthur,1988,1989)。需要请读者注意的是,还有其他一些可以将正反馈引入市场分配过程的机制,例如网络外部性或"干中学",它们能够改变竞争性产品对潜在购买者的效用——后者作为那种类型产品的先前购买者的数量的函数。不同的是,信息传染不会影响产品的实际效用,而只会影响潜在购买者能够了解到的产品信息。

③ 瓮函数这个术语源于这样一个事实:我们可以将我们这个配置过程表示为一个广义瓮过程(参见:Hill, Lane and Sudderth, 1980;Arthur, Ermoliev and Kaniovski, 1983,1986,1987)。在一个瓮过程中,每一个事件时间里都要从几种可能的类型(或颜色)中添加一个球到一个瓮中,其中加入每种类型的球的概率只取决于瓮中该类型球的当前比例。在我们讨论的过程中,购买产品 A(或产品 B)对应于将产品 A(或产品 B)类型的球添加到瓮中。由于引理 5.1 已经表明,产品 A 或产品 B 的购买者的概率,仅取决于它们的当前比例,所以我们的过程是一个广义的瓮过程,因此我们可以运用人们针对瓮过程提出的理论。

④ 在当前这个模型设定中,如何定义"最优"信息收集,绝不是一件显而易见的事情。与寻找最高工资或最低价格那类标准问题不同,这个在顺序抽样对象之间进行选择的问题,承袭了统计决策理论的许多困难。

例如，我们可以合理地设定，行为主体在抽样时会以最大化预期效用为目标。但是，即便在抽样中发现一种产品无可否认地比另一种产品更好——好到了似乎应该立即停止抽样的程度——继续抽样也可能仍然是合理的（哪怕只是为了降低所选产品的方差），即便这样做不会以任何方式影响选择。为了适当地探索最优停止规则，我们需要用模型刻画做出决定的后果。这可能需要一个最小遗憾标准（criterion of minimum regret），或者最大正确选择概率标准，又或是其他某个标准。我们还需要对收集信息的成本、行为主体对他们得到的观测值分布的假设，以及他们对当前市场份额的知识等做出细致设定。

⑤ 我们利用计算机模拟探索了若干简单最优停止规则下的市场份额极限值。结果发现，我们在本节得到的结果（定理 5.3）并没有发生质的变化。

⑥ 最近，有研究者在我们所描述的这种情境下细致设计了经济学实验，以便对我们的理论进行检验（参见 Narduzzo and Warglien，1992）。他们的结果表明，人类受试者的选择在总量层面确实会使市场倾向于由某一种选择对象所支配。正如我们预测的那样，要么是产品 A，要么是产品 B 支配市场，但到底哪一个会支配市场，则每次实验都有所不同，这反映了抽样过程中偶然事件的影响。

参考文献

Arthur, W. B. 1988. "Self-Reinforcing Mechanisms in Economics," in *The Economy as an Evolving Complex System*, Anderson, P. W., Arrow, K. J. and Pines, D. Eds., Addison-Wesley.

——. 1989. "Competing Technologies, Increasing Returns, and Lock-In by Historical Events," *Econ. Journal* 99:116 - 31.

Arthur, W. B., Y. M. Ermoliev, and Y. M. Kaniovski. 1983. "A Generalized Urn Problem and Its Applications," *Kibernetika* (trans. in *Cybernetics*) 19, 61 - 71.

——. 1986. "Strong Laws for a Class of Path-Dependent Urn Processes," in Springer: Lect. Notes in Control and Info. Sciences, No.81.

——. 1987. "Non-Linear Urn Processes: Asymptotic Behavior and Applications," I. I. A. S. A. Working Paper:87 - 85, Laxenburg, Austria.

Arthur, W. B. and A. Ruszczynski. 1992. "Dynamic Equilibria in Markets with a Conformity Effect," *Archives of Control Science* 37:7 - 31.

Diamond, P. and M. Rothschild. 1978. *Uncertainty in Economics*, Academic Press, New York.

Dosi G., Y. M. Ermoliev, and Y. M. Kaniovski. 1992. Mss. in preparation.

Hill, B. M., D. A. Lane, and W. D. Sudderth. 1980. "A Strong Law for Some Generalized Urn Processes," *Annals of Probability* 8:214 - 26.

Lippman, S. A. and J. J. McCall. 1981. "The Economics of Uncertainty," Chap. 6 in *Handbook of Mathematical Economics*, *Vol. 1*. Arrow, K. J. and M. D. Intriligator (eds.). North-Holland, Amsterdam.

Narduzzo, A. and M. Warglien. 1992. "Learning from the Experience of Others: First Report on an Aggregate Choice Experiment," mss. in preparation, Università degli Studie di Venezia, Italy.

Pemantle, R. 1991. "When are Touchpoints Limits for Generalized Polya Urns?," *Proceedings of the American Mathematical Society*.

Rothschild, M. 1973. "Models of Market Organization with Imperfect Information: A Survey," *Journal of Political Economy* 81:1283 - 1308.

——. 1974. "A Two-Armed Bandit Theory of Market Pricing," *Journal of Economic Theory* 9:185 - 202.

城市系统与历史路径依赖

历史在什么时候会对经济结构的形成产生影响？在某些情况下，历史上的小事件被平均掉了，最终实现的是某种不可避免的结果或结构。而在其他情况下，这些历史偶然事件之间差异可能会引导经济进入一个非常不同的结构。

本章这篇论文——作为本书第 4 章所讨论的区位问题的一个变体——通过对比三种产业区位机制或模型来探索历史的重要性。在第一种机制中——我们称之为**纯必然性**（pure necessity）——偶然事件虽然对区位模式有所影响，但是这种影响会被平均掉，因此历史不重要。在第二种机制中——我们称之为**纯偶然性**（pure chance）——任何区位模式都可能出现，而且历史是最重要的。在第三种机制中——我们称之为**偶然性加必然性**（chance and necessity）——地理吸引力与偶然事件相互作用，而且结果可部分归因于历史。

这篇论文写于 1987 年，最初是作为《城市及其重要系统》（*Cities and Their Vital Systems*，edited by Jesse H. Ausubel and Robert Herman，National Academy Press，Washington D. C. 1988，85－97）一书的第 4 章发表的。将它收录到本书中时，我只对引言做了一些很小的改动。

　　如果历史上发生过某些不同于实际已发生事件的小事件，那么我们今天继承而来的城市格局会不会有显著的差别？历史上不同的"偶然事件"，是不是会产生一个与今天不同的城市中心布局？

　　在很大程度上，城市是围绕产业集群形成并依赖于产业集群的，因此，我们可将上述问题不失公正地转换为如下问题：产业区位模式的形成，是不是依赖于历史上的路径？德国产业区位学派在 20 世纪初期就对这个问题进行过讨论，但从未最终解决它。一些理论家认为[①]，产业的空间秩序是预先注定的，即是由地理禀赋、交通机会和企业需求等因素以及由这些因素引致的租金和价格的空间分布所决定的。在他们看来，历史并不重要：观察到的产业空间格局，无非是可以明确定义的空间经济问题的唯一的"解"而已。因此，区位格局形成过程早期发生的事件，并不会影响结果。其他一些理论家则认为[②]，产业区位是路径依赖的——作为一个有机过程，新产业是建立在继承而来的、业已存在的区位模式的基础上的，并在很大程度上受其影响。当然在这种观点看来，地理差异和交通机会仍然很重要，但是主要驱动力是集聚经济，即靠近其他企业的好处或产业集中的好处。根据这种观点，由于"历史偶然事件"而在早期就来到某个地方的企业，可能是出于地理位置方面的原因而决定在这个它们觉得有吸引力的地方落户的；而后来的企业则可能是被这些早期落户的企业的存在吸引过来的，而不是被地理因素吸引过来的；反过来，后来这些企业的存在，又可能吸引再后来的企业前来落户。行业最终聚集在了早期选择的地方。但是，这种空间布局并不是唯一的；一组不同的早期选择者（企业），可能会将区位模式引导到完全不同的结果上，因此企业入驻落户的历史是至关重要的。

　　这两种观点——决定论 vs. 历史依赖论，或者说"必然论"vs."偶然论"——在当前关于现代产业集群如何产生的讨论中得到了呼应。例如,决定论一派的学者倾向于认为,美国的电子工业实际上是遍布全国的,之所以其中有很大一部分集中在加利福尼亚州的圣克拉拉县(硅谷),只不过是因为这个地区靠近太平洋的原料供给来源,同时还因为它比其他地方更接近机场,更容易获得熟练的劳动力和科学、技术和工程等方面的最新研究成果。根据这种观点,任何可能影响选址决策的"小事件"都会被空间经济力量均衡所固有的"必然性"所压倒;硅谷只是必然结果的一部分。相比之下,历史依赖论一派的学者则将硅谷和类似的产业集聚地区视为"偶然性"的结果。在 20 世纪 40 年代和 50 年代,若干关键人物——惠普公司的休利特、瓦里安联合公司的瓦里安、肖克利半导体实验室的肖克利等——碰巧在斯坦福大学附近创办了企业,然后在他们的推动下,圣克拉拉县聚集了一大批拥有丰富专业知识的劳动者,同时还促成了企业间市场的形成,从而使得在这个区位落户对于跟随他们而来的数千家企业来说是极其有利的。如果这些早期的企业家当初有不同的地域偏好,那么硅谷就很可能会出现在其他地方。根据这种观点,"历史偶然事件"会被放大并保存在由此产生的区位结构中。

尽管这种历史依赖加集聚论很有吸引力,但是它仍然存在不少问题。如果历史确实能够引导空间系统走上不同的路径,那么产业区位问题就会存在多个"解"。最终出现的到底是哪一个是非确定性的。在 20 世纪 20 年代,当时的理论家无法解决这个问题,因此,这种历史依赖论由于缺乏获得足够的理论严谨性而无法真正赢得经济学界的推崇。

本章探讨了"偶然性"(以历史上发生的小事件为代表)和"必然性"(以确定性的经济力量为代表)在决定产业区位格局中的重要性。它对比了三个高度程式化的区位模型,小事件和经济力量在这三个模型中都存在并允许相互发生作用。在每一个模型中,行业都通过企业的逐个加入而形成,并最终会涌现出一个区位模式。在每一个模型中,我们都将检验历史偶然事件是不是确实能够改变涌现出来的区位模式。我们还将利用这三个模型中获得的结果推导出若干一般条件。在这些条件下,长期区位模式可能会受到历史上的小事件的影响。

6.1 区位格局的演化:三个模型

6.1.1 纯必然性模型:独立偏好下的区位模式

让我们从一个关于产业区位格局涌现的、非常简单的模型入手讨论。最开始时,没有任何企业,我们允许一个行业通过企业的逐个加入而形成。每一个进入的新企业在"诞生时"都要决定它将入驻 N 个可能的区域(或地点)中的哪一个。一旦作出区位决策,每一个企业都将永远留在原地。这个行业的企业并不都是一样的,相反,存在 I 种不同类型。我们将在区域 j 落户的类型为 i 的企业获得的净现值或支付记为 Π_j^i;每个进行决策的企业都会选择本类型具有最高支付的区域。在这个模型中,企业之间是相互独立的:其他企业存在与否并不影响它们在每个区域的收益。

现在,我们往这个模型中注入一点点"偶然性",即假设导致下一家企业属于某个类型的特定历史环境是未知的。然而,我们确实知道,接下来出现的那家企业的类型为 I 的概率为 p_i。我们要解决的问题是:在这个模型中,会涌现出什么样的产业聚落模式?同时,在产业形成过程中会不会受到不同历史事件序列的影响?

不难计算出在任何时候选择区域 j 的概率。这就是概率 q_j,即最新的那家企业属于能够在区域 j 获得最高支付的那一种类型的概率,由 $q_j = \sum p_k$ 给出(对于 $k \in K$,其中 K 是偏好 j 的企业类型集合)。对 N 个区域中的每个区域都重复这种计算,我们就可以得到一组选择概率 $q = (q_1, q_2, \cdots, q_N)$,无论当前的区位模式是什么,这些概率都是恒定不变的。从任何区域都没有任何企业开始,各个区域的企业集中情况在最初阶段都会有很大的波动。但是强大数定律告诉我们,随着行业的成长,它在 N 个区域之间的分配比例必定会稳定到每个区域增加一家企业的概率。这也就是说,各区域的行业份额必定会收敛到常数向量 q 上。因此,在这个简单模型中,即便存在明确定义的"历史偶然事件",一个唯一的、预先就可确定的区位模式也会出现并持续存在下去。

下面的图 6.1 显示了这个过程的一个简单模拟结果。这里有三个区域和三种可能的企业类型,它们分别偏好(从顶部开始,按顺时针方向来看)区域 1、区域 2 和区域 3,发生概率分别为 0.5、0.25 和 0.25。在 16 家企业做出区位决策之后,各个区域的行业份额分别为 0.75、0.125 和 0.125——尚未接近我们预测的长期行业格局。然而,当 197 家企业完成区位决策之后,这三个区域的市场份额就变为 0.528、0.221 和 0.251 了,这已经非常接近于预先确定的理论上的长期市场份额了。

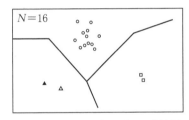 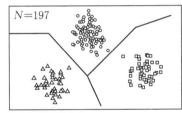

图 6.1　有三个区域的独立偏好区位模型的一个例子

在这个模型中,偶然事件在早期很重要,它表现为进入该行业的企业类型序列中的随机性。但是到了后来,它们逐渐被平均掉了,于是这个过程变为由企业在每个区域的支付所代表的经济力量主导。由不同历史事件引起的不同的企业类型序列,将会以 1 的概率引导经济系统进入相同的区位模式。在这里,历史偶然事件不能影响结果。必然性占据了支配地位。

6.1.2　纯偶然性模型:通过分拆进行产业区位布局

现在,我们假设另一种完全不同的机制推动了一个行业区位布局的形成,在这种机制中,偶然事件变得非常重要。同样地,行业是通过企业的逐个加入而形成的,不过这一次是从一些初始企业开始的,且每个区域各有一家初始企业。新企业的加入,是通过从母企业中"分拆"来实现的,且一次只分拆一家新企业。[戴维·科恩(David Cohen, 1984)指出,在美国电子行业,这种分拆一直是新企业主要的"诞生机制"]我们假设,每个新企业都会留在其母企业所在地,并且任何一家现有企业都可能像其他所有企业一样分拆出新企业。在这种机制下,存在着一个不同的"历史偶然事件"的来源:企业分拆出子企业的顺序。

很容易看出,在这种情况下,企业逐渐添加到各个区域中的概率,恰好等于当时每个区域中企业所占比例。请注意,在这个随机过程中,新加入者是以单位增量方式加入到 N 个类别中的某一个中去的,而且加入概率恰好等于每个类别中的当前比例。这种过程在概率论中被称为波利亚过程。我们可以利用这个事实来考察可能会涌现出来的长期区位模式。我们知道,根据波利亚过程理论,这个行业将再一次稳定到每个区域中行业的比例都不会再改变的区位模式上(其概率为 1)。然而,尽管这个比例向量会稳定下来并变得恒定,但是令人惊讶的是,它稳定下来的常数向量是从所有可能的市场份额的均匀分布中随机选取出来,其总和为 1.0。这也就意味着,每一次在不同的历史事件序列下(在这种情况下,指的是不同的企业分拆顺序)"重新运行"这个分拆-选址过程时,都完全有可能会进入不同的模式。我们可以在单位区间上随机放置(N−1)个点,并在这些点处进行切分,从而得到该单位区间的 N 个"份额",以此来生成具有代表性的结果。

下面的图 6.2 显示的是,在前述有三个区域的例子中,从相同的三个初始企业开始,这种通过分拆-寻址进行产业区位布局的机制的四个不同的实现。从图中可见,四次"重新运行",每一次都会稳定到一种模式上,随着更多企业的加入,该模式会发生变化,但是区位份额却几乎没有变化。当然,每一种模式都与其他模式不同。在这个模型中,产业区位是高度路径依赖的。虽然我们可以预测到,产业区位格局确实会稳定到一定的比例上,但是我们无法预测它到底会稳定到什么比例上。任何给定的结果——总和为 1.0 的任何比例向量——都与任何其他结果一样有可能。因此在这里,"历史"以早期随机分拆序列的形式,成了产业区域格局的唯一决定因素。在这个模型中,"偶然性"完全占据了主导地位。

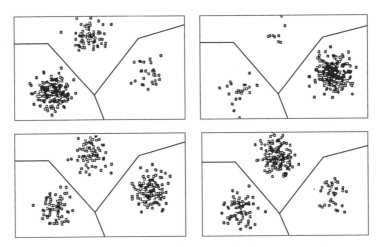

图 6.2　通过分拆进行区位布局机制的四个实现

6.1.3　偶然性加必然性：集聚经济下的区位模式

不受原材料产地约束且无需竞争当地客户资源的企业，之所以要到某个区域落户，通常是因为受到了区域内其他企业的存在的吸引。落户企业更密集的区域，往往能够提供更好的基础设施、更深化的劳动力市场（David，1984）、更专业的法律和金融服务、更好的本地库存和零件可用性，以及更多面对面开展业务的机会。对于我们的第三个模型，我们先回到第一个模型，并通过假设新企业能够从本地企业的集聚中获得额外收益来扩展它。

现在假设，一家类型为 i 的企业落户在区域 j 的净现值或支付为 $[\Pi_j^i + g(y_j)]$，其中，Π_j^i 为"地理利益"，它能够被额外的"集聚利益" $g(y_j)$ 所强化，后者源于当前已经落户于该区域的 y_j 家企业的存在。给定当前已经分别在区域 1 至区域 N 落户的 y_1，…，y_N 家企业，我们可以重新计算出下一次区域 j 被选中的概率——当然，此概率仍然由 $q_j = \sum p_k$ 给出 [对于 $k \in K$；不过现在，这里的 K 是对于所有区域 $m \neq j$，有 $\Pi_j^i + g(y_j) > \Pi_m^i + g(y_m)$ 的企业类型的集合]。需要注意的是，在这种情况下，区域 j 被选中的概率是做出选择时每个区域中企业数量的函数。

再一次,从各个区域内企业数量为零开始,我们让行业以每次加入一家企业的方式增长,企业类型的出现则仍然服从第一个模型中给出的已知概率。同样,行业的区位格局会有所波动;但是在现在这个模型中,如果一个区域由于运气和地理吸引力的结合而在企业数量上取得了领先地位,那么它的地位就会得到强化。我们可以证明[参见 Arthur(1986)的证明],如果随着企业加入到某个区域中,集聚利益的增加没有上限(这也就是说,如果函数 g 单调递增且没有上界),那么最终(概率为1.0)这些地域中的其中一个区域将会拥有足够多的企业,由于它们提供了足够大的区位优势,所以在所有后续的区位决策中,其他地域都将被拒之门外。③从那起,每一个进入该行业的企业都会选择入驻这个区域,即这个区域的行业份额将趋于100%,而其他区域的份额则趋于0。

图 6.3 显示的是,集聚经济下有三个区域的选址过程的两个实现。在图 6.3 中,前三个图(图 6.3a、图 6.3b、图 6.3c)显示了企业不断增加的过程。在图 6.3a 中,地理偏好占据了主导地位;但在图 6.3b 中,由于企业类型到达顺序的幸运因素,区域 3 恰好获得了足够多的企业,从而使得

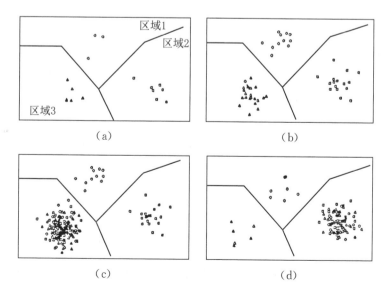

图 6.3　存在集聚经济时选址过程的两个实现

另一种企业类型开始倾向于选择它,而不仅仅是基于纯粹的地理偏好;在图 6.3c 中,区域 3 已经像硅谷那样的集群一样主导了整个行业。图 6.3d 展示了另一种情况的结果,在这种情况下,行业被锁定在了区域 2 上。

在这种无界集聚经济模型中,必定会出现单个区域对整个行业的垄断现象。但是究竟哪个地区会实现这种"硅谷"式的区位垄断,则取决于在企业类型选择顺序上的历史运气。当然,偶然性并不是这种模型中唯一起作用的因素。那些在地理上对许多企业类型有吸引力的区域——能提供巨大经济利益的区域——将更有可能在早期阶段就被选中,而这将会使它们更有可能成为支配整个行业的那个单一区域。不妨借用遗传学中的一个类比,偶然事件的作用是"选出"日后将"固定下来"的模式,但是具有经济吸引力的地区无疑享有"选择优势",相应地,它们获得支配地位的可能性就更高。总之,在第三个模型中,长期的选址模式既是偶然的,也是必然的。

6.2   路径依赖和凸性

在我们这三个程式化的行业选址模型中,每一个都既包括确定性的经济力量,也包括一些历史偶然事件的来源。不过,每个模型的行为是不一样的。确定性的经济力量,或者历史偶然事件,又或者两者的混合,反过来又会影响涌现出来的长期行业模式。

为了解释这些结果并给出历史偶然事件有可能发挥重要作用的精确条件,我将引入一个能够包含所有这三个模型(以及许多其他模型)的一般框架,这无疑是非常有用的。在这个一般框架中,假设有 N 个地区,并且行业从每个区域中给定数量的企业开始成长,同时每一次只有一个企业做出寻址决策。在这个框架内,不同的经济力量、不同的历史偶然事件来源和不同的选址机制都是可能的,但是我们不需要知道这些。我们需要知道的是,区域 1、区域 2……区域 N 在接下来被选中的概率,而且该概率是作为行业当前区域份额 x_1, x_1, …, x_N 的函数。如果绘制出了这个函数(如图 6.4 所示,它显示的是有两个区域的情况),我们就可以做出预测,如果一个区域接收下一家企业的概率超过了它当前在行业中的比例,那么它的比例就会倾向于增加;同时,在该概率小于该区域当前比例的情况下,它的比例会倾向于减少。此外,随着企业的不断加入,每加入一个新企业,其比例或份额的变化幅度就会越来越小。因此,比例最终应该会稳定下来,比例的波动应该趋于消失。从长远来看,我们可以预测区域的比例(行业的区位模式)应该会收敛到一个点上——即收敛到一个位置份额的向量上——在那里,比例等于概率,这也是预期运动所指向的那个点(即图 6.4 中的点 x)。这也就是说,这个过程应该会在概率-比例函数的稳定不动点上结束。证明这个猜想需要强大的理论工具,不过我们和其他一些学者已经证明,它在非限制性的技术条件下确实成立(参见:Hill, Lane and Sudderth, 1980;以及 Arthur, Ermoliev and Kaniovski, 1983, 1986, 1087)。④ 而且,对于我们来说,最重要的是,在存在多个稳定不动点的情况下,每一个都会成为长期区位模式的候选者,而不同的偶然事件序列会将过程导向多个候选者中的某一个。

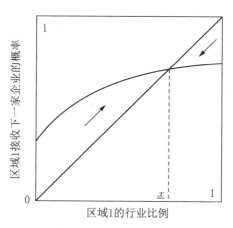

图 6.4　比例-概率映射

注:图中箭头表示预期运动。

　　我们现在应该可以看得很清楚,在我们的三个区位模型中到底发生了什么(见图6.5)。在第一个模型("独立偏好"模型)中,我们假设了恒定的选择概率,因此只存在唯一的不动点。因而,它具有唯一的、可预先确定的结果。在第二个模型("分拆"模型)中,概率等于比例,每个点都有一个不动点,所以"偶然性"可以推动这个选址过程产生任何结果。在第三个模型("集聚经济"模型)中,0和1是两个候选的稳定不动点。因此,结果不是完全可预先确定的,而是偶然事件的累积"选择"了其中一个候选解。

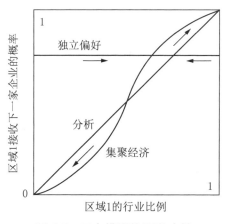

图6.5　三个模型的概率映射

　　在前面,我们提出了一个问题:在什么时候,历史对产业区位模式的决定是重要的? 现在,我们可以回答这个问题了,至少在适合我们一般框架的很多类型的模型中已经可以回答了。当比例-概率映射中存在多个解或多个不动点时,历史——即我们必须将其视为随机的那些经济模型之外的"小因素"——将会成为决定因素。或者更直观地说,当区域份额的预期运动并不总是将寻址过程导向相同份额时,历史就会很重要。

　　我们可以将一个其下坡梯度等于区域份额的预期运动的势函数 V,与每个概率函数关联起来(见图6.6),这很有用。[⑤] 直观地说,我们可以认为,这个选址过程的行为想象成一个粒子,它在重力吸引下寻找势的最低点,同时也受到逐渐变小直至消失的随机波动的影响。如果这个势函数是凸的(向上看它),那么它就只存在一个唯一的最小值;因此,与之对应的寻址过程就具有唯一的确定性结果,而且预期运动将导致这种结果(历史偶然事件则无法产生影响)。另一方面,如果这个势函数是非凸的,则它必定存在两个或多个最小值,从而在预期运动中出现相应的分化,并且由"历史偶然事件"决定最终选择其中的哪一个。⑥

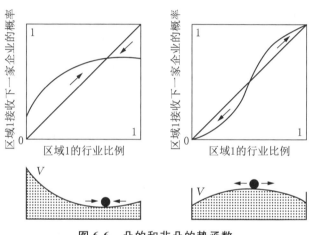

图 6.6　凸的和非凸的势函数

要想构造出非凸性,我们所需要的只不过是:存在至少一个不稳定点,即行业的"分水岭"份额;在该点之上,拥有该份额的区域会发挥足够的吸引力来增加其份额,而在该点之下,该地区则倾向于失去其份额。不过,在某种意义上,这无非是对集聚经济存在性的另一种定义:如果一个地区的集聚密度高于某个特定的密度就能够会吸引更多的企业(从而密度更高),如果低于该密度就往往会导致企业流失(从而密度更低),那么就一定存在某种集聚机制。这样一来,作为基础的底层系统就将是非凸性的,从而历史将会变得至关重要。

6.3　结论

历史上的小事件是否对经济中的空间模式或区位模式的决定很重

要？这个问题现在归结为了一个拓扑问题。这似乎很奇怪。是的,问题
化约成了:在区位模式形成时引导着它的区位力量的基础结构,到底是
凸的还是非凸的？为了使这种结构成为非凸的(进而使历史变成至关重
要的),就必须存在某种集聚机制。

我们的模型是高度程式化的。这些模型考虑的是企业的总体,而不
是人;它们假设企业永远存在,并且永不迁移;并且它们只处理一个产
业,而不是几个产业,如何随时间的推移而形成的问题。然而,即便在以
往和当今现实世界里,城市系统得以创生的机制实际上要复杂得多,也
仍然很可能是经济决定作用和历史偶然性的混合——而不是其中某一
方面——形塑了我们观察到的空间模式。某些企业,如钢铁制造商,必
须靠近原材料来源;对于这类企业来说,空间经济的必然性支配了历史
偶然事件。某些其他企业,如汽油分销企业,则需要与同行业的竞争对
手在空间上保持距离;对于这类企业来说,分散布局的必要性支配了历
史偶然事件。但是,大多数企业都需要靠近其他企业——如果不是同行
业的企业,那么就是其他行业的企业,这些行业要么是作为其零部件、机
械和服务的供应商,要么是作为其产品和服务消费者。出于这个原因,
企业会被现有的、不断发展的集聚经济所吸引。毕竟,正是因为企业需
要靠近其他企业,才导致了城市——集聚性的集群——的涌现和存在。

因此,我们继承而来的现有城市系统,很有可能只是部分取决于产
业的地理需求、原材料位置、天然港口的存在和运输成本。我们的城市
系统,也是具有特定技能的移民登陆的地点、早期定居者聚集进行食品
交易的地点、马车队夜间停留的站点、银行业务碰巧建立起来的区域,以
及政治决策指定建设运河和铁路的地方等因素共同作用的结果。因此,
如果只是一味地依靠历史决定论,不去考虑过去的偶然事件、巧合情况
和环境,那么我们就无法解释观察到的城市模式。而且,如果不了解未
来即将到来的偶然事件、巧合情况和环境,我们也无法准确地预测未来
的城市系统的形态和性质。

注 释

① 冯·杜能（von Thünen，1826）、早期的韦伯（Weber，1909）、普雷德尔（Predöhl，1925）、克里斯塔勒（Christaller，1933），以及勒施（Lösch，1944）。

② 后期的韦伯、恩伦德尔（Engländer，1926）、里奇尔（Ritschl，1927）和帕兰德（Palander，1935）。也请参见丸山孙郎（Maruyama，1963）的研究。

③ 在 g 有界的情况下，从长远来看，多个地点可能共享行业份额；但是，在通常情况下，会存在多种可能的结果，因此历史偶然事件在 g 有界时也很重要（参见 Arthur，1983，1984，1986，1987）。

④ 不动点集必定只有有限个分量。当概率-比例函数本身会随着落户企业的数量而变化时，比如说在集聚经济情况下，该定理适用于这些不断变化的函数的极限函数（当然，前提是极限函数存在）（请参见 Arthur et al.，1986，1987）。

⑤ 对于维度 $N>2$，可能不存在势函数。如果存在循环或者存在比这里考虑的单点循环更多的奇异吸引子，就会出现这种情况。

⑥ 关于非凸性在决定历史作用中的重要性的一些早期讨论，参见 David（1975）的研究。

参考文献

Arthur，W. B. 1983. Competing technologies and lock-in by historical small events：The dynamics of choice under increasing returns. Center for Economic Policy Research Paper 43. Stanford University.

——. 1984. Competing technologies and economic prediction. Options. I. I. A. S. A. Laxenburg，Austria，April：10 - 13.

——. 1986. Industry location patterns and the importance of history. Center for Economic Policy Research Paper 84. Stanford University.

——. 1987. Self-reinforcing mechanisms in economics. In The Economy as an Evolving Complex System. P. W. Anderson and K. J. Arrow，eds. New York：Addison-Wesley.

Arthur，W. B.，Y. M. Ermoliev，and Y. M. Kaniovski. 1983. A generalized urn problem and its applications. Cybernetics 19：61 - 71.

——. 1986. Strong laws for a class of path-dependent urn processes. In Proceedings of the International Conference on Stochastic Optimization, Kiev 1984, Arkin, Shiryayev, and Wets, eds. New York: Springer, Lecture Notes in Control and Information Sciences 81.

——. 1987. Path-dependent processes and the emergence of macro-structure. European Journal of Operational Research 30:294 – 303.

Christaller, W. 1933. Central Places in Southern Germany. Englewood Cliffs, N. J.: Prentice-Hall.

Cohen, D. L. 1984. Locational patterns in the electronics industry: A survey. Stanford University. Mimeo.

David, P. A. 1975. Technical choice, innovation and economic growth. New York: Cambridge University Press.

——. 1984. High technology centers and the economics of locational tournaments. Stanford University. Mimeo.

Engländer, O. 1926. Kritisches and Positives zu einer allgemeinen reinen Lehre vom Standort. Zeitschrift für Volkswirtschaft und Sozialpolitik. Neue Folge 5.

Hill, G., D. Lane, and W. Sudderth. 1980. Strong convergence for a class of urn schemes. Annals of Probability 8:214 – 26.

Lösch, A. 1944. The Economics of Location. New Haven, Conn.: Yale University Press, 1954.

Maruyama, M. 1963. The second cybernetics: Deviation amplifying mutual causal processes. American Scientist 51:164 – 79.

Palander, T. 1935. Beiträge zur Standortstheorie. Stockholm: Almqvist and Wicksell.

Predöhl, A. 1925. Das Standortsproblem in der Wirtschaftslehre. Weltwirtschaftliches Archiv 21:294 – 331.

Ritschl, H. 1927. Reine und historische Dynamik des Standortes der Erzeugungszweige. Schmollers Jahrbuch 51:813 – 70.

Thünen, J. H. von. 1826. Der Isolierte Staat in Beziehung auf Landwirtschaft und Nationalökonomie. Hamburg.

Weber, A. 1909. Theory of the Location of Industries. Chicago: University of Chicago Press, 1929.

经济学中的自我强化机制 *

本章的论文原本是为 1987 年召开的一个关于经济作为演化复杂系统的会议而撰写的。这个会议也是第一次将圣塔菲研究所的物理学家和经济学家聚集在一起展开研讨。本章综述了 20 世纪 80 年代后期经济学中讨论收益递增和正反馈的文献,其中部分内容同其他章节有所重叠,但是也有许多内容足够独特,值得将本文收录在本书中。这里呈现的版本经过了我轻微的编辑,以尽量减少与其他章节的重叠。

这篇论文后来作为一章,收录在了《不断演化的经济:复杂系统》(*The Economy as an Evolving Complex System*, edited by Philip Anderson, Kenneth Arrow, and David Pines, in the series *Studies in the Sciences of Complexity*, Addison-Wesley, Reading, Mass., 1988, 9 - 31) 一书中。

---

* 作者感谢古根海姆基金会的慷慨资助,同时感谢肯尼思·阿罗和斯图尔特·考夫曼对早期草稿的评论。

自我强化或自催化型的动力学系统——具有局部正反馈机制的系统——在物理学、化学动力学和理论生物学中已经得到了深入的研究，它们往往具有多种渐近状态或多个可能的"涌现结构"。最初的起始状态与早期随机事件或波动相结合，将这种动力学系统推入它的其中一个渐近状态的域，从而"选择"了系统最终"锁定"的结构。

在本章中，我的目的是研究经济学中相应的动力学系统。这方面的文献涵盖了相当广泛的主题；因此，我并不打算给出一个完整的综述。我的目的是表明，在不同经济学子领域的诸多非常不同的问题中，自我强化机制的存在都会产生共同的主题和共同的特征。我还会提请读者注意这类经济系统与相应的物理系统和生物系统的类比。在阐述过程中，只要有理论可用，我就会用理论来说明。

传统的经济理论在很大程度上是建立在边际收益递减（即局部负反馈）的假设的基础上。有人或许会以为，关于正反馈和边际收益递增机制的文献，在经济学中应该很难见到吧。但是事实上，讨论这种机制的经济学文献相当多，其中大部分都可以追溯到 20 世纪 20 年代和 30 年代，特别是在国际贸易理论、产业组织、区域经济学和经济发展等领域。当然，在经济学的这些不同组成部分中，自我强化被贴上了不同的标签：收益递增；累积因果关系；偏差放大的相互因果过程；良性循环和恶性循环；阈值效应；以及非凸性。其来源也各不相同。但是通常而言，自我强化机制有四个通用来源（或者说，是它们的变体或派生结果）：高昂的创办成本或固定成本（能够带来单位成本随产出增加而下降的优势）；学习效应（能够随产品流行度的增加而改善产品质量或降低其成本）（见 Arrow，1962；Rosenberg，1982）；协调效应（与采取类似行动的其他经济主体"合作"会带来优势）；以及自我强化的预期（市场上流行度的提高，会增强人们对进一步流行的信念）。

要理解这个思想，不妨考虑一个具体的例子。索尼公司推出了 Betamax 制式录像机，如果这种制式的录像机在市场上呈现出日益流行的趋势，因而能够鼓励视频媒体用 Betamax 制式的设备储存更多的视频产品,那么我们就说它是自我强化的;那样的话,随着其市场份额的提高,Betamax 制式录像机的新购买者还可以获得协调收益。如果 Betamax 与其竞争对手 VHS 相互竞争,那么任何一项技术在市场份额上的小幅领先,都有可能会增强其竞争地位并有助于其进一步扩大领先地位。这里存在着正反馈。如果这两种制式是同时启动的,那么在一开始,它们的市场份额可能会随外部环境和"运气"的变化以及各自支持者为获得优势而采取的策略而波动。如果自我强化机制足够强大,那么最终这两种技术中的一种可能会积累起足够的优势进而占领 100%的市场。但是一定要注意,我们无法提前确定哪一种技术将会胜出。

当然,我们还需要给出精确的表述,才能说明为什么一种技术或另一种技术最终必定占领整个市场。但是就目前而言,暂且让我们先接受这种情况能够发生的条件。注意如下四个性质:

- 多重均衡(multiple equilibria)。在这个问题中,可能存在两个完全不同的渐近市场份额"解"。结果并不确定的;它不是唯一的和可预测的。

- 可能的无效率(possible inefficiency)。如果一种技术本质上比另一种技术"更好"(根据某种经济福利衡量标准),但在获得早期采用者方面"运气不好",最终的结果就可能无法带来最大的利益。(事实上,行业专家声称,录像机制式竞争中的失败者 Betamax,在技术上要优于获胜者 VHS。)

- 锁定(lock-in)。一旦达成某个"解",就很难再退出了。在前述录像机制式竞争这个例子中,占主导地位的制式的累积优势使得失败者很难再次进入市场。

- 路径依赖(path dependence)。市场份额的早期历史——部分是小事件和偶然情况的结果——可能会决定最终是哪一个解占支配地位。市场份额的动力学是非遍历性的。

至少自马歇尔以降(Marshall, 1891; bk.4, chap.13, and app. H),经济学家们就已经知道,收益递增会导致多重均衡和可能的低效率。至于对这种多重均衡和低效率问题的现代研究,读者可以在很多经济学家的论著中找到,例如,阿罗和哈恩(Arrow and Hahn,1971,chap.9)、布朗和希尔(Brown and Heal,1979)、基欧(Kehoe,1985)、斯卡夫(Scarf,1981)等等。在本章中,我将专注于讨论人们不太熟悉的锁定和路径依赖这两个性质。

除了上面这四个性质之外,我们可能还会注意到其他与物理系统和生物系统类似的特征。市场在一开始时可能是均匀和对称的,但是最终却变成不对称的,也就是说,存在着"对称性破缺"(symmetry breaking)。市场份额的"秩序"或模式是通过最初的市场"波动"而"涌现"出来的。这两种技术为占据一个"生态位"而竞争,而领先的技术能够实现对其竞争对手的"竞争性排斥"。如果一种技术天生就具有优势并吸引了更大比例的购买者,那么它更有可能维持其支配地位,即它拥有"选择优势"。

为什么自我强化(或收益递增,又或非凸性)会导致多重均衡? 如果自我强化没有被反作用力抵消,那么就存在着局部正反馈。而这反过来就意味着与某些特定状态的偏差会被放大。因此这些状态是不稳定的。如果与系统相关的向量场是平滑的,并且如果它的临界点(即它的"均衡")位于某个流形的内部,那么标准的庞加莱指数拓扑论点(Poincaré-index topological arguments)告诉我们,存在其他的稳定临界点或周期,又或者吸引子(参见:Dierker,1972;Varian,1975,1981;Kehoe,1985)。在这种情况下,必定会出现多重均衡。而且,我们当然没有理由认为多重均衡的数量应该很少。谢林(Schelling,1978)曾经举过一个来自现实生活的例子:在一个大礼堂里,每个人都希望坐在其他人旁边。在这种情况下,稳态或"均衡"的数量将会是组合爆炸性的。

在许多允许自我强化机制的经济学子领域里,研究者们已经认识到多个"解"或多重均衡的可能性,并且能够通过解析方法来找到它们。我在这里只举三个例子。

1. 国际贸易理论。在这个领域,标准的例子是这样的:有两个国家,每个国家都可以在两个可能的行业(例如,飞机和汽车)中进行生产,而且这两个行业都具有高昂的创办成本或其他收益递增来源。在静态层面,(局部来看)成本最低的安排是一个国家只生产一种商品,另一个国家只生产另一种商品。然后,这两个国家可以进行贸易以获得各自偏好的消费组合。但是,这样的安排有两种不同的实现方式,而一个国家到底生产哪种产品是非确定性的。(而且当这两个国家的规模不同时,这两种"解"或均衡会产生不同的福利结果。)在静态层面,收益递增贸易理论已经在一系列收益递增机制下证明了多重均衡的存在性,并且已经能够将它们找出来了(例如请参见 Graham, 1923; Ohlin, 1933; Matthews, 1949; Helpman and Krugman, 1985)。但是,直到目前为止,某个特定的贸易模式是如何被选择出来的这个问题,仍然没有得到解决。

2. 空间经济学。1909 年,阿尔弗雷德·韦伯证明,当企业能够从其他企业或产业集聚的本地存在中受益时,有不止一种产业配置可以成为最优选址问题的局部最低成本"解"。恩伦德尔(Engländer, 1926)、帕兰德(Pälander, 1935)和里奇尔(Ritschl, 1927)在韦伯思想的基础上指出,观察到的产业区位模式不一定是解决空间经济均衡问题的唯一"解",相反,那不如说是一个部分受制于"历史偶然事件"的过程的结果。某个"解"——不一定是最优的解——可能是动态地被"选择"出来的,并且至少部分是由企业早期选址的历史顺序决定的。因此,一个区域可能是以牺牲其他区域为代价,在产业集中度方面取得领先的。卡尔多(Kaldor, 1970)认为,如果一个区域的生产率与它的经济增长率绑定——就如费尔杜姆"定律"(Verdoorn's "law")所指出的那样——那么区域繁荣也可以实现自我强化。从长期来看,拥有类似禀赋的地区之间的收入也可能会出现差异。由于在直觉上很有吸引力,这些口头论述也产生过一些影响,但是一直很少有人尝试将它们形式化,这种情况直到最近才有所改变(Allen and Sanglier, 1981; Faini, 1984; Ar-

thur，1986）。

3. 产业组织理论。作为这里谈到的几种可能性中的一个例子，卡茨和夏皮罗（Katz and Shapiro，1985，1986）证明，"网络外部性"（协调效应）和预期的结合可能会导致多重市场份额均衡。如果事前有足够多的消费者相信一种产品（比如 IBM 个人电脑）将会拥有很大的市场份额，并且如果消费者加入流行产品的用户"网络"会带来好处，那么他们就会更愿意购买这种产品，从而引导生产者将该产品大量投放市场，于是他们的信念就实现了。而且，同样的论证也可以用于竞争性产品。因此，存在多个"实现预期均衡"（fulfilled-expectation equilibria），即满足先前预期的多组最终（古诺均衡）市场份额。在这里，预期是给定的并且是固定的，因此这是一个具有多个解的静态模型。

然而，在所有这三个经济学子领域中，都缺乏大家都能接受的动力学分析，这意味着我所说的选择问题，即一个特定均衡如何从众多的候选者当中选择出来的问题，尚未得到解决。

有意思的是，在其他承认自我强化机制的经济学领域，却确实存在一种公认（尽管简单）的动力学，它说明了均衡或稳态是如何达到的。一个例子是，在 20 世纪 60 年代出现的新古典增长理论。新古典增长中是存在自我强化机制的，例如，资本-劳动力比率存在一个阈值。高于这个阈值，就会产生足够的储蓄，从而推动资本-劳动比率上升；反之，如果低于它，则资本-劳动比率将会下降（Solow，1956）。因此，这里存在多重均衡。类似地，在最近出现的试图构建总量宏观动力学的研究中（Heal，1986），由于瓦尔拉斯动力学和单位成本随着产量的增加而下降，在长期会出现两种结果。一种结果对应于健康的经济，即高产出、高需求和低价格；另一种结果则对应于滞胀，即低产出、低需求和高价格。在经济学这些领域的相关研究中，多个稳态的存在一般是通过标准相平面方法进行分析的，通常还会给出局部稳定性的证明。吸引子通常是点吸引子。直到最近，经济学家才开始分析更加丰富的可能性。

7.1 锁定

在物理学中,当一个非线性物理系统占据了势函数的局部最小值时,要"退出"到相邻的最小值就需要足够的能量流入,不然就无从克服分隔不同最小值的"势垒"。在自我强化的经济系统中,也存在与这种锁相和退出相似的困难。自我强化,从其字面定义可知,本身就意味着特定的结果或均衡占有或已经积累了经济优势。这种优势形成了潜在的障碍。我们可以说,特定均衡被锁定了,而且锁定的程度可以用转换到替代性均衡所需的最小成本来衡量。

在许多经济系统中,锁定是动态发生的,因为是顺序决策"发掘"出了一种系统难以从其中摆脱的优势。下面给出一个简单案例,它会以多种形式重复出现。

假设一个经济行为主体——也许是一家企业的研发部门——在每个时间段都可以选择进行 N 个可选的活动或项目中的某一个,A_1,A_2,A_3,$\cdots$,A_N。假设其选择的活动越多,活动所带来的改善(或恶化)就越大。将选择活动 A_i 的支付记为 $\Pi_i(n)$,其中,n 为该活动以前被选中的次数。再假设未来支付的贴现率为 β。

定理 7.1 如果支付 $\Pi_i(n)$ 随 n 单调递增,那么在一开始时被选中的活动 A_j 在以后每一次都会被选中。

证明:利用归纳法,定理 7.1 很简单就可得证。

因此,一项活动进行得越多,支付就会增加(可能是因为存在学习效应),那么最先被选择的活动随后将继续被选择(当然活动的选择还依赖于贴现率)。在这里,决策序列为最先被选择的活动"发掘"出了一个能够自我强化的优势,从而锁定在了这个选择上。

这里需要注意的是,在每一个阶段,最优选择都是在确定条件下做出的,所以这里不可能存在传统的经济无效率情况。但是,仍然可能存在遗憾（regret）。考虑下面这个例子。假设一个人每年都可以选择做医生或当律师，同时假设每一种业务积累的经验越多，每年执业的支付就越高。再假设执业律师的报酬会先随着经验的增加而迅速上升，不过随后将趋于平缓；而行医的报酬虽然在初期不如当律师，但是最后会超出。根据前述定理 7.1，无论这个人在一开始选择了哪一种执业活动，此后他都将继续选择该活动。如果他的贴现率很高，他将会选择当执业律师，并且这种选择在所有阶段都将始终是"理性"的，并且其支付高于另一种选择（即作为头一年入行的医生）。然而，这里可能存在遗憾，因为在以律师身份执业 N 年之后，如果相同的时间投入到医生的职业上，那么在未来任何时刻，行医的收入都会更高。这就是说，自我强化机制可以将一个理性的经济主体锁定在一项活动中，但是那项活动不一定是最具有最高长期潜力的活动。

在技术经济学中也会发生顺序选择锁定的情况（Arthur, 1983, 1984）。当出现了新的工程或经济可能性时，一般都会有若干种技术可以实现。例如，核电站可以使用轻水、气冷、重水或钠冷反应堆。通常而言，技术会随着采用和使用而得到改进。在存在好几种最开始时未得到充分开发的技术可供采用的情况下，每一种技术都有可能随着使用而改进，因此采用的顺序就可能决定了哪些技术能够得到改进。这个选择时序源于不同行为主体每一次的决定——采用者都是根据自己的个人利益行事。在采用者的偏好完全相同的情况下，结果将是平凡的。如果其中一种幼稚技术与其他幼稚技术相比拥有微小的优势，那么它就会被第一个采用者兼开发者选中。然后它投入使用并得到改进。因此它又会被下一个采用者兼开发者选择，于是它得到了进一步的改进，以此类推。因此，采用者序列可能会平凡地锁定到这样一种技术的开发路径上：这种技术最初在部分开发阶段表现出了成功，但后来却发现这种技术实际上是劣等的，因为另一种同样经过充分开发的替代技术最终可能会提供更多的价值。

7.1.1　随机模型中的锁定

有人可能会反对说,这种情况是不现实的,因为在这里,锁定不仅是完全预先确定的,而且其界限分明——最初只拥有微乎其微优势的技术,将会成为占支配地位的技术。为此,更合理地,我们可以假设每一种技术都拥有一些在早期得到发展的机会,并且"随机事件"形式的"运气"可以影响结果。

作为这种方法的一个简单示例(参见 Arthur, 1983),现在假设存在两种技术,A 和 B,可供由潜在采用者组成的大型"市场"使用,而且这两种技术都会随着被采用而得到改进。再假设存在两种类型的采用者 R 型和 S 型,每种类型都同样普遍,且分别对技术 A 和技术 B 具有"天然"偏好。对于每一种采用者类型,采用技术 A 或技术 B 的支付都会随着 A 或 B 以前被采用次数的增多而线性增加。为了注入随机性,我们可以假设 R 型采用者和 S 型采用者的到达顺序是未知的,而且下一个到达并做出选择的人的类型是 R 型还是 S 型的可能性完全相同。一旦采用者做出了选择,他就会一直保持不变。

至少在最初阶段,如果一个 R 型行为主体来到"采用窗口"做出选择,那么他将会采用技术 A;如果到达的是 S 型行为主体,那么他将会采用技术 B。因此,技术 A 和技术 B 之间的采用数差异,会根据下一个采用者的类型是 R 型还是 S 型而上下移动一个单位;也就是说,它会以 0.5 的概率向上或向下移动。

但是,如果纯属出于"偶然",选择者队列中累积起了足够数量的 R 型采用者,那么选择技术 A 的支付将会超过技术 B,且足以导致未来到来的 S 型采用者选择转换为技术 A,而且从那时之后,R 型和 S 型采用者将采用技术 A,并且只采用技术 A。也就是说,采用过程随后将被锁定在技术 A 上。类似地,如果出于"偶然",有足够数量的 S 型采用者到达并采用技术 B 而不是技术 A,那么技术 B 将会被改进到足以导致未来的 R 型采用者选择转换为技术 B,于是采用过程将锁定到技术 B 上。这些动态构成了一个随机游走,其每侧都有吸收屏障——屏障对应于让每种行为主体类型转换其优先选择所需要的采用领先优势。

在一个具有吸收屏障的随机游走中,吸收最终会以 1 的概率发生。因此,在我描述的模型中,采用过程必定会锁定为两种技术中的某一种(技术 A 或技术 B)占据垄断地位。但是由于存在随机事件,所以究竟锁定到哪一种技术上是无法提前预测的。行为主体类型的到达顺序——这个模型中的随机性来源——"决定"了最终结果。

对于这种现象,即通过波动锁定到几种可能的模式或结构的其中一种上面,在热力学、铁磁理论、激光理论和化学动力学以及生物学(例如,通过遗传漂移实现等位基因固定)等领域都可以找到类似的例子(例如,请参见:Nicolis and Prigogine, 1976;Haken, 1978;Roughgarden, 1979)。

经济是不是有时会因为历史上微不足道的随机事件而锁定在发展潜力较低的技术上?看起来确实如此。考恩(Cowan, 1987)指出,在 20世纪 50 年代中期,一系列看似微不足道的小事件使得形势更有利于轻水反应堆,而不是更具潜在优势、与之竞争的替代技术路径,其结果是,学习效应和早期的建造经验将核反应堆市场锁定在轻水反应堆上。戴维(David, 1975)指出:"最终结果之间的显著差异,可能源于遥远的初始阶段看似微不足道的区别。"他研究过导致打字机键盘锁定在 QWERTY布局上的历史事件,而这种布局其实很可能是较低劣的(David, 1985)。

7.1.2 退出锁定

如果一个经济系统被锁定在了一个较劣的局部均衡中,那么有没有可能"退出"或逃逸到一个更优的局部均衡上呢?在经济学研究中,基本上不存在与"退火"相对应的机制("退火"是指注入外部能量,让系统在"震动"中形成新的格局,从而使它能够随机地找到进入低成本配置的途径)。在经济学中,能否从一个较劣的均衡中退出,很大程度上取决于自我强化机制的来源,即取决于较劣的"均衡"所产生的优势在多大程度上是可逆的,或者在多大程度上是可以转移到某个替代均衡上去的。

　　如果学习效应和专用性固定成本是自我强化的来源,那么通常来说,均衡的优势是不可逆的,也不能转移到替代均衡上去。这样一来,要对系统进行重新定位,就变得非常困难了。例如,在大多数国家,公路和铁路在某种程度上是可以相互替代的两种交通模式。每种模式都是自我强化的(因为使用得越多,可以用来投资于资本改进,以吸引更多用户的资金就越多)。因此,一种模式可能是以牺牲另一种模式为代价来获得主导地位的。但要扭转原有格局,或者试图确保两者平衡,都可能需要对较弱的模式进行大量补贴,使其与主导模式积累的优势持平。资本性资产——在这个例子中是优势的来源——是不可转换的,或者是无法轻易逆转的,因而这里重新定位的成本就会非常高。

　　相比之下,在协调效应是锁定的来源的情况下,优势通常是可以转换的。例如,特定技术标准的用户可能会同意,替代技术方案是更好的,只不过前提是每个人都进行"转换"。如果当前标准没有体现在专用设备上,而且它的使用优势主要在于"惯例的普遍性"(比如说,美国许多州都实行的红灯时不可右转的交通规则),那么通过谈判或强制转换为更好的集体选择,就能够以微不足道的成本退出原有均衡并进入新的均衡。协调是可转移的,并且可以通过法令来完成。更可喜的是,法雷尔和萨洛纳(Farrell and Saloner,1985,1986)证明,即便不存在负责"制定标准"的外部机构,而且不让用户做出相互合作的行为,只要每个用户都确定其他人也更偏好替代方案,那么每个用户都会独立决定"转换"。但是,在用户不确定别人的偏好和意图的情况下,就可能会出现"过度惯性",即虽然每个用户都可以从转换到另一个标准中获益(只要其他人也跟进),但是如果其他人不跟进,那么每个用户都不敢做出改变。用考夫曼(Kauffman,1987)的术语来说,通过最近邻转换(单一行为主体转换)"适应性游走到相邻峰值",在这里是不可能的。

　　通过协调从一个较劣的低水平均衡(即一个锁定的位置)中"退出",这一主题始终贯穿于经济发展理论文献当中。1943年,在思考战后东欧国家的发展前景时,罗森斯坦-罗丹指出,由于存在需求的不可分割性和互补性所导致的收益递增,产业或产业中的企业可能不会认为自己单独扩张是有利可图的;但是,如果所有企业都能够做到协调一致地同步扩张,那么扩张就可能对所有企业都是有利可图的。因此,发展需要协调扩张和投资,罗森斯坦-罗丹称之为"大推动"(Big Push),它需要由政府出面。罗森斯坦-罗丹的观点,受到了扬 1928 年的分析的启发,后来影响了整整一代发展经济学家,尤其是赫希曼(Hirshman,1958),他进一步研究了产业之间的"协同"(synergistic)或关联效应。另外,钱纳里(Chenery,1959)利用线性规划方法将这个思想形式化了;而缪尔达尔(Myrdal,1957)则进一步提出累积因果关系的机制。在最近的宏观经济文献中,又独立地出现了一组非常相似的观点(Weitzman,1982)。在存在收益递增的情况下,大型供应商无法创造出足够的需求来保证单独扩张是有利可图的,因此经济系统往往"陷入"在产能无法充分利用、就业不足的状态中。要退出这种状态,达到充分就业,就需要整个经济范围内协调一致的刺激。

7.2 路径依赖:配置过程

到目前为止,我已经给出了在一些非常特殊的自我强化机制下的多重均衡和锁定动力学的例子。那么,是不是存在一个能够包含所有这类问题的通用分析框架呢?答案当然是否定的。但是,我们也许能够设计出一些可以覆盖大量示例的、更广泛的分析系统。在思考这样的系统应该呈现出什么样子时,从上面的讨论中浮出水面的三个需要考虑的因素可能有一定的指导意义,它们是:

1. 要想考察和跟踪一个特定的"均衡"或"解"是如何从多个备选方案当中被"选择"出来,就需要一种动力学方法。因此,我们需要考虑行动被采取、经济决策被做出的顺序。

2. 我们感兴趣的许多问题可以被视为备选方案之间的配置问题或顺序选择问题,而且这种配置或选择是受到做出选择时每个备选方案的数量或比例的影响的。

3. 自我强化系统通常从一个"平衡"但不稳定的位置启动,因此它们的最终状态可能由模型外的小事件以及初始条件决定。如果我们将这些小事件视为扰动,那么我们就需要纳入有明确定义的随机性来源。在实际操作中,这意味着系统的"状态"可能不会直接决定下一次经济行动,但会决定下一次经济行动的概率。

7.2.1 配置过程

接下来,我们考虑一类纳入了上述因素的一般动力学系统。我把这类动力学系统称为配置过程。

现在假设,每次都要对 K 个类别中的某一个进行单位添加或配置,添加的概率是当前已经在 K 个类别中的单位所占比例的函数。在这里,时间是事件时间,而不是时钟时间。(在实际研究中,我们要考虑的问题可能是市场份额是如何逐渐累积起来的,方法是通过观察采用者是怎样"配置"到 K 种技术上去的;或者,消费者是怎样"配置"到 K 个产品品牌上去的;又或者在区域经济学中,企业是怎样"配置"到 K 个地点上去的)因此,下一个单位以概率 $p_i(x)$ 添加到类别 i 中去,其中,x 是当前比例或市场份额的向量。{概率向量 $p = [p_1(x), p_1(x), \cdots, p_K(x)]$ 是一个函数(配置函数),它将比例的单位单纯形 S^K 映射到概率的单位单纯形上。}在实际操作中,至少可以隐含地从所考虑的特定机制中求得 p。下面的图 7.1 显示了两个说明性的配置函数,其中 $K = 2$。

我们感兴趣的是市场份额,或者等价地,每个类别中的数量或比例到底是如何构建起来的。我们要回答的问题是,在这样一个系统中,长期比例会发生什么。会涌现出什么样的极限稳态? 处理这类问题的标准概率论工具,是博雷尔强大数定律(Borel Strong Law of Large Numbers),该定律说的是在前后相继的时间里添加增量的过程中的长期比例

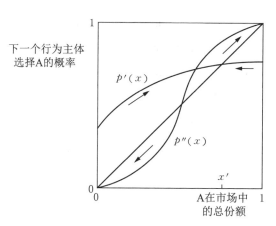

图 7.1　维度 $K=2$ 时的两个说明性配置函数

问题。但是，我们无法在我们这里讨论的过程中使用标准的强大数定律，因为我们没有相互独立的增量。相反，我们这里的增量（配置到 1 至 K 的单位）出现的概率，是受过去增量影响的。我们面对的问题，是一个类似于多维抛硬币的问题，其中一个单位添加到"正面向上类别"的概率随先前抛出的正面的比例而变化。

我们可以证明——稍微预告一下结论——在非限制性技术条件下，比例必定收敛到配置函数 p 的其中一个不动点上。在存在自我强化机制的地方，p 通常有多个不动点。因此，我们就有了一个有用的方法来识别出可能会"涌现出来"的"结构"。

让我们看看这个过程的动力学。该过程从时间 1 开始，配置的初始向量为 $y=(y_1, y_2, \cdots, y_k)$ 和初始总量 $w \equiv \sum y_i$。Y_n 是一个向量，用来描述在时间 n——当总共分配了 $[w+(n-1)]$ 个单位时——类别 1 至 K 中的单位数量。这样一来，我们就有：

$$Y_{n+1}=Y_n+b(X_n)\,;\ Y_1=y \tag{7.1}$$

其中，b 是概率为 $p_j(X_n)$ 的第 j 个单位向量。

用总单位数 $(w+n)$ 去除式 (7.1)，就可以得出，类别 1 至 K 的比例向量（或份额）的演化方程为：

$$X_{n+1} = X_n + \frac{1}{n+w}[b(X_n) - X_n]\,;\ X_1 = y/w \qquad (7.2)$$

我们可以把式(7.2)重写为如下形式：

$$X_{n+1} = X_n + \frac{1}{n+w}[p(X_n) - X_n] + \frac{1}{n+w}\xi(X_n)\,;\ X_1 = y/w \quad (7.3)$$

其中,ξ定义为如下随机向量：

$$\xi(X_n) = b(X_n) - p(X_n)$$

式(7.3)就是我们想要得到的、对份额的动力学描述。

不难注意到,ξ相对于当前状态X_n的条件期望为零;因此,我们可以推导出,份额或比例的预期运动方程为：

$$E(X_{n+1} \mid X_n) - X_n = \frac{1}{n+w}[p(X_n) - X_n] \qquad (7.4)$$

我们把式(7.5)称为对应于我们的随机过程的等价确定性系统：

$$X_{n+1} = X_n + \frac{1}{n+w}[p(X_n) - X_n] \qquad (7.5)$$

我们看到,如果加入类别j的概率$p_j(X_n)$大于类别j中的当前比例$x_j(X_n)$,那么该类别的份额应该会增加——至少预期会如此。相反,如果概率小于当前比例,则份额应该降低。因此,式(7.3)告诉我们的是,份额的变化是由等价确定性系统(右侧的第一项和第二项)以及扰动效应(第三项)驱动的。

可能存在几个点x(即存在几种市场份额模式),在这些点处确定性运动为零,具体则取决于函数p——并最终取决于偏好的分布及定义p的概率。这些点就是p的不动点,其中$p(x) = x$。在这些不动点中,有一些是吸引子或稳定点(以通常的方式定义),另一些则是排斥点或不稳定点。于是我们得到如下强大数定律：

定理7.2

(1) 假设$p: S^K \rightarrow S^K$是连续的,并且等价确定性系统具有一个李雅

151

普诺夫函数 v,它的运动在 p 的不动点集合 $B=\{x:p(x)=x\}$ 的邻域之外是负的。再假设 B 具有有限数量的连通分量。这样一来,比例向量 $\{X_n\}$ 将以 1 的概率收敛到不动点集合 B 中的某个点 z。

（2）假设 p 将单位单纯形的内部映射到自身,并且 z 是一个稳定点。那么这个过程具有极限点 z 的概率为正。

（3）假设 z 是 p 的一个非顶点不稳定点,那么这个过程不能以正概率收敛到 z。

证明:请参见阿瑟、叶莫列夫和卡尼奥夫斯基(Arthur,Ermoliev and Kaniovski,1983,1986)的论文。(对于 p 平稳的 $K=2$ 的情况的证明,请参阅:Hill,Lane and Sudderth,1980。)■

或者换句话说,如果配置过程是收敛的,那么它们必定会收敛到一个比例(份额)向量上,该向量可以用从比例到配置概率的映射的、吸引子不动点当中的某一个来表示。

因此,在图 7.2 中,对应于 p' 的过程以 1 的概率收敛到 x';对应于 p'' 的过程收敛到 0 或 1(其概率为 1)。在 $p\equiv\underline{p}$($\underline{p}$ 是一个常数函数)的情况下,这一过程将收敛到 $\underline{p}$;因此,标准强大数定律(以固定概率添加单位增量)是一个特殊情况。而在配置函数随"时间"n 而变化的情况下,只要序列 $\{p_n\}$ 收敛到极限函数 p 的速度,比 $1/n$ 收敛到零的速度更快,那么这

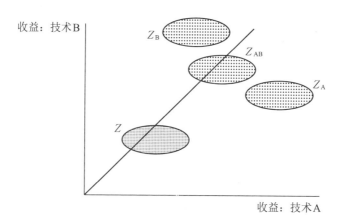

图 7.2　采用者类型连续统中采用技术 A 和技术 B 的支付的分布

个依赖增量的强大数定律仍然成立。这样一来,这个过程将会收敛到 p 的稳定极限点中的某一个。这个定理还可以扩展到函数 p 不连续和配置的增量不是单位增量的情形下(Arthur, Ermoliev and Kaniovski, 1987b)。

配置过程具有一个很有用的性质。波动在开始时支配了运动;因此,它们使得极限点可以从任何初始条件到达。但是波动后来消失了,于是过程就由等价确定性系统引导,因此会收敛到可识别的吸引子上。

对于某个给定的问题,要识别出稳态,我们并不需要直接计算 p,而只需要计算它的不动点。许多研究现在都使用了这种技术。

7.2.2 例子:自我强化在什么时候意味着垄断?

在许多模型中,我们都希望识别出让一种产品或一种技术最终必定会获得足够优势从而占领 100% 市场的"竞争性排斥"或垄断的条件。而在我们给出的定理的情境中,这种识别就意味着我们需要证明,稳定不动点仅仅存在于单位单纯形的顶点处。

作为一个例子,考虑前述"采用市场"模型的一个更具一般性的版本。现在,假设存在一个由行为主体类型构成的连续统,而不仅仅只有两种类型。假设行为主体(即潜在采用者)要在 K 种技术之间进行选择。假设,如果 n_j 个先前采用者之前都选择了技术 j,那么下一个行为主体采用 j 的支付为 $\Pi_j(n_j) = a_j + g(n_j)$,其中,$a_j$ 代表该行为主体对技术 j 的"天然偏好",g 是一个单调递增函数,代表以前的采用所带来的技术改进。

每个采用者对于这 k 个备选技术都有一个天然偏好向量 $a = (a_1, a_1, \cdots, a_K)$,我们可以将行为主体的连续统视为点 a(其有界支持为 Z)在正象限的一个分布。我们假设,每次做出选择时都要先从这个概率分布中随机抽取出一个采用者(见图 7.2)。每一次,选择技术 A 或技术 B 的收益都会随对技术 A 或技术 B 的采用增加一次而上升,从而分布本身也随之向右或向上移动。垄断(在我们这个例子即对于单一技术的锁定)就对应于支付的分布随着采用数量的增加而被驱赶到 45°线上方的概率为正的情况。

路径依赖强大数定律使得我们可以推导出两个很有用的定理（Arthur，1986）。如果技术改进函数 g 随 n_j 的增加而递增且没有上限，那么这个过程就只在单纯形顶点处具有稳定的极限点，且其概率为 1。相应的支付分布则必定会被驱赶到 45°线上方（如图 7.2 中的 Z_A 和 Z_B 所示），并且最终必定会出现某一种技术的垄断。在技术采用收益递增但存在上界限制的情况下（比如说，当改进效应彻底耗尽之日），垄断就不再是不可避免的了。在这种情况下，某些特定的采用者类型序列可能会或多或少地同步推动两个或多个可选技术改进。然后，这些技术可能会一起达到收益递增的上限，而采用者的支付分布仍然横跨 45°线（如图 7.2 中的 Z_{AB} 所示），因此从那时起它们将共享市场份额。而且，自那之后，这些技术仍然会共享市场份额。在这种情况下，一些特定的"事件历史"动态地导致了市场共享，而另一些"事件历史"则可能导致垄断。竞争排斥不再以 1 的概率发生。

7.2.3　例子：通过分拆-寻址进行区位布局

现在考虑产业区位布局的一个特定机制（Arthur，1987b）。假设一个行业是通过逐个加入企业而建立起来的，同时企业可以落户于 K 个可能的区域中的任何一个，且一开始就存在一组初始企业（每个区域各有一个企业）。假设新企业的增加是通过从母企业每次"分拆"出一个子企业实现的，而且每个新企业都会留在母企业所在区域。同时，任何现有企业都可能像其他任何企业一样分拆出新企业。[戴维·科恩（David Cohen，1984）证明，在美国电子行业，这种分拆一直是新企业的主要"诞生机制"。]在这种情况下，企业是以单位增量的形式逐步添加到区域中的，而且概率恰好等于当时每个区域中企业所占的比例。因此，这个随机过程是一个波利亚过程——这是一个人们熟悉的过程[参见乔尔·科恩（Joel Cohen，1976）的论述]，它是我们这里讨论的配置过程在 $p(x) = x$ 时的一个特殊情况。区域行业份额单纯形中的任何一点，现在都是一个不动点;因此区域行业份额可以收敛到任何一点。也就是说,存在一个"均衡点"的连续统。根据波利亚过程理论,我们还可以推导出更多结果。这个过程必定会收敛到的随机极限向量,在单位单纯形上具有均匀分布。[我们可以把一个代表性结果设想为下述操作的结果:在单位区间上随机放置$(N-1)$个点,并在这些点处进行切分,从而得到该单位区间的 N 个"份额"。]在这个模型中,"偶然性"完全占据了主导地位。因此,以早期随机分拆序列形式出现的"历史偶然事件",成为极限产业区位格局的唯一决定因素。

7.3 路径依赖:重订契约过程

配置过程作为一类模型,也许适用于研究配置模式是如何形成的。但是在这类模型中,做出的选择是不可逆的。另一类不同、但有用的模型,则允许在市场形成后,再在市场内重订契约。这类模型假设,存在一个已经形成的"市场",或者说,存在一个规模固定为 T 的总配置,分割为 K 个类别。(例如,将 T 公顷土地分配给 K 个土地所有者;将 T 家企业配置到 K 个区域中;将 T 个选民分配给 K 个候选人。)假设个体在类别之间的转换是可能的,而且其概率通常取决于市场份额或每个类别中已有的个体数量。因此再一次,自我强化(或自我抑制)机制可以发挥作用。

我们的优势在于,对于这种情况,我们可以用固定规模的马尔可夫转换模型来分析,而且这类模型在遗传学(Ewens,1979)、流行病学,以及物理学的部分领域(Haken,1978)中,已经是标准模型了。现在考虑一种特殊但很有用的情况:$K=2$;且一次只能进行一个单位的转换。[在这里,我采用了 Weidlich 和 Haag(1983)的模型设定。]为了使分析更加具体化,进一步假设总"市场"或"人口"由 $T=2N$ 个选民组成,其状态变量为 m,其中$(N+m)$个选民更喜欢候选人 A,而$(N-m)$个选民则更喜欢候选人 B。令 $p_{AB}(m)$ 表示一个选民在单位时间内改变偏好,从更喜欢 A 变为更喜欢 B 的概率;类似地,令 $p_{BA}(m)$ 表示一个选民在单位时间内将偏好从 B 更改为 A 的概率。这样一来,在时间 t 发现系统处于状态 m 的概率 $P(m,t)$ 的演化方程(严格地说,这是对此类系统的集合的度量),就可以写为:

$$P(m,t+1)=P(m,t)[1-p_{AB}(m)-p_{BA}(m)]$$
$$+P(m+1,t)p_{BA}(m+1)+P(m-1,t)p_{AB}(m-1)$$

$$(7.6)$$

它可以生成如下主方程:

$$\frac{dP(m,t)}{dt}=[P(m+1,t)p_{BA}(m+1)+P(m+1,t)p_{BA}(m)]$$
$$+[P(m-1,t)p_{AB}(m-1)+P(m+1,t)p_{AB}(m)]$$

$$(7.7)$$

对连续区间 $(-1,1)$ 内的变量 x 进行归一化,方法是令:

$$x=m/N;\ \varepsilon=1/N;\ P(x,t)=NP(m,t);$$

$$R(x)=[p_{AB}(m)-p_{BA}(m)]/N;以及 Q(x)=[p_{AB}(m)+p_{BA}(m)]/N$$

于是我们可以把式(7.7)重写为一维福克-普朗克(Fokker-Planck)扩散方程的形式:

$$\frac{\partial P(x,t)}{\partial t}=-\frac{\partial}{\partial x}R(x)P(x,t)+\frac{\epsilon}{2}\frac{\partial^2}{\partial x^2}Q(x)P(x,t) \quad (7.8)$$

对应于特定的转换机制,我们可以替换式(7.8)中的漂移函数和扩散函数 R 及 Q,并研究 P 随时间推移的演化及其平稳的极限分布。在许多情况下,可以显式地求解出平稳分布 $P(x)$。

这个模型与配置过程模型有一个重要区别,那就是:在这种类型的过程中,市场份额的转变将保持在一个恒定的数量级上(而不再以速率 $1/n$ 下降)。因此,"重订契约过程"显示出来的是分布上的收敛性,而非强烈收敛到某个点。除非存在吸收状态,否则不可能永久锁定在某一个市场地位上。相反,这类过程会呈现出"间断平衡"的特点,即在局部极大值邻域的逗留,以及在局部极大值之间的转换。

例子:具有从众效应时的市场份额

假设现有一个豪华汽车市场(其规模为 $2N$),市场被美国汽车和德国汽车瓜分,这两类汽车分别表示为 A 和 B。再假设消费者偶尔会改变自己的偏好,改变的概率服从:

$$p_{AB}(m) = \nu \exp(\delta + \kappa m)(N - m)$$
$$p_{BA}(m) = \nu \exp[-(\delta + \kappa m)(N + m)]$$

其中,ν 表示"转换"的频率;δ 表示允许存在偏好偏差;κ 对应于时尚或从众效应(Weidlich and Haag, 1983)。在不存在从众效应的情况下,一种汽车类型数量的增多,会增大人们"转换"到另一种汽车类型的机会。因此存在一种居中趋势或中心化趋势(centraling tendency)。但是这种趋势会被从众效应所抵消。从众效应加强了向一种汽车类型的集中。当 κ 较小时,居中趋势占主导地位,平稳分布是单峰的(见图 7.3)。但是随着 κ 的增大,分布会分岔并变成双峰,其极大值对应于一种汽车相对于另一种汽车的相对流行程度。在这种情况下,市场会在一段时间内停留在一种汽车流行的状态,并会间歇性地转换为另一种汽车流行的状态。

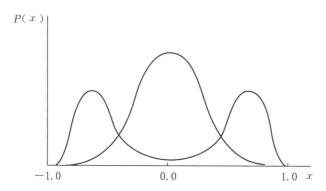

图 7.3 $\kappa = 0.5$ 和 $\kappa = 1.3$ 时的平稳分布

7.4 其他一些问题

7.4.1 策略性行动

到目前为止,我给出的大多数理论模型和示例都没有明确考察过策略性行动的可能性,即经济主体可能会因为考虑到其他行为主体可能的反应而调整自己的行动。存在策略性行动的可能性,并不会导致上述方法或理论框架不再适用。但是它会增加我们推导配置函数、转移概率等的难度。

现在,有许多研究都在存在策略性行动和自我强化的情况下考察了市场结构。例如,弗莱厄蒂(Flaherty,1980)研究了企业可以通过策略性投资来降低成本的情形,结果发现存在多重(开环的、非合作的)均衡。在合理的条件下,只有那些不对称的均衡——单个企业在市场份额中占据主导地位——才是稳定的。弗登伯格和梯若尔(Fudenberg and Tirole,1983)假设学习效应是自我强化的来源,然后研究了闭环的完美平衡。再一次,他们也发现存在多重均衡。(不过奇怪的是,他们的分析集中在对称均衡上,那是唯一可能不稳定的均衡)这些研究都是(以确定性的方式)动态的,因为它们得出了满足通常纳什条件的轨迹。然而,要想探究某条轨迹究竟是如何从众多候选者中被"选择"出来的,我们就必须将分析继续向前推进,并讨论一条轨迹本身是如何被选择或"陷入"的。斯潘赛(Spence,1981)以特设条件的方式证明,企业进入市场的顺序会产生影响,从而部分地实现了这个目标。

汉森(Hanson,1985)则在一个自我强化的双头垄断动态模型中,让随机性来解决这个"选择"问题。他的模型是本章给出的随机采用者序列模型的一个变体,即假设随着采用而改进的两种技术都是专有的(proprietary)(就像 VHS 制式和 Betamax 制式那样)——是由可以操纵其价格的企业"资助开发的"。企业在早期阶段制定的价格很低,目的可能是为了以承担一定损失来换取市场份额。如果两家企业在刚开始势均力敌,都有资格留在市场上,那么"偶然事件"的累积可能迟早会让其中一家企业获得足够大的采用优势,从而逐渐使市场向有利于自己的方向倾斜。然后它就可以提高价格并获取垄断利润,同时将另一家企业压制在市场的可竞争边缘。汉森详细说明了单一企业垄断市场这个结果发生的概率为1的条件。当然,很明显,也可以构建出最终市场由双方共享的条件。例如,当企业的贴现率很高,以至于它们主要对当前销售额感兴趣时,两家企业都可能没有足够的动力在早期阶段制定低价格。最终双方可能都无法以正概率赢得对方的"天然消费者",结果只能是共享市场。

7.4.2 预期

在前面提到过的卡茨和夏皮罗的模型中,预期是理性的且得到了满足,但同时也是静态的(即在一开始就固定下来不再改变了)。我们可以更一般地假设,行为主体会随着市场份额的变化而改变自己的预期。例如,可以假设行为主体以概率的形式对市场过程的未来状态形成信念或期望——这些概率取决于市场份额或相互竞争的可选替代品的绝对数量。如果事实证明,行为主体根据这些信念采取行动所产生的实际采用过程,与他们相信的过程具有相同的条件概率,那么我们现在就有了一个理性预期均衡。在收益递增的情况下,如果一种产品"偶然"获得了领先地位,那么它在市场上表现出色的概率就会上升,而这又将进一步提高对它成功的预期。一般来说,预期可能与自我强化机制相互作用,从而进一步破坏原本就不稳定的局面。在这个方向上的研究目前仍然非常少,但是动态理性的预期的存在,似乎更容易导致垄断结果(Arthur, 1985)。

7.4.3 政策

在存在多重均衡且中央当局偏向某个特定均衡的情况下,它当然可以尝试采取政策让市场向这一结果"倾斜"。时机在这里至关重要;用戴维(David, 1986)的话来说,政策只是在一个"狭窄的窗口期"中才是有效的。

然而,在许多情况下,尤其是在学习是自我强化的来源的情况下,事先并不清楚哪种均衡结果最有潜力。这样,中央当局就会面临一个棘手的问题:应该补贴哪一个产品、工艺或技术?这是经典的多臂老虎机问题的一个版本。考恩(Cowan, 1988)证明,如果中央政府根据其当前对未来潜力的估计,对收益递增的技术进行补贴,那么与不受任何干预的采用过程相比,锁定到劣质技术上的可能性虽然会小一些,但是仍然是完全可能的。更具优势的技术虽然潜力更大,但是在早期阶段的运气不佳可能会导致中央当局完全理性地放弃它。因此,即便存在中央当局的干预和控制,也不能保证能够摆脱更劣的结果。

而且,有时候可能需要让一个具有多重均衡的市场保持"平衡",以避免垄断问题,或保护"必要的多样性"以对冲未来经济环境的变化。如何通过适时的补贴来防止"倾斜"和锁定,这个问题尚未得到很好的研究。但是这个问题的结构——如何人为地稳定一个天然不稳定的动态过程——却正是随机反馈控制理论中的一个标准结构。

7.4.4 空间机制

经济主体可能会受到相邻主体的选择的影响。普费特(Puffert, 1988)研究了历史上铁路轨距标准之间的竞争。铁路企业发现采用相邻铁路正在使用的轨距是有利的。空间机制与物理学中的伊辛模型(Ising models)和重整化理论(renormalization theory)(Holly, 1974),以及概率论中的选民模型(Liggett, 1979;Follmer, 1979)有相似之处。然而在经济学领域,关于空间自我强化机制的研究仍然少之又少。

参考文献

Allen, P., and M. Sanglier. 1981. "Urban Evolution, Self-Organization, and Decision Making." *Environment and Planning A*, 13:167-83.

Arrow, K. 1962. "The Economic Implications of Learning by Doing." *Rev. Econ. Stud*. 29:155 - 73.

Arrow, K., and F. Hahn. 1971. *General Competitive Analysis*. New York: Holden-Day.

Arthur, W. B. 1983. "Competing Technologies and Lock-In by Historical Events: The Dynamics of Allocation under Increasing Returns." I. I. A. S. A. Paper WP-83-90, Laxenburg, Austria. Revised as C. E. P. R. Paper 43, Stanford University, 1985.

——. 1984. "Competing Technologies and Economic Prediction." *Options*. Laxenburg, Austria: I. I. A. S. A.

——. 1986. "Industry Location and the Importance of History." Center for Economic Policy Research, Paper 84. Stanford University.

——. 1987a. "Competing Technologies: An Overview." *Technical Change and Economic Theory*, eds. G. Dosi, C. Freeman, R. Nelson, G. Silverberg, and L. Soete. London: Pinter.

——. 1987b. "Urban Systems and Historical Path-Dependence." *Urban Systems and Infrastructure*, eds. R. Herman and J. Ausubel. NAS/NAE.

Arthur, W. B., Y. M. Ermoliev, and Y. M. Kaniovski. 1983. "On Generalized Urn Schemes of the Polya Kind." *Kibernetika* 19:49 - 56. English trans. *Cybernetics* 19:61 - 71.

——. 1986. "Strong Laws for a Class of Path-Dependent Urn Processes." Proc. International Conf. on Stochastic Optimization, Kiev 1984. Lect. Notes in Control and Info. Sciences 81, eds. V. Arkin, A. Shiryayev, and R. Wets. New York: Springer.

——. 1987a. "Path-Dependent Processes and the Emergence of Macro-Structure." *European J. Operational Research* 30:294 - 303.

——. 1987b. "Non-Linear Urn Processes: Asymptotic Behavior and Applications." *Kibernetika*.

Brown, D., and G. Heal. 1979. "Equity, Efficiency and Increasing Returns." *Rev. Econ. Stud*. 46:571 - 85.

Chenery, H. 1959. "The Interdependence of Investment Decisions." *Allocation of Economic Resources*, ed. M. Abramovitz. Stanford: Stanford University Press, 82 - 120.

Cohen, D. L. 1984. "Locational Patterns in the Electronics Industry: A Survey." Mimeo, Stanford University.

Cohen, J. 1976. "Irreproducible Results and the Breeding of Pigs." *Bioscience* 26:391 - 94.

Cowan, R. 1987. "Backing the Wrong Horse: Sequential Technology Choice under Increasing Returns." Ph. D. Diss. Stanford University.

David, P. 1975. *Technical Choice Innovation and Economic Growth.* London: Cambridge University Press.

———. 1985. "Clio and the Economics of QWERTY." *Amer. Econ. Rev. Proc.* 75:332 - 37.

———. 1986. "Some New Standards for the Economics of Standardization in the Information Age." Paper 79, Center for Economic Policy Research, Stanford University.

Dierker, E. 1972. "Two Remarks on the Number of Equilibria of an Economy." *Econometrica* 40:951 - 53.

Engländer, O. 1926. "Kritisches und Positives zu einer allgemeinen reinen Lehre vom Standort." *Zeitschrift für Volkswirtschaft und Sozialpolitik.* Neue Folge 5.

Ewens, W. J. 1979. *Mathematical Population Genetics.* New York: Springer.

Faini, R. 1984. "Increasing Returns, Non-Traded Inputs and Regional Development." *Econ. J.* 94:308 - 23.

Farrell, J., and G. Saloner. 1985. "Standardization, Compatibility, and Innovation." *Rand J. Econ.* 16:70 - 83.

———. 1986. "Installed Base and Compatibility." *Amer. Econ. Rev.* 76:940 - 55.

Flaherty, M. T. 1980. "Industry Structure and Cost-Reducing Investment." *Econometrica* 48:1187 - 1209.

Föllmer, H. 1979. "Local Interactions with a Global Signal: A Voter Model." *Lecture Notes in Biomath 38.* New York: Springer.

Fudenberg, D., and J. Tirole. 1983. "Learning by Doing and Market Performance." *Bell J. Econ.* 14:522 - 30.

Graham, F. D. 1923. "Some Aspects of Protection Further Considered." *Quart. J. Econ.* 37:199 - 227.

Haken, H. 1978. *Synergetics.* New York: Springer Verlag.

Hanson, W. A. 1985. "Bandwagons and Orphans: Dynamic Pricing of Competing Systems Subject to Decreasing Costs." Ph. D. Diss. Stanford University.

Heal, G. 1986. "Macrodynamics and Returns to Scale." *Econ. J.* 96:191 - 98.

Helpman, E., and P. Krugman. 1985. *Market Structure and Foreign Trade*. Cambridge: MIT Press.

Hill, B., D. Lane, and W. Sudderth. 1980. "Strong Convergence for a Class of Urn Schemes." *Annals Prob.* 8:214 – 26.

Hirshman, A. 1958. *The Strategy of Economic Development*. New Haven: Yale University Press.

Holly, R. 1974. "Recent Results on the Stochastic Ising Model." *Rocky Mtn. J. Math.* 4:479 – 96.

Kaldor, N. 1970. "The Case for Regional Policies." *Scottish J. Pol. Econ.* 17:337 – 48.

Katz, M., and C. Shapiro. 1985. "Network Externalities, Competition, and Compatibility." *Amer. Econ. Rev.* 75:424 – 40.

——. 1986. "Technology Adoption in the Presence of Network Externalities." *J. Pol. Econ.* 94:822 – 41.

Kauffman, S. 1987. "Towards a General Theory of Adaptive Walks on Rugged Landscapes." *J. Theor. Biol.* 128:11 – 45.

Kehoe, T. J. 1985. "Multiplicity of Equilibria and Comparative Statics." *Quart. J. Econ.* 100:119 – 47.

Liggett, T. 1979. "Interacting Markov Processes." *Lect. Notes in Biomath 38*. New York: Springer.

Marshall, A. 1891. *Principles of Economics*. 8th ed. London: Macmillan.

Maruyama, M. 1963. "The Second Cybernetics: Deviation-Amplifying Mutual Causal Processes." *Amer. Scien.* 57:164 – 79.

Matthews, R. C. O. 1949. "Reciprocal Demand and Increasing Returns." *Rev. Econ. Stud.*:149 – 158.

Myrdal, G. 1957. *Economic Theory and Underdeveloped Regions*. London: Duckworth.

Nicolis, G., and I. Prigogine. 1976. *Self-Organization in Nonequilibrium Systems: From Dissipative Structures to Order through Fluctuations*. New York: John Wiley and Sons.

Ohlin, B. 1933. *Interregional and International Trade*. Cambridge: Harvard University Press.

Palander, T. 1935. *Beiträge zur Standortstheorie*. Stockholm: Almqvist and Wicksell.

Puffert, D. 1988. "Network Externalities and Technological Preference in the

Selection of Railway Gauges." Ph. D. Diss. Stanford University.

Ritschl, H. 1927. "Reine und historische Dynamik des Standortes der Erzeugungszweige." *Schmollers Jahrbuch* 51:813 – 70.

Rosenberg, N. 1982. *Inside the Black Box: Technology and Economics.* Cambridge: Cambridge University Press.

Rosenstein-Roden, P. N. 1943. "Problems of Industrialization of Eastern and South-Eastern Europe." *Econ. J.* 55:202 – 11.

Roughgarden, J. 1979. *Theory of Population Genetics and Evolutionary Ecology.* New York: Macmillan.

Scarf, H. 1981. "Indivisibilities: Part I." *Econometrica* 49:1 – 32.

Schelling, T. 1978. *Micromotives and Macrobehavior.* New York: Norton.

Solow, R. 1956. "A Contribution to the Theory of Economic Growth." *Quart. J. Econ.* 70:65 – 94.

Spence, M. 1981. "The Learning Curve and Competition." *Bell. J. Econ.* 12:49 – 70.

Varian, H. 1975. "A Third Remark on the Number of Equilibria in an Exchange Economy." *Econometrica* 43:985 – 86.

——. 1981. "Dynamical Systems with Applications to Economics." Vol. 1, *Handbook of Mathematical Economics*, eds. K. Arrow and M. Intriligator. New York: North Holland.

Weber, A. 1909. *Theory of the Location of Industries.* Chicago: University of Chicago Press.

Weidlich, W., and G. Haag. 1983. *Concepts and Models of a Quantitative Sociology.* New York: Springer.

Weitzman, M. 1982. "Increasing Returns and the Foundations of Unemployment Theory." *Econ. J.* 92:787 – 804.

Young, A. 1928. "Increasing Returns and Economic Progress." *Econ. J.* 38: 527 – 42.

路径依赖、自我强化和人类的学习[*]

乍一看,经济中的学习和收益递增这两个主题彼此之间似乎几乎没有任何共通之处。但是实际上两者之间存在着很强的联系。在本章中,我将表明,一个非常常见的学习情境可以被视为信念或行动之间的竞争——那些获得良好回报的信念或行动,可以得到内在的强化。但是即使如此,由于会受到小事件的影响,因而学习过程并不一定能锁定在最优的或可预测的行动上。

本章源于对约翰·霍兰德的分类器系统中学习动力学的研究。在那里,要回答的问题是如何设计一种"分类器竞争"算法,它能学会在重复出现的多选项(或多臂老虎机)环境中选中高支付行动。事实证明,由此得到的算法,能够在很大程度上复现实际的人类学习行为。因此,利用

---

* 我要特别感谢约翰·霍兰德和理查德·赫恩斯坦(Richard Herrnstein),他们关于适应性行为和学习的思想对这篇论文起到了很大的推动作用。我还要感谢肯尼思·阿罗、文森特·克劳福德(Vincent Crawford)、弗兰克·哈恩、戴维·莱恩、戴维·鲁梅尔哈特、安杰伊·鲁什琴斯基和汤姆·萨金特,感谢他们的非凡见解和有益评论。当然,我对在这里表达的所有观点负责。

它,适当的新古典模型中理想化的、完全理性的行为主体,就可以用代表实际人类行为的、经校准的"人工智能行为主体"来代替。

本章最初是于 1990 年以工作论文的形式发表为:Santa Fe Institute Paper 90-026;后来又于 1993 年以"设计像人类一样行事的经济行为主体"(On Designing Economic Agents that Behave like Human Agents)为标题,在《演化经济学期刊》[*Journal of Evolutionary Economics*,3(1993):1-22]上发表。收录到本书时,我重写了前两节,并且修改了结论部分,使之更符合本书的主题。另外,一个较简短的版本于 1991 年 5 月发表于《美国经济评论》(论文和会议记录),题为"设计像人类行为主体一样行事的经济行为主体:有限理性的行为方法"(Designing Economic Agents that Act like Human Agents:A Behavioral Approach to Bounded Rationality)。

收益递增机制和学习问题之间存在密切联系。事实上,大部分学习都可以被视为不同假设或信念或行动之间的动态竞争——随着新的证据和数据的出现,有一些得到了强化,而另一些则被削弱。当基本学习过程进行时,这种通过强化进行的竞争在大脑的赫布神经突触层面以字面意义上的生物化学方式发生。当行为主体在其后果在某种程度上是随机的备选行动之间反复做出选择时,学习就发生在了决策问题这个更高层次上。在这种情况下,行为主体会强调或强化那些看起来最有希望的选择,因为他们从环境中接收到了关于其后果的信息。

在本章中,我的第一个目的是,行为主体在具有初始时未知且随机的后果的离散备选行动当中反复进行选择这一背景下,探讨收益递增与学习之间的联系。为此,我将研究在这种情境下似乎适合人类学习行为的一系列学习算法带来的结果。

第二个目的是构建并理解在重复决策环境中能够拟合人类学习的算法。来自计算机科学的现代机器学习方法,正在给经济学带来一种全新的可能性:将标准新古典经济学模型中那些理论上拥有完美理性的行

为主体,替换为精巧的学习算法("人工智能行为主体"),这些算法可以
收集信息,能够在收到来自环境的反馈时改进它们的行为,有能力做出
突然的发现,并能在元层面"学会学习"。当我们想要将人类表示为"有
限理性"的行为主体时,通常就可以使用此类算法。①尽管如此,虽然这
些算法能够定性地刻画人类学习的归纳性质,但是并不能保证它们代表
了实际的人类学习。如果我们想让对人类理性的界限的刻画更加符合
现实,那么我们就需要运用针对实际人类行为校准过的学习算法。实际
上,在理想情况下,我们希望通过校准做到的,不仅是重现真实人类学习
的速度,我们还想重现人类学习的风格,以及它对完美理性的背离。如
果纳入了这种经过校准的"人工行为主体"(artificial agents),新古典经济
学模型就能够展现基于人类实际行为的特征,并可以与基于理想化人类
行为的模型进行对比。这无疑是非常有益的。

而且,构建和校准算法以拟合实际人类学习行为的努力(我们可以
在设计"人工行为主体"时用到),还会促使我们提出更多有价值的问
题。如果我们在迭代选择的情境下成功通过经过校准的算法来表示人
类学习,并且这种学习表现出了自我强化的因素,那么我们的学习是不
是会陷入多重(可能是较劣的)决策均衡? 学习是不是路径依赖的? 人
类的学习速度有多快? 人类学习在哪些方面偏离了理想化的"理性"
学习?②

本章8.1节讨论了迭代多选项问题。8.2节提出了我们将要使用的
学习算法族并给予了解释,然后证明,它们是否收敛于选择"最优"行动,
取决于它们的参数值。8.3节根据可得的人类行为数据校准了算法参
数,并证明这些算法可以高度重现人类行为。结果表明,得到的参数位
于能够保证长期最优性的范围之外。8.4节讨论了锁定到劣势行动上的
可能性,并证明这种情况发生的可能性取决于最优行动与其他行动区分
开来的难易程度。此外,本章还探索了运用这些算法在标准形式博弈以
及更一般的经济学新古典模型中表示能够进行学习的行为主体的可
能性。

8.1 问题

我在本章中考虑的问题是众所周知的迭代选择问题（iterated-choice problem）。决策者每一次都必须从 N 个行动中选择一个，这些行动会给他带来随机的支付或利润（从一个事先未知的平稳分布中抽取出来）。举例来说，决策者——比如说，企业、政府机构或消费者——可能面临在 N 个备选的定价方案、政策选项、研究项目、设计特征或人事政策中做出选择，而每一个备选项都会带来特定的后果——刚开始时，决策者对后果知之甚少，而且后果是每一次都不同的。行为主体每次选择其中一个备选项，然后观察其后果或回报，并随着时间的推移更新自己的选择。

这个迭代选择问题的有趣之处在于，在利用所获得的知识与探索知之甚少的行动之间，存在很大的张力。在刚开始的阶段，行为主体会探索或尝试许多行动，试图获得有关其后果的信息。但是，为了获得更好的支付，当"更好"的行动脱颖而出后，行为主体就会开始重视它们并试图利用它们。在这种反复迭代选择的情境下，这种"好的"行动的强化无疑既自然又经济，而且任何合理的算法都不得不考虑它。这里的问题是，随着时间的推移，它是不是会导致选择收敛到具有最大预期支付的行动上。

我们很容易想象，在许多情况下，学习都有可能收敛到非最优选择上。举例来说，一旦选中某个可能的行动（比如说，在特定区域钻探石油），日后的支付可能是每次都始终保持在 1 000 万美元上下；而另一个备选的行动（比如说，在另一个区域进行钻探）可以带来的支付是，前 10 次有很大可能为零，同时有 5％的机会为 5 亿美元。但是，我们不能假设任何一个行为主体——或者任何学习算法——事先就能够知道这种支付结构。因此，可能需要大量的探索才能发现这一点。学习是否包含足够的探索，从而最终能够发现并收敛到最优行动上，这就是我们接下来最有兴趣了解的东西。

在给出一种行为算法来刻画有限理性的人类面对上述问题时如何进行利用与探索之间的权衡之前,且让我们先简要讨论一下这个问题的完美理性版本。它假设,行为主体必须在 N 个行动中重复进行迭代选择,这些行动能够提供从一个给定的平稳分布集中随机抽取出来的支付,F_1,F_1,$\cdots$,F_N。行为主体希望最大化某个给定的决策标准,比较典型的是在无限期界上的预期贴现支付。假设行为主体关于支付分布拥有已知的主观先验分布,并根据所选择行动的支付以贝叶斯方式更新这些分布。在这种定义下,这个问题就变成了一个典型的多臂老虎机问题,在经济学中通常用动态规划方法来求解。③

求解方法的技术细节,不是我们在这里要关心的。对我们来说,有意义的是最优策略的特征。在贴现率为零的情况下,无止境地进行探索是值得的,这样行为主体就可以确保在极限处能够收敛到最优行动上。但是,在贴现率为正的情况下,探索一段时间后缩小选择范围以利用有更高回报的行动是最优的;然后,行为主体将最终专注于某个行动并永远只选择它。有时它可能就是那个具有最高预期支付的行动;但有时它也可能是一个较劣的行动。后面这种情况出现在这种时候:较优的行动的早期支付令人失望,使得它看起来没有什么希望而且不值得进一步探索;于是,对它的探索停止了,学习集中到并"锁定"在一个支付较低的替代行动上。

因此,在纯理性学习的情况下,如上所述,对高支付行动的强化自然会发生。但是,在贴现率为正时,学习也可能会导致锁定到几种可能的行动中的某一种上,即存在多重均衡。从长期来看,一种行动能不能被"选中",依赖于先前选择的随机后果,即存在路径依赖。当然,这些在多臂老虎机问题的文献中已经是众所周知了。我们只需要注意,这就意味着,多重均衡、路径依赖、可能的低效率结果(相对于完美信息下的结果而言)、不可预测性,以及锁定——所有这些都是收益递增的标准性质——在存在正的贴现率的理性学习下,是无法避免的。

多臂老虎机模型当然是一个规范的理想化模型,不能总是能很好地印证实际的人类行为。有证据表明,人类系统地偏离了贝叶斯更新规则(Camerer,1987)。此外,多臂老虎机模型还假设行为主体知悉产生支付的分布的参数化形式,但是这与我们正在考虑的情况并不相符。因此,我们可能会问,路径依赖和锁定是不是会延续到实际的、有限理性的人类学习中。为了回答这个问题,我们得先探索一类代表实际人类行为的算法,并考察其后果。

8.2　一个学习算法族

人类在真实世界中如何做出实际的选择行为? 对于前述迭代选择情境中的"学习",我们可以视之为在接收到关于行动后果的信息之后对选择行动的概率更新。执行这种操作的算法在心理学文献(Bush and Mosteller,1955;Bush and Estes,1959;Neimark and Estes,1967)中通常称为随机学习(stochastic learning)或概率学习算法(probability learning algorithm)。一种可能的选择是直接利用心理学文献中的这些算法。然而,由于以下这些原因,这些算法是不合适的。首先,它们主要关注二选一问题,其中行动后果是定性的值"正确"或"不正确"。其次,这些算法难以处理货币性的和随机性的支付。再次,通常它们都被设计为渐近收敛到某种概率匹配上,例如,如果选择一个行动在 70% 的时间内随机获得一个单位的支付,而选择另一个行动则在 30% 的时间内随机获得一个单位的支付,那么就会收敛到按 70:30 的比例触发这两个行动上去。虽然在某些实验室实验中得到了支持这种行为的一些结果,但是在现实经济世界中,当涉及实际利润时,决策者是不太可能不去利用那些非常明显且易于学习的经济"优势"的。我们不想在算法中强制实现渐近最优性,尽管我们也不想在一开始就排除它。

8.2.1 算法

在机器学习文献里,在多个备选行动中进行选择的算法,被称为学习自动机(learning automaton)(Tsypkin,1973;Narendra and Thathachar,1989)。在本章中,我也采用这个术语。现在,我们考虑一个学习自动机,它代表一个行为主体,他每次可以选择 N 个可能的行动中的一个行动,并根据他所经历的支付或结果更新他采取每个行动的概率。将行动 i 带来的奖励记为 $\Phi(i)$。奖励是正的,且一般是随机分布的,但是行为主体事先并不知道奖励有多少。奖励向量 Φ 具有平稳分布。

这个自动机——我们的人工行为主体——通过以下简单算法进行"学习"。它在每个时间 t 将强度向量 S_t 与行动 1 至 N 建立起关联。用 C_t 表示这些强度的当前总和(S_t 为分量和),初始强度向量 S_0 严格为正。向量 p_t 表示行为主体在时间 t 采取行动 1 至 N 的概率。

在每一个时间 t,行为主体:

1. 对概率向量的计算是基于与每个行动相关的相对强度。也就是说,需要设定 $p_t = S_t/C_t$;

2. 根据概率 p_t,从集合中选出一个行动并触发该行动。

3. 观察收到的支付,并通过将所选行动 j 的支付与行动 j 的强度相加,来更新强度。这也就是说,在选择行动 j 的时候,要将强度设置为 $(S_t + \beta_t)$,其中 $\beta_t = \Phi(j)e_j$(e_j 是第 j 个单位向量)。

4. 将总强度重新标准化,使它们的总和等于一个预先选择的常数。也就是说,设置 $C_t = C$。

这个算法有一个简单的行为解释。对于上述强度向量,我们可以这样来看:它是对行为主体或学习自动机已经学会的、与行动 1 至 N 相关联的当前置信度的总结。与某个行动相关联的置信度,会根据该行动被采取时带来的(随机)支付而增大。这与关于人类选择的心理学研究的结果非常吻合。[④]自动机选择行动的概率与它当前对 N 个行动的置信度成正比,而学习就发生在这些行动的概率得到更新之时。在这个模型中,所有行动的总置信度被限制为恒定的。因此,对行动的初始置信度就代表了先前的信念,那可能是从过去经验中继承下来的。这个算法的学习速度与 $1/C$ 成正比。因此,C 定义了一个单参数族,在用算法拟合人类行为时很有用。

这里需要注意的是,这个算法并不要求问题是明确定义的,也不要求支付是平稳的,甚至也不要求推理是有意识的。最重要的是,它能够确保支付更高的行动更快地积累起"强度"或置信度,因此随着时间的推移,更优的行动就更有可能被选中,而更劣的行动则更有可能被摒弃。

这个算法还可以从机器学习的角度来解释。一个霍兰德分类器(classifier)其实是一个"条件/行动"对(例如,"如果物体出现在左视野/转向该物体"),只有在满足条件时才允许激活行动。⑤在霍兰德分类器系统中,各分类器被连接成了一个相互依赖的网络,已经采取的行动还可以作为触发在更多依赖它的行动当中做出选择的条件。如果多个分类器具有相同的条件并且该条件得到满足,那么它们会"竞争"成为被激活的分类器。我们的算法可以看作是一个由 N 个分类器组成的集合,每一个分类器都为触发自己的行动而竞争,其中分类器 j 就是一个简单的对——"如果是时候采取行动/采取行动 j"。与分类器系统的标准做法一样,强度是与分类器相关联的;一个分类器是根据当前强度来触发;并且所选分类器的强度是通过相关奖励来更新。

不难注意到,这个算法允许以自然的方式强化那些有希望的行动。正如经典的赫布法则告诉我们的(Hebb, 1949),效果良好的行动会得到进一步加强或强化,并且会经常被采取。它也是随机的,因为行动是根据当前概率随机触发的,同时奖励也是从某个分布中随机抽取的。从启发式的角度来看,因为强化允许利用"有用"的行动,那些回报丰厚的行动往往会在早期就得到强化,因此也会被着重强调。另外,随机性——根据它们的强度随机触发行动——还允许探索:如果一个小行动带来了"大奖",那么它可能会被强化到足以成为一个频发行动。

有时候,使用这个算法的一个更一般的版本会很有用。扩展它的方法是,将第 4 步中的重新标准化常数替换为一个重新标准化序列 $C_t = C_t^v$。参数 C 和 v 是预先就固定的,现在定义了一个可用于校准自动机的双参数算法族。C 的作用与以前一样,是改变速度;而 v 现在提供了学习中退火项的减速。

8.2.2 学习行为动力学

为了更清楚地理解这个算法是如何工作的,接下来我们讨论它的动力学。从这个算法的第 3 步和第 4 步开始分析。根据这两步,强度向量将被更新为:

$$S_{t+1} = \frac{C_{t+1}}{C_t + B_t}(S_t + \beta_t) \qquad (8.1)$$

其中,标量随机变量 B_t 是向量 β_t 的分量和。我们可以将式(8.1)重写为如下形式:

$$\frac{S_{t+1}}{C_{t+1}} = \frac{S_t}{C_t + B_t} + \frac{\beta_t}{C_t + B_t}$$
$$= \frac{(C_t + B_t)S_t}{(C_t + B_t)C_t} - \frac{B_t S_t}{(C_t + B_t)C_t} + \frac{\beta_t}{C_t + B_t} \qquad (8.2)$$

回想一下,行动是根据当前的相对强度选择的,即 $S_t/C_t = p_t$。我们将随机变量 $(C_t + B_t)^{-1}$ 记为 α_t,于是我们可以将式(8.2)简化,重写为下面的式(8.3):

$$p_{t+1} = p_t + \alpha_t(\beta_t - B_t p_t) \qquad (8.3)$$

现在,将函数 $f(p)$ 定义为 $E[\beta(p) - Bp \mid p]$,即在给定行动概率 p 的情况下,行动强度变化的条件期望;在这里取期望时,既是基于每个行动的奖励的分布,也是基于随机选择的行动。将期望奖励 $E[\Phi(j)]$ 写为 $\Phi(j)$。现在,给定行动 j,$[\beta(p) - Bp]$ 的期望就是向量 $\Phi(j)[e(j) - p]$,而行动 j 被触发的概率为 $p(j)$。因此,函数由式(8.4)给出:

$$f(p) = \sum_j \phi(j)[e(j) - p]p(j) \qquad (8.4)$$

注意 f 是连续的。现在,将随机向量 $\xi_t(p_t)$ 定义为:

$$\xi_t(p_t) = \beta_t - B_t p_t - f(p_t) \qquad (8.5)$$

(根据定义,条件期望 $E[\xi_t | p_t]$ 为零。)然后,我们最终可以将算法的动力学方程(8.4)重写为:

$$p_{t+1} = p_t + \alpha_t f(p_t) + \alpha_t \xi_t(p_t) \qquad (8.6)$$

又或者,根据式(8.4)可知,预期运动向量 $f(p)$ 的第 j 个分量是 $p(j)$ $[\phi(j) - \Sigma_j \phi(i) p(i)]$,因此 p_t 的第 j 个分量按下式更新:

$$p(j)_{t+1} = p(j)_t + \alpha_t p(j)_t \Big[\phi(j) - \sum_{i=1}^{N} \phi(i) p(i)_t\Big] + \alpha_t \xi(j)_t$$

不难注意到,p_t 一直保持在单纯形的内部。如果把 $\xi(j)/p(j)$ 重写为 $\zeta(j)$,那么我们可以得到:

$$\frac{p(j)_{t+1} - p(j)_t}{p_t(j)} = \alpha_t \Big[\phi(j) - \sum_{i=1}^{N} \phi(i) p(i)_t + \zeta(j)_t\Big] \qquad (8.6')$$

现在,对于自动机的瞬态学习行为的动力学,我们可以给出两种表示。式(8.6)告诉我们,行动概率每一次都要通过一个"预期运动"向量 $f(p_t)$,再加上无偏的"扰动"项 ξ_t 来更新。而且,式(8.6)的新版本(8.6′)告诉我们,选择行动 j 的概率的增长率,是由它的预期支付与当前概率 p 下所有行动的加权平均预期支付之间的差异,再加上无偏的噪声所驱动的。算法的步长 α_t 在两种情况下都由 $(C_t^v + B_t)^{-1}$ 给出;它是随机的并且阶为 $O(t^{-v})$。因此,总体学习率会随着步长的增大而提升,并且(一如实际情形)会随着行动之间预期收益的更大差异而提升。

式(8.6)所示的动力学方程采用了随机逼近的形式,具有状态向量 p、驱动函数 f 和随机步长向量 α_t(参见 Nevelson and Hasminskii, 1973)。如式(8.6′)所示的另一个版本,则采用了带有噪声的复制器系统的形式。无论采用的是哪种方式,这个过程的极限行为都取决于其等价确定性系统[例如,式(8.6)中不存在 ξ_t 项时]和步长下降速率 v。

8.2.3　渐近最优性和探索

关于人类学习，我们希望得到答案的一个问题是：它是否有可能通过随着时间的推移收敛到仅激活具有最高预期支付的选择，来实现渐近最优性？或者换句话说，我们想知道的是：人类是否会对各个备择选项进行充分探索，以确保最终只专注于最优选择？要解决这个问题，我们可以先从理论上推导出自动机进行充分探索以实现渐近最优性的参数范围，然后与人类的学习进行比对，对其参数加以校准，看它们是否属于这个范围。

当然，从先验来看，并不清楚我所描述的算法是会随着时间的学习而将所有的"置信度"都放在最优行动 k 上，并且只在极限情况下激活它，还是相反，会锁定在次优或第三优的行动上。它显示出了两种明显相互矛盾的趋势。一方面，它的学习的预期运动总是朝着具有最高支付的行动 k 的方向：式 $(8.6')$ 中的第 k 个分量 $p_t(k)$ 显示了在时间 t 上的预期变动 $\alpha_t p_t(k)[\phi(k) - \sum \phi(i)p_t(i)]$，而且这个分量总是为正（见图 8.1）。另一方面，它又受到正反馈——自我强化——的影响，即早期触发的具有较高支付的行动 j 可能会得到增强，因此会更频繁地被触发，直到它占据主导地位。于是，具有最高支付的行动 k，就可能未被充分探索而被排斥在外。

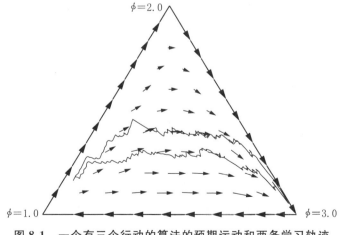

图 8.1　一个有三个行动的算法的预期运动和两条学习轨迹

事实证明,这两个趋势中究竟哪一个占主导地位,取决于步长的减小率,即取决于参数 v。如果步长的阶保持恒定($v=0$),那么较劣行动 j 如果在早期就得到了增强,那么它确实有可能积累起足够的强度将 k 拒之门外。在这种情况下,行动 j 的强度——以及因此它的激活概率——可能会迅速得到增强,以至于在有限时间之后就可能会以正的概率完全停止触发类似 k 的替代选项。从某种意义上说,我们这个算法学习得太快了。因此,学习可能会落入一个虽然合理但非最优的行动的"引力轨道"而无法逃脱。另一方面,如果 v 足够大($v=1$),那么就不会发生这种情况。在这种情况下,标准化序列 $C_t = C \cdot t$ 是线性增加的,相应地,步长以 $1/t$ 的速率减少。⑥ 这就通过延缓快速锁定到非最优行动,来让行动 k 继续"留在游戏中",从而在任意长时间内探索下去。即便 j 在早期阶段曾经占据主导地位,k 也迟早会被触发,并进一步得到探索,最终接管。

因此,能否保证长期最优性,取决于 v 的值是否足够大。我通过以下两个定理更加准确地说明这一点。我们假设:(A1)随机支付 Φ 有正常数的上界和下界;以及(A2)各行动的预期支付均不相等。

定理 8.1 假设(A1)成立,并且 $0 < v < 1$,那么向量序列 P_t 将以正的概率收敛到概率单纯形 S^N 的非最优支付顶点 j。

定理 8.2 假设(A1)和(A2)均成立,并且 $v=1$,然后向量序列 P_t 将以 1 的概率收敛到概率单纯形 S^N 的最优支付顶点 k。

这些结论依赖于概率极限参数,详见本章附录。

上面两个定理给出了定性结论,但是它们没有说明锁定到错误行动时的实际概率。在这里,另一个参数 C 就变得很重要了。很显然,如果 k 与最接近它的次优选择之间的预期支付差异很小并且难以辨别,那么就更有可能出现非最优性。常数 C 越大,这种可能性就越小。而 C 越大则意味着步长越小;当步长足够小时,被吸引到某个非最优行动的过程就可能会发生得足够慢,从而允许"发现"和利用最优行动。此外,在实际运行中,v 也不一定要大到等于 1 的程度,才能以接近 1 的概率出现最优性。如果行动 k 比其他行动好 10% 以上,那么只要达到 $v=0.5$ 左右或更高一点,锁定到较劣行为的概率就变得微不足道了。

例 8.1 和图 8.1 显示了这种学习自动机的一次运行情况。这里有三个行动——行动 1、行动 2 和行动 3,它们可以分别提供 1.0、2.0 和 3.0 的预期奖励。该图描绘了预期运动的向量场,同时显示了两条样本学习轨迹。两条轨迹都是从一个相当极端的点(左下角)开始的,对应于对最劣行动 1 的高初始置信度,并且最优行动 3 的激活概率很低。在早期较短时间内,高概率的行动 1 和行动 2 竞争,但是随后自动机开始"发现"并强化行动 3,并且由于行动 3 有更高的平均奖励,所以其激活频率迅速上升。最终,主要竞争是在行动 2 和行动 3 之间进行,在大约 200 步后收敛到几乎 100% 激活行动 3。在真正实际运行时,这个算法可能会以相等的概率开始,那样的话收敛也会快得多。

8.3　用人类受试者的数据来校准

我们的下一步是根据人类学习数据校准参数 C 和 v。我们在这里感兴趣的是如下三件事情:经过校准的算法在何种程度上能够代表人类行为;v 的校准值是否落在保证渐近最优选择的范围内;以及校准值隐含了哪些学习的一般特征,如速度和辨别能力。

在校准算法的时候,我使用的是拉瓦尔·罗比拉德(Laval Robillard)1952—1953 年在哈佛大学以大学生为受试者进行的一系列双选项老虎机实验的结果(参见 Bush and Mosteller,1955)。[7] 罗比拉德设置了七个实验(每个实验都有自己的支付结构),并且为每个实验分配了由 10 名受试者组成的实验小组。每个受试者,在他(或她)所参加的特定实验中,都要进行 100 次决策,每一次决策都要决定选择行动 A 或行动 B。在实验说明中,50∶0 表示行动 A 以 0.5 的概率随机提供一个单位的支付,而行动 B 则以零概率提供一个单位的支付;80∶40 表示分别以概率 0.8 和 0.4 提供一个单位的支付;依此类推。表 8.1 总结了实验结果。表 8.1 显

表 8.1　罗比拉德的双臂老虎机实验中的人类学习数据

实验 区块	实验一 50：0	实验二 50：0	实验三 50：0	实验四 30：0	实验五 80：0	实验六 80：40	实验七 60：30
0—9	0.52	0.51	0.49	0.56	0.59	0.50	0.49
10—19	0.63	0.54	0.58	0.57	0.77	0.59	0.58
20—29	0.69	0.67	0.67	0.55	0.88	0.71	0.62
30—39	0.63	0.59	0.59	0.63	0.88	0.64	0.51
40—49	0.64	0.66	0.63	0.60	0.86	0.63	0.51
50—59	0.75	0.66	0.64	0.66	0.91	0.63	0.61
60—69	0.76	0.77	0.71	0.65	0.92	0.53	0.57
70—79	0.85	0.70	0.73	0.65	0.89	0.71	0.57
80—89	0.87	0.83	0.72	0.65	0.88	0.73	0.65
90—99	0.90	0.83	0.81	0.66	0.89	0.70	0.55

示了在每个连续 10 次试验构成的实验区块中，A 选项所占的比例，该比例是参加该实验的 10 个受试者的平均值。

对于这个数据集，我要先说明一二。这些数据的年代已经久远，但是这个事实不应该给我们带来太多困扰——我们可以假设人类的行为在过去 40 年里没有多大改变。但是这个数据集确实有一些缺点。在理想情况下，我更愿意利用有如下特点的实验数据来进行校准：奖励的预期值有更大的变化范围；有更多决策轮次以允许选择概率的合理收敛（如果这样的概率存在的话）；有更多的可选项，而不仅仅只有两个。此外，我希望受试者能够获得真正的而非象征性的金钱奖励。[8] 尽管存在这些局限性，但是罗比拉德的实验似乎是精心组织并有细致记录的，现在我还是用这个数据集来校准，这不失为有更适合的经济学实验数据可用前的权宜之计。当然，由此得到的校准结果，应该解释为对人类在这类决策情境下的行为的一个良好的提示，而不是明确的论断。

我们的人工行为主体能够生成随机的选择序列（或选择行动 A 的频率），罗比拉德实验中的受试者也是如此。因此，固定参数的拟合优度（在任何适当的标准下）是一个随机变量。校准的目的是选出能够最大化预期拟合优度的参数。为此，对于固定的 C 和 v 的值，我让"人工行为主体小组"(即算法在计算机上运行若干次)来复制出与罗比拉德的实验数据等效的结果。然后,我选择参数 C 和 v 来拟合他的全部七个实验,方法是对于每一个实验,最小化自动机生成的频率与相对应的人类频率之间的预期误差平方和,然后得出七个实验的总结果。

这种操作——选择参数 C 和 v,将人工行为主体的学习与人类学习数据相拟合——其实是一个相对简单的数值随机优化问题。我得到的结果是 $C=31.1$ 以及 $v=0.00$。我们马上就可以注意到,这个 v 值位于这样一个区域中:对可能较劣的行动的强烈强化,意味着最优性远远无法得到保证。

图 8.2 和图 8.3 给出了运用上述校准值时人工行为主体的学习与人类受试者的学习的对比情况。更具体地说,对于一个有代表性的人工行为主体的选择集(在七个实验中),图中绘制了七个自动机组(每组由 10 个自动机组成)激活行动 A 的平均频率,以及来自罗比拉德的七组人类受试者(每组由 10 名受试者组成)的相应频率。(这里所说的"代表性"是指,自动机在七个实验中的选择所显示出的与人类数据的拟合优度,大致等于所使用的 C 和 v 值的预期拟合优度。)从图中仅凭肉眼就可判断,结果是令人鼓舞的。在每个实验中,自动机学习的图形都显示出了与人类学习大致相同的趋势和变化。参数值是针对所有七个实验一起校准的,而不是单独校准的;然而,这个算法并没有为这些实验带来"平均"结果。相反,每个实验都有所不同——当奖励差异很容易辨别时(如在 80:0 的那些实验中),选择频率的变化会加快;而当奖励差异辨别困难(如在 60:30 的实验中)时,选择频率的变化则会减慢——从而很好地跟踪了人类受试者的行为。

表 8.2 罗比拉德的人类受试者的学习轨迹与
随机产生的自动机学习轨迹的 t 距离

实验	实验一 50:0	实验二 50:0	实验三 50:0	实验四 30:0	实验五 80:0	实验六 80:40	实验七 60:30
t 统计量	0.58	−0.21	−0.07	−0.76	6.75	0.86	1.14

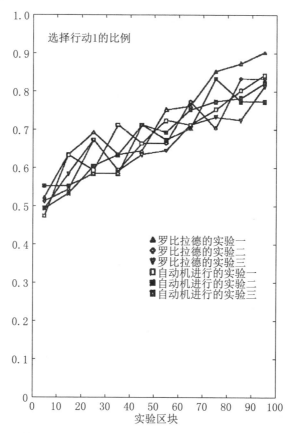

选择行动1的比例

▲ 罗比拉德的实验一
◆ 罗比拉德的实验二
▼ 罗比拉德的实验三
□ 自动机进行的实验一
■ 自动机进行的实验二
▣ 自动机进行的实验三

实验区块

图 8.2　校准的自动机学习与罗比拉德的人类受试者学习的对比

注:本图给出的是三个 50：0 实验中的选择频率。

　　那么,是否存在能够将人类学习曲线与校准后的自动机学习曲线区分开来的系统性差异呢? 先考虑这样一个假说,即与罗比拉德实验中的受试者相同的选择频率,可以由我们校准后的自动机生成。为了检验这个假说,我们可以为每个实验生成 100 个自动机轨迹,测量随机选取的两两之间的误差平方距离,然后计算出这些成对距离的分布、均值和方差。同样地,对于每个实验,我们都可以计算出(罗比拉德实验中的)人类轨迹与 100 个相对应的随机生成的自动机轨迹之间的平均距离。如果人类轨迹平均远离自动机轨迹——位于自动机成对距离分布的尾部——我们就可以拒绝这个假说。表8.2给出了罗比拉德与自动机之间的成对距离分布与自动机内部的成对距离分布对比的 t 统计量。表8.2的

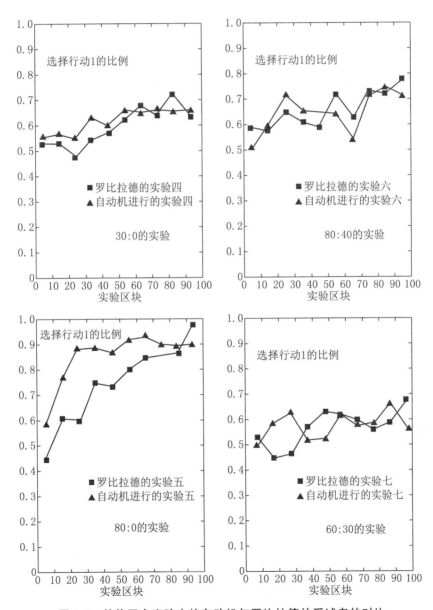

图8.3 其他四个实验中的自动机与罗比拉德的受试者的对比

数据表明,在七个罗比拉德轨迹中,有六个很好地落在自动机轨迹的分布范围内,并且整体校准的拟合度非常高。然而,第五个实验却是一个异常值。在这个实验中,人类比经过校准的算法学习得更快。原因在于,在这个实验中,80∶0的支付设置具有接近于确定性的结果,而对于确定性支付,一旦人类受试者确信每次采取的行动都会带来相同的支付,他们似乎就会加快学习速度。[⑨]要嵌入这种元学习(meta-learing),只需让 C 成为内生的,但代价是会使算法复杂化。

我当然还预期,当决策所涉及的支付从几美元增加到几百万美元,同时随意的决策行为让位于更多的计算行为时,学习应该也会有所加快,即参数 C 可能会下降。然而,C 可能不会下降得太多——必定会缩小的无知仍然是无知,无论其尺度如何——但是肯定值得尝试在更高的支付范围内进行估计,看看它会如何变化。

比拟合统计检验更令人信服的检验是,看算法是否可以在迥异于被校准的决策问题的其他决策问题中复现人类行为。赫恩斯坦、普雷莱茨、洛温斯坦和沃恩(Herrnstein, Prelec, Loewenstein and Vaughan,1990)最近的实验研究所用的就是一个不同的决策问题,且其结果具有不同的风格(但是仍然属于我们讨论的多选项决策问题)。在他们的实验中,支付分布不再是固定的,而是取决于各个行动被采取的频率。我们对他们这个实验很感兴趣,因为他们的结果再次证明了一种已经有相当好的证据基础的特征行为,它被称为改善(melioration),而且可以收敛到一个内部的、非最优的选择频率集合(Herrnstein,1979;Herrnstein and Vaughan,1980)。

在赫恩斯坦等人的实验中,存在两个可选行动,而且它们的支付是依赖于频率的。选择 A 的支付为 $\Phi A = 3^{(1.9-3x)}$,而选择 B 的支付则为 $\Phi A = 3^{[0.8-4.6(1-x)]}$,其中,$x$ 是最近 20 轮实验中行动 A 被选中的频率(如图 8.4 所示)。这些支付函数是确定性的,但对于参加实验的受试者来说是事先未知的。不难发现,当选择行动 A 的频率高于 75% 时,行动 B 的支付更高,低于 75% 时则行动 A 的支付更高。

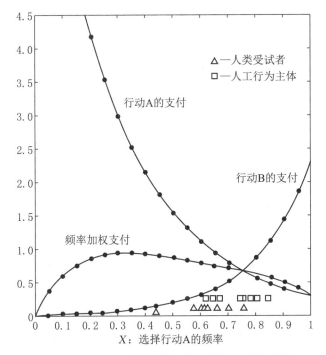

图 8.4 赫恩斯坦等人的实验中的频率依赖支付

赫恩斯坦等人发现,人类受试者倾向于在当前频率下选择具有更高支付的行动,即他们会"改善"自己的行动。在他们的实验中,这意味着在 75％的时间里收敛到选择 A。但是另一方面,最优化行为在这里要求最大化频率加权支付,即设定 x(选择 A 的频率)来最大化[$x\Phi_A$＋(1－x)ΦB],而这也就意味着大约有 33％的时间选择 A。

图 8.4 显示了 8 名赫恩斯坦等人的实验中的受试者,以及我们的 8 个校准后的人工行为主体,在 400 轮试验的最后 50 轮中选择 A 的频率(前者以绘制在图表底部的三角形表示,后者则以正方形表示)。人类受试者倾向于改善,同时可能会偏向最优方向。校准后的行为主体基本上复现了这种行为,它们也会有所改善,不过没有偏向渐近最优方向。我们的算法很好地刻画了人类行为的这个特征,这并不令人惊讶。在支付依赖于频率的情况下,人类和人工行为主体都要根据当前选择频率下的

选择功效进行局部搜索。因此，它们都会朝着相同的方向偏离，更接近于改善而不是最优方向。

这些结果以及类似的结果让我们相信，我们确实能够通过简单的参数化学习算法在特定决策环境下复现人类行为。

8.4 渐近最优性、路径依赖，以及其他问题

上面已经证明，在基本的重复多选项决策问题中，我们可以运用拟合优度相当不错的强化学习算法去复制或模仿人类学习。接下来，让我们重新回到本章开始时提出的那几个问题上来。在支付与频率无关的情况下，关于路径依赖和长期最优性的可能性，我们能说些什么？我们从 v 的零校准值时的结果可知，学习可能以有限的概率"锁定"到较劣的行动上。因此，至少在经过校准的算法能够代表人类学习的范围内，路径依赖可能确实存在，同时在所有存在学习的情况下都不能保证最优性。但是，这一点在实际研究中又意味着什么呢？我们可以利用这种算法进行计算机实验，来检验人类决策可能会多频繁地锁定到非最优行动上。

下面就来考虑一个这种类型的实验。在这个决策问题中，有六个备选行动，其中行动 1 是最优选择。预期支付从行动 1 到行动 6 呈几何级数下降，并且支付是均匀分布的，为每个行动预期值的 0.5—1.5 倍。为了给这些行动适当的奖励，六个行动的平均预期支付已经被标准化为 1。很显然，当预期支付相互之间很接近时，所有支付都是随机变化的，于是最优行动就会变得难以区分。在这个实验中，这种区分难度是可变的——区分难度记为参数 λ，它是行动 1 和行动 2、行动 2 和行动 3……之间的预期支付之比（是一个常见比例），其变化范围为从 0.7（容易）到 0.98（非常困难）。

表 8.3 显示了使用经过校准的算法，在 600 轮试验结束时行动 1 在

100个实验中占主导地位的时间百分比。人类的选择——如果能够被校准刻画的话——确实可以"发现"并利用最优行动,除非它变得难以区分出来。当最优行动不再比次优行动好10%以上时,支付的偶然性变动就会导致算法的运行在相当大比例的实验中锁定在不太理想的结果上。〔不过,即便如此,当它平均只比下一个最好的竞争对手好大约2%时($\lambda=0.98$),行动1占主导地位的频率也仍然是其他行动的两倍多。〕当然,当所有行动都相同时($\lambda=1$),行动1的出现频率与其他行动一样频繁。因此,从长远来看,最优行动能否占主导地位,取决于选择问题的难度。

表8.3 在区分难度(λ)可变的情况下收敛到最优行动的频率

λ	0.70	0.72	0.74	0.76	0.78	0.80	0.82	0.84
频率(%)	100	100	99	99	98	96	94	94
λ	0.86	0.88	0.90	0.92	0.94	0.96	0.98	1.0
频率(%)	86	85	77	70	60	43	38	15

有人可能会反对说,我校准的算法在某种程度上是临时特设的——人类学习可能会偶然锁定于较劣选择这个发现,仅仅是算法的人为产物。那么,这个结果在其他算法设定中是否同样稳健呢?我认为确实是这样。正如我们在前面已经看到的,在当前奖励的累积很重要的情况下,对具有更高支付的行动越来越重视(即加以强化)无论是从经济上还是从心理上来说,都是合理的。对人类学习的任何合理的表示,都必须考虑到这一点。强化是否会导致路径依赖,取决于对具有较低支付的行动的探索是否能以某种足以最终会发现具有最大期望值的行动的速率继续下去。如果利用压倒了探索,那么学习就可能会过快地收敛到某个看上去似乎很有希望的行动上。因此,对于最优行动的涌现而言,关键是收敛速度的放缓,以保证学习有时间去探索看上去似乎不太有希望的替代选项。数据本身(而非算法)表明,在人类学习中这种放缓不会发生。因此,我认为,人类学习的结果是路径依赖的、不可预测的,并且不一定是最优的这个结论,应该可以在其他合适的设定下得到验证。

那么,在人类行为主体是否会在迭代博弈中收敛到纳什均衡这个问题上,类似的结果也存在吗? 我相信确实是这样。现在不妨想一想,在一个标准形式的猎鹿博弈中,我们用来代表人类行为主体的校准人工行为主体,是怎样学习或适应的(Arthur, 1989)。行为主体可以观察到自己的行为和(随机的)支付,但是对其他博弈参与人的行动和支付函数则不是特别了解。每个行为主体所要面对的,是一个与前面所述相同的迭代多选项决策问题,因此我们在前述学习情境中得到的结果,可以延用到这个更广泛的情境中来。(这个问题在真实世界中的一个可能的例子是,在一个去中心化的市场中,寡头垄断企业根据观察到的季度末利润进行定价政策。)当然,在这种情况下,支付环境不再是固定不变的,每个行为主体的支付分布,会随其他行为主体改变其选择概率,而缓慢变化。[⑩]

对于这种类型的某些博弈,学习行为可能是完全不收敛的。当其他行为主体更改他们的策略组合时,这个能够学习的行为主体也会改变自己的选择概率或策略组合,这一事实可能会导致概率向量的循环。这正是自适应博弈论中的一个常见的结果。在学习确实会发生收敛的博弈中,在校准能够刻画实际人类行为的范围内,我们可以断言收敛到纳什均衡是可能的,但是不能保证必定如此。或者更准确地说,与以前一样,收敛到纳什均衡的可能性,取决于行动支付之间的区分难度。再一次,原因当然是,在难以辨别最优(最优反应)行动的情况下,行为主体可能会开始将注意力集中到效果尚可的"好"行动上,而不再去探索知之不多但可能更优的替代选项。这样一来,个人行为就可能不是最优反应,因而组合行为也就可能不是纳什均衡了。[⑪]

在其他标准新古典经济学模型中,我们又如何用校准的行为主体去表示实际的人类适应行为呢? 作为一个例子,考虑一个卢卡斯式股票市场(Lucas, 1978)。在这个市场中,有一种数量固定的股票,以及另一种支付利率 β 和随机红利的金融工具。行为主体在离散时期购买或出售股票。卢卡斯证明,在理性预期下,这个市场存在一个基于基本面价值的价格均衡。我们可能会问,真实的人类买卖行为是不是也能达到这种均衡。阿瑟、霍兰德、帕尔默和泰勒(Arthur,Holland,Palmer and Tayler,1990),在这个卢卡斯式市场的自适应版本中,使用校准的行为主体研究了这个问题。每个行为主体都用一组分类器来代表,其形式为"如果当前价格落在 x 至$(x+z)$的范围内/买进一个单位的股票",或者"如果当前价格落在了 x 至$(x+z)$的范围内/卖出一个单位的股票"。有一个专家会设定每个时期的价格,其目的是让市场出清。从随机行为开始——选择"买入"或"卖出"的概率均为50%——我们发现,经过校准的行为主体,能够学会在价格低于和高于基本面价值时适当地买卖股票。在大约150个买卖周期内,价格确实会收敛到围绕基本面价值小幅波动的水平上。然而,我们也发现有时会出现小型投机泡沫,以及局部的价格"支撑位"和"天花板"——这种现象意味着,在有限理性学习下,技术分析可能会涌现出来。

8.5 结论

本章这篇论文探讨了利用实验数据校准学习模型的可能性,我们希望这能够帮助我们更好地表示迭代决策情境中真实的、有限理性的人类学习。

我们在这里提出的校准学习算法,可用于将标准新古典经济学模型中理想化、完全理性的行为主体替换为能够学习的行为主体,其选择行为能够复现真实的有限理性人类的行为。用于校准的数据来自心理学文献,并不完全适合经济学研究目的;所以这里给出的校准应该只是初步的。但是,它们告诉我们,确实可以设计出"人工智能"行为主体或学习自动机来复现人类行为,从而让它们的学习速度随预期支付的辨别难度而变化(与人类学习速度的变化方式一样),因此,在支付依赖于选择频率的情况下,"人工智能"行为主体或学习自动机可以像人类一样去"改善"。

在它能够复现人类行为的范围内,经过校准的算法表明,人类倾向于过度利用在早期就可以得到高回报的"好"行动,从而继承强自我强化的经典特征,即路径依赖、不可预测,以及可能锁定到一个较劣的选择上。在许多情况下,较优的行动是很明显地突出呈现的,那么这些(可能不受欢迎的)性质将不适用。它们最容易出现在各种选择的支付紧密聚集且随机性强,因此难以区分的情况下。这种发现在经济学界并不为人熟知,经济学者的思维习惯是如果有更好的选择,就会选择它。但是,它在心理学中却是人们所熟悉的[最近的一个例子见 Bailey 和 Mazur (1990) 的研究]。事实上,在心理学界,长期以来人们普遍认为存在着某种阈值,超过该阈值就很难区分出更好的替代选项。如果这个发现在更好的数据集下同样成立(我猜测确实会成立),那就意味着,人类行为是否会向最优稳态(或纳什均衡结果)调整适应的问题,就不能再简单地用"是"或"否"来回答了。答案将取决于人们面临的具体问题:如果替代选项不同且差别明显,那么我们可以期待最优结果将会出现;但是,在难以区分的时候,非最优结果——也许离最优不算太远——是完全有可能出现的。

在实际操作的层面,如果整个经济中的决策问题都是独立的,那么这种可能缺乏最优性的问题并不是太重要——它只会在一定程度上降低效率。但是通常情况并非如此。较早的行动可能会决定以后可用的选项或备选决策。在应对早期问题的过程中获得的知识,可能会以预期或先验信念的形式,被带到后来的类似问题中,这种现象在心理学中被称为迁移(transfer)现象。因此,经济中存在着一种决策问题的"生态",早期的决策模式会影响后来的决策。这种相互联系往往会将次优性从一个决策环境传递到另一个决策环境中去。那样的话,整个经济都将遵循一条部分由偶然性决定的路径,它是历史依赖的,并且不是最优的。

要多长时间才能发现"合理"选择或最优选择,取决于支付紧密聚集的程度。但是,经验法则告诉我们,对于支付随机且事前未知的行动,我们不应该指望行为在 40—100 次(或更多次)试验之前就能够稳定下来。

这进而意味着,在经济世界中的人类决策,存在一个特征性的学习时间(chracteristic learing time)或"放松时间",具体多长则取决于观察到的、对所采取行动的反馈频率,以及问题本身的支付结构。当然,还存在一个时间框架或时间期限,在该时间框架或时间期限内,决策问题的经济环境保持相对恒定不变。对于经济系统的某些组成部分,这种学习时间或学习期限,可能要比问题本身的时间期限更短,于是我们可以预测这些部分会处于均衡状态——尽管这种均衡仍会缓慢变化。对于经济系统的其他组成部分,学习速度可能比问题转变的速度更慢。这些部分将总是瞬态的,即总是在跟踪决策环境中的变化。因此与前述那些组成部分不同的是,它们不会处于均衡状态。如果决策还没有"发现"最优行动,那么它们也不会处于最优状态。经济中处于学习-运动中的那一部分,可能构成了另一部分的环境。因此,瞬态可能会导致瞬态,而且均衡的缺乏可能会在整个经济中渗透。

8.A 附录:两个定理的证明

考虑具有本章式(8.4)、式(8.5)和式(8.6)所描述的动力学性质的二参数学习算法。请读者回想一下,初始强度 S_0 是正的。现假设:(A1)随机支付 Φ 有正常数的上界和下界;以及(A2)各行动的预期支付均不相等。

我接下来将证明,如果 $0 \leqslant v < 1$,那么这个过程可能会收敛到非最优行动上。

定理 8.1 假设(A1)成立,并且 $0 \leqslant v < 1$,那么向量序列 P_t 可能会以正的概率收敛到仅触发行动 j(即收敛到概率单纯形 S^N 的顶点 j)。

证明:给定假设(A1),序列在有限时间内到达下顶点 e_j 的任意 ε 邻域内部的概率为正。于是这就足以证明,一旦这个过程进入这个邻域内部,那么从那时起,只有行动 j 将会被触发的概率为正。我将通过直接计算来证明这一点。

令 $A_M(j)$ 表示 p 位于 e_j 的任意 ε 邻域内,且从时间 M 起只有 j 会被触发这个事件。

$$P\{A_M(j)\}=\prod_M^{\infty}p_s(j)$$

现在,令 $p_s(j)=1-a_s(j)$。由于 $a_s(j)>0$,所以若要让无限积 $\prod[1-a_s(j)]$ 收敛,只要级数 $\sum a_s$ 收敛就足够了。在这种情况下,事件 $A_M(j)$ 将具有正概率,并且 p_t 将以正概率收敛到次优顶点 e_j。

因此,我们需要研究级数 $\sum a_s$ 的收敛性。令行动 j 获得的随机奖励为 Φ。由式(8.3),我们可以得到:

$$p_{s+1}(j)=p_s(j)+(Cs^v+\Phi)^{-1}\Phi[1-p_s(j)]$$

它使得:

$$a_{s+1}(j)=a_s(j)[1-\Phi(Cs^v+\Phi)^{-1}]$$

因此,a 级数中后继项之比为:

$$\frac{a_{s+1}(j)}{a_s(j)}=[1-\Phi(Cs^v+\Phi)^{-1}]$$

我们马上可以注意到,如果 $v=0$,那么 Φ 下有界这个事实可以确保 a 级数至少与几何级数一样快地减小,因此是收敛的。这样一来,当 $v=0$ 时,序列 p_t 就可能会以正概率收敛到次优行动 j 上。

现在,令 $0<v<1$。用 r 表示 Φ 的下界。于是,在时间 $s>C/r$ 的情况下,比率为:

$$1-\frac{\Phi}{(Cs^v+\Phi)}<1-\frac{r}{Cs^v}<1-\frac{1}{s^v}=1-s^{-v}$$

收敛级数 $\sum s^{-(1+\varepsilon)}$ 具有比率 $(1-s^{-1})^{1+\varepsilon}$。通过比较可知,由于 $v<1$,所以 a 序列也是收敛的。因此,当 $0<v<1$ 时,随机序列 p_t 就可能会以正

概率收敛到次优行动 j 上。本定理得证。∎

接下来再考虑 $v=1$ 的情景。这意味着步长以 $1/t$ 的速率减少。因此式(8.6)所示的过程是单位单纯形上的一个标准随机逼近过程,其预期运动朝向顶点 k。这里唯一复杂的地方是单纯形的所有顶点都为零,并且在 $p(k)=0$ 处的子单纯形上没有朝向 k 的预期运动。我将通过引进两个引理来处理这个问题。第一个引理说明步长速率 $1/t$ 已经足够慢,可以排除收敛到非最优顶点的可能性。

引理 8.1 假设(A1)且 $v=1$,那么这个算法收敛到非最优行动 j(单纯形的顶点 j,$j \neq k$)上的概率为零。

证明:考虑如式(8.6)所示的随机过程,其驱动函数 f 如式(8.4)所示,扰动 ξ_t 如式(8.5)所示,该过程从点 p_0 开始。在非最大顶点 j(在那里 $p=e_j$),$f(e_j)=0$。e_j 处的导数矩阵有一个特征向量 (e_k-e_j),其相关的特征值 $(\phi_k-\phi_j)$ 是正的。因此点 e_j 是线性不稳定的。因为支付是上下有界的,所以步长 $\alpha_t=(Ct^v+B)^{-1}$ 的阶数为 t^{-1}。扰动 $\xi_t(p)=\beta_t - B_t p_t - f(p_t)$ 在单纯形上是一致有上界的,且在顶点邻域之外也有下界。接下来,我们可以援引佩曼特尔(Pemantle, 1988; Theorem 1)的论证。这相当于用概率不等式和上述条件来证明:(1)在某个有限时间 τ,无论起点 p_0 是什么,p_τ 都将位于 e_j 的 ε 邻域之外的概率大于 $1/2$;(2)该过程随后进入 $\varepsilon/2$ 邻域的概率小于 c。最后的证明就很简单了:(1)和(2)结合到一起就排除了收敛到 e_j 的可能性。因此,$\mathrm{Prob}\{p_t \to e_j\}=0$。∎

下一个引理表明,如果存在适当的李雅普诺夫函数,我们正在处理的这种类型的过程,不能永远停留在具有非零预期运动的区域中。

引理 8.2 令 G 为一个开集,并假设存在定义在域 $t \geqslant 0$,$p \in G$ 上的非负函数 $V(p)$,使得 $\mathrm{E}[V(p_{t+1})-V(p_t) \mid p_t] \leqslant -\alpha_t$ 为常数,其中,α_t 是一个序列,使得:

$$\alpha_t > 0, \quad \sum_{t=0}^{\infty} \alpha_t = \infty$$

那么过程 p_t 在有限时间内以概率 1 退出 G。

证明：这就是内维尔森和哈斯明斯基（Nevelson and Hasminskii，1976）的定理 2.5.1。他们的证明过程相当于证明，如果这个过程停留在该域中，那么 $V(p_t)$ 的累积增量将以概率 1 使 V 为负，而这与 V 的正性相矛盾。■

定理 8.2 假设（A1）和（A2）成立，并且 $v=1$。那么向量序列 p_t 以概率 1 收敛到单纯形的最大预期支付顶点。

证明：按照预期支付的顺序重新标记顶点，使得顶点 1 是最大的，顶点 2 是次优的，依此类推。定义非负函数 V_1，V_1，$\cdots$，V_N（它们将 S^N 映射到 R）为 $V_1=1-p(1)$，$V_2=1-p(2)$，$\cdots$，$V_N=1-p(N)$。再定义 W_2，$\cdots$，W_N 为 $W_j=V_1+V_1+\cdots+V_j$。我们先来证明 $V_1(p_t)$ 是一个上鞅。从式（$8.6'$）中可知，我们有：

$$E[V_1(t+1)-V_1(t)\mid p_t]=-E[p_{t+1}(1)-p_t(1)\mid p_t]$$
$$=-\alpha_t\,p_t(1)\left[\phi(1)-\sum\phi(i)p_t(i)\right]$$

$$(8.7)$$

因为对于所有的 $i\neq 1$，都有 $\phi(1)>\phi(i)$，所以 $E[V_1(t+1)-V_1(t)\mid p_t]\leqslant 0$。因此序列 $\{V_1(p_t)\}$ 是 S^N 上的一个以零为下界的上鞅，因此它是收敛的。另外，$W_j(p_t)$ 也是一个上鞅。为了证明这一点，将行动 1 至 j 视为复合行动 j'。它有组合概率 $p'_t(j)=p_t(1)+p_t(2)+\cdots+p_t(j)$，而且，（如果被选中）其预期支付为 $\phi'_j=[p_t(1)\phi(1)+\cdots+p_t(j)\phi(j)]/p'_t$。因此，$j'$ 的预期支付 ϕ'_j 是支付 $\phi(1)$ 到 $\phi(j)$ 的一个凸组合，根据假设（A2），它严格大于支付 $\phi(j+1)$ 至支付 $\phi(N)$。于是我们有：

$$E[W_j(t+1)-W_j(t)\mid p_t]=-E[(p'_{t+1}(j)-p'_t(j))\mid p_t]$$
$$=-\alpha_t p'_t(j)\left[\phi'(j)-\sum_i\phi(i)p_t(i)\right]$$
$$=-\alpha_t p'_t(j)\{\phi'(j)-[p'_t(j)\phi'(j)$$
$$+\sum_{i=j+1}^{N}\phi(i)p_t(i)]\}\leqslant 0 \qquad (8.8)$$

因此，W_j 是一个上鞅，下界为 $(j-1)$ 且以概率 1 收敛。从 $V_1(t)$ 和 $W_2(t)$ 的

收敛性,马上可以推得 $V_2(t)$ 的收敛性;然后,由 $V_2(t)$ 的收敛性和 $W_3(t)$ 的收敛性,又可推得 $V_3(t)$ 的收敛性。这样依此类推,可知所有的 V_j 均收敛。因此序列 $\{p_t\}$ 以概率 1 收敛到一个限制随机向量 γ。现在,引理 8.1 表明,以概率 1,γ 不可能是非最优顶点 $e_j(j \neq 1)$。然后,假设 γ 是非顶点 h。令集合 U_h 表示该点的一个开放 ε 邻域。那么存在一个有限时间 t',从 t' 开始往后,$p_t \in U_h$。用 j 来索引 h 的第一个非零分量,那么在 U_h 内,复合行动 j' 的预期支付严格超出其他行动某个常数 c;并且从式(8.8)可知,对于 $t > t'$,$\mathrm{E}[W_j(t+1) - W_j(t) \mid p_t] < -\alpha_t$ 为常数。由于步长 α_t 为正,并且根据假设(A1)可知,当 $v = 1$ 时,总和 $\sum_t \alpha_t > \sum_t (Ct + B)^{-1} = \infty$。但是这样一来,$U_h$、$W$ 和 α_t 满足引理 8.2 的要求,并且对于 $t > t'$,过程 p_t 必定在有限时间内以概率 1 退出 U_h。这与前面的假设 $\gamma = h$ 相矛盾。于是可知,$\{p_t\}$ 只能以概率 1 收敛到最大顶点 e_j。本定理得证。∎

注 释

① 例如,请参见:Marimon, McGrattan and Sargent,1989;Arifovic,1990; Miller,1989。

② Fudenberg 和 Kreps(1988)以及 Milgrom 和 Roberts(1989)最近非常有意思的研究,也提出了这个问题。他们所采用的方法是,比对假定的人类学习行为与特定的、精心选择的公理集是否相互符合,以检验渐近行为是否会导致标准结果。其他关于学习的研究,例如 Bray(1982)以及 Marcet 和 Sargent(1989)等的研究,则将学习视为定义明确的新古典模型中参数的递归估计。

③ 关于多臂老虎机问题的综述,请参阅 D. A. Berry and B. Fristedt,1985,*Bandit Problems*,New York:Chapman and Hall;另外,也请参阅 M. Rothschild,1974,"A Two-Armed Bandit Theory of Market Pricing",*J. Economic Theory*,9:185−202。

④ 至少自托尔曼(Tolman,1932)和赫尔(Hull,1943)的研究以来,这种行为观察结果一直构成迭代选择心理学理论的基础。在托尔曼和赫尔那里,选择或响应频率反映了反应强度(response strength)的潜在特性。我们讨论的这种算法与心理学文献中(Sternberg,1963)最主要的随机

学习模型有相似之处,它可能最接近于卢斯(Luce, 1959)的 beta 响应强度模型(beta response-strength model),不过在那里,强度通过乘法因子而非这里的加法因子更新。

⑤ 对于分类器系统的进一步讨论,请参阅:Holland et al., 1987;Holland, 1986;Goldberg, 1989。

⑥ 这种对运动或步长的"冷却"处理,在随机优化中很常见,目的是确保最优性。

⑦ 关于人类如何在相互竞争的替代方案之间反复进行选择的数据很少。Bush 和 Mosteller(1955)讨论了可用的人类(以及动物)多选项决策实验。这类实验在心理学家圈子里似乎已经过时了,而且似乎也没有最新的、更明确的结果可用。

⑧ 罗比拉德只为参加第二个和第三个实验的受试者提供了真实的金钱奖励(每个正确应答分别可以获得 1 美分和 5 美分奖励)。这两个实验中的学习与第一个实验的学习没有任何可观察的差异。因此,在校准时,我直接将支付效用 1 分配给正确行动,而将 0 分配给不正确行动。

⑨ 古德诺(Goodnow)得到的具有确定性结果的心理学实验,证实了这一点(Bush and Mosteller, 1955:295)。对于古德诺的支付非确定性实验,我们用罗比拉德实验数据校准的人工行为主体在样本外显示出的拟合结果,与图 8.2 和图 8.3 所示的拟合结果非常相似。

⑩ 我们必须检查上面的校准是否适用于这种情况。我猜测它是适用的:如果博弈参与者的支付分布变化速度很慢,那么学习速度几乎不会受到影响。

⑪ 尽管在支付紧密聚集的例子中,收敛到纳什均衡并不能保证,但是在我用经过校准的行为主体检验过的那些更简单的博弈中,纳什均衡行为总是会涌现出来。

参考文献

Arthur, W. B. 1989. "Nash-Discovering Automata for Finite Action Games." Mimeo. Santa Fe Institute.

Arthur, W. B., Ermoliev, Y. M., and Y. M. Kaniovski. 1987a. "Nonlinear Urn Processes: Asymptotic Behavior and Applications." WP-87-85, IIASA, Laxenburg, Austria.

——. 1987b. "Urn Schemes and Adaptive Processes of Growth," *Kibernetika*,

23:49 – 58.

Arthur, W. B., Holland, J. H., and R. Palmer. "Adaptive Behavior in the Stock Market." Paper in progress. Santa Fe Institute.

Bailey, J. T., and J. E. Mazur. 1990. "Choice Behavior in Transition: Development of Preference for the Higher Probability of Reinforcement." *Journal of Experimental Analysis and Behavior*.

Bower, G. H., and E. R. Hilgard. 1981. *Theories of Learning*. 5th Ed. Prentice-Hall: New Jersey.

Bray, M. M. 1982. "Learning, Estimation, and the Stability of Rational Expectations." *Journal of Econ. Theory* 26:318 – 39.

Bush, R. R., and F. Mosteller. 1955. *Stochastic Models for Learning*. Wiley. New York.

Estes, W. K. 1950. "Toward a *Statistical Theory of Learning*." *Psychological Review*. 57:94 – 107.

Fudenberg, D., and D. M. Kreps. 1988. "Learning, Experimentation, and Equilibrium in Games." Mimeo. MIT.

Gardner, R. A. 1957. "Probability-Learning with Two and Three Choices." *American Journal of Psychology*. 70:174 – 85.

Goldberg, D. 1989. *Genetic Algorithms in Search, Optimization, and Machine Learning*. Reading, Mass.: Addison-Wesley.

Goodnow, J. J. 1955. "Determinants of Choice-Distribution in Two-Choice Situations." *American Journal of Psychology*. 68:106 – 16.

Hebb, D. O. 1949. *The Organization of Behavior*. Wiley, New York.

Hermstein, R. 1979. "Derivatives of Matching." *Psychological Review*. 86:486 – 95.

Hermstein, R., and W. Vaughan. 1980. "Melioration and Behavioral Allocation," in *The Allocation of Individual Behavior*, J. E. Straddon (ed.). 143 – 76. New York: Academic Press.

Herrnstein, R., D. Prelec, Loewenstein, and W. Vaughan(1990). Paper in progress.

Holland, J. H. 1986. "Escaping Brittleness: The Possibilities of General Purpose Machine Learning Algorithms Applied to Parallel Rule-based Systems." In R. Michalski, J. Carbonell, and T. Mitchell(eds.) *Machine Learning: An Artificial Intelligence Approach*, Vol. 2. Kaufman, Los Altos, Calif.

Holland, J. H., K. J. Holyoak, R. E. Nisbet, and P. R. Thagard. 1987. *Induction: Process of Inference, Learning, and Discovery*. MIT Press.

Hull, C. L. 1943. *Principles of Behavior*. New York: Appleton-Century Crofts.

Luce, R. D. 1959. *Individual Choice Behavior: A Theoretical Analysis*. New York: Wiley.

Lucas, R. E. 1978. "Asset Prices in an Exchange Economy." *Econometrica*, 46: 1429 – 45.

Marcet, A., and T. Sargent. 1989. "Convergence of Least Squares Learning Mechanisms in Self-Referential Linear Stochastic Models." *Journ. Econ. Theory* 48: 337 – 68.

Marimon, R., E. McGrattan, and T. Sargent. 1989. "Money as a Medium of Exchange in an Economy with Artificially Intelligent Agents." Santa Fe Institute, Paper 89-004.

Milgrom, P., and J. Roberts. 1989. "Adaptive and Sophisticated Learning in Repeated Normal Form Games." Mimeo, Stanford University.

Narendra K., and M. A. L. Thathachar. 1989. *Learning Automata: An Introduction*. Prentice-Hall, Englewood Cliffs, New Jersey.

Nevelson, M. B., and R. Z. Hasminskii. *Stochastic Approximation and Recursive Estimation*. Vol.47. American Math. Soc. Providence.

Pemantle, R. 1988. "Nonconvergence to Unstable Points in Urn Models and Stochastic Approximations." Mimeo. Statistics Department, University of California, Berkeley.

Restle, F., and J. G. Greeno. 1970. *Introduction to Mathematical Psychology*. Addison-Wesley.

Rothschild, M. 1974. "A Two-Armed Bandit Theory of Market Pricing." *Journal of Economic Theory* 9:185 – 202.

Sternberg, S. 1963. "Stochastic Learning Theory," in *Handbook of Mathematical Psychology*. R. D. Luce, R. R. Bush, E. Galanter, Eds. New York: Wiley.

Tsetlin, M. L. 1973. *Automaton Theory and Modeling of Biological Systems*. Academic Press. New York.

Tsypkin, Y. Z. 1973. *Foundations of the Theory of Learning Systems*. Academic Press. New York.

Turing, A. M. 1956. "Can a Machine Think?" in *The World of Mathematics*, J. R. Newman, Ed. New York: Simon and Schuster, 4:2009 – 2123.

9 收益递增的市场中的策略性定价*

收录在本书中的好几篇论文都表明，如果产品或技术的市场份额是收益递增的，市场可能会变得不稳定，因此从长期来看，一种产品或技术可能会占支配地位，并将其他产品或技术排除在外。但是这些论文都假设不存在策略性操纵。因此就有一个问题：如果失去了市场份额（并失去了随市场份额而来的收益递增优势）的企业，可以通过策略性地降低价格来抵消这一点，那么收益递增市场仍然会是不稳定的吗？策略性定价的可能性，会不会减轻正反馈效应，并稳定这类市场？

在本章中，安杰伊·鲁什琴斯基和我用一个随机双头垄断博弈研究了上述问题：存在两家相互竞争的企业，它们可以对那些会对市场份额产生正反馈的产品进行策略性定价。我们表明，策略性定价到底是会减轻还是恶化这类市场的“天然”不稳定性，取决于企业的时间偏好率。如果企业的贴现率很高，那么获得了较大市场份额的企业，

* 本章系与安杰伊·鲁什琴斯基合著。

往往会试图通过高定价来尽可能利用这一市场份额以获取短期利润,以至迅速失去市场份额,而市场会因此而稳定下来。另一方面,如果企业的贴现率很低,它们会为了锁定并保持自己的支配地位而定价,这又会进一步破坏市场的稳定性。

本章最初以论文形式发表在《控制科学档案》[*Archives of Control Sciences*,37(1992):7-31]期刊,发表时所用的标题为"具有从众效应的市场中的动态均衡"(Dynamic Equilibria in Markets with a Conformity Effect)。收录到本书中时,我修改了标题,并重写了引言和其中一些说明性部分。安杰伊·鲁什琴斯基当时在波兰华沙理工大学自动控制研究所供职。

9.1 引言

在许多市场中,相互竞争的产品会呈现收益递增特征,因为它们的天然有用性或者被感知的吸引力又或者潜在盈利能力,会随着它们市场份额的提升而增大。例如,在高度竞争的计算机软件应用程序、计算机操作系统或电信系统的高科技市场中,网络外部性能够为那些在用户群中获得领先地位的产品带来极大优势。又如,在豪华汽车或名牌服装市场,时尚或从众效应会随着市场份额的增加而给特定品牌赋予优势。在航空业中,轴辐式航线体系(Hub-and-spoke system)高效运营的能力,在很大程度上取决于乘客英里数,因此也取决于市场份额。对于所有这些市场,我们可能会问:这种正反馈或收益递增机制,是否会破坏市场的稳定,并导致最终由一个或少数垄断企业支配整个市场?

迄今为止,大多数关于收益递增情形下竞争的研究,都假设不存在策略性操纵。(相关文献综述,请参见本书第 7 章。)而且,对于定价或其他形式的策略性行动在具有自我强化的市场中的影响,我们也知之甚少。操纵性定价的可能性的存在,可能会给失去市场份额及其正反馈优势的企业提供一种通过降低价格来应对的方法,这也许可以减轻正反馈的影响并可能稳定市场。又或者,它可能为生产者提供进一步利用正反馈优势的手段,但这又意味着市场可能更容易出现垄断并变得不稳定。不过事前来看,在存在策略性定价的情况下,正反馈是否意味着市场的不稳定,这并不是显而易见的。

有少数几项研究探索了存在策略性行动和自我强化的情况下的市场结构,它们确实表明,存在趋向市场不稳定和多重均衡的迹象。弗莱厄蒂(Flaherty, 1980)探讨了企业通过策略性投资以降低成本的现实,揭示了多重、开环、非合作均衡结果。弗登伯格和梯若尔(Fudenberg and Tirole, 1983)将学习效应作为强化的来源,然后研究了闭环的完美均衡。再一次,他们也发现了多重均衡。斯潘塞(Spence, 1981)在一个特设的模型中表明,企业进入市场的顺序很重要,不同的进入顺序会给出不同的市场份额轨迹。但是这些研究都没有明确阐明出现多重均衡而不是唯一均衡的精确条件。此外,在这些研究中得出的均衡都是确定性轨迹,而且它们也没有论述某一条轨迹是如何从众多候选轨迹中被选择出来的。

在本章中,我们探讨了市场份额收益递增情形下的策略性定价,并细致分析了市场稳定或不稳定的条件。我们建立了一个随机模型来处理"选择问题",其中自然发生的随机事件部分决定了遵循的轨迹。[①]

在我们构建的模型中,市场规模是固定的,由两个相互竞争的企业来瓜分,而且每个企业都只生产一种产品。消费者可能会不时在这两种产品之间随机"转换",其概率取决于使用每种产品的消费者比例。如果转换到某种产品的可能性随着其市场份额的增加而增加,那么我们就说该产品存在正反馈(或者自我强化,又或者从众效应);反之,如果转换到某种产品的可能性随着其市场份额的增加而减少,那么我们就说它表现出了负反馈(或者自我抑制,又或者非从众效应)。在 9.2 节给出的模型当中,这两种可能性都考虑到了。

在随机双头垄断市场中,生产者动态地运用纳什-马尔可夫(Nash-

Markov)定价策略来制定价格,即将价格作为当前市场份额的函数(9.3
节),其结果是,出现了市场份额结果的均衡概率分布(9.4 节至 9.6 节)。
在特定条件下,这种均衡分布是单峰的,这表明在大部分时间里两种产
品稳定地共享市场份额。而在其他条件下,均衡分布是双峰的,这表明
市场是不稳定的——或者更准确地说,是双稳态的——市场会在不对称
份额上长时间地停留,并且不时在这些不对称状态之间转换。

总的来说,我们发现,决定市场结构是稳定还是不稳定的一个至关
重要的因素,是生产者的贴现率。高贴现率会抑制自我强化效应并导致
市场平衡,而低贴现率会增强自我强化并破坏市场稳定(9.6 节和 9.7
节)。在高贴现率下,获得较大市场份额的企业,会通过抬高价格来利用
其市场地位谋取眼前的短期利润,从而迅速地重新失去市场份额。因
此,在这种情况下,市场会趋于稳定。在低贴现率下,企业在努力锁定未
来的市场主导地位时,会采用激进的定价策略;当市场接近平衡的份额
划分时,每个企业都会大幅降价,以期获得未来的垄断租金,其结果是,
每家企业都会花大力气去让市场向有利于自己的方向"倾斜"并(如果成
功的话)在这个状态上保持。因此,在这种情况下,策略性定价将会破坏
市场的稳定。

为了说明这些现象,在 9.7 节中,我们给出了存在从众效应时的计算
结果,以此来说明策略性定价策略,以及由此导致的市场份额分布是如
何随着贴现率的变化而改变的。

9.2　随机市场模型

我们在本章中分析的模型设定如下:存在有限个消费者(其数量为
N)和两种产品 A 和 B。每个消费者都要么使用产品 A,要么使用产品
B。我们把在时间 t 使用产品 A 的消费者的数量,称为时间 t 的市场状
态,并用 $s(t)$ 表示。

由于不断有新的购买行为发生（购买是随机的），因此市场状态会随着时间的推移而演化。我们假设，平均而言，每个消费者在一个参考时间单位（reference time unit）内会考虑购买一个新产品，而且他的购买时间之间的间隔是独立且服从指数分布的。我们还假设，不同消费者的购买时间是独立的，因此所有购买时间为 t_0，t_1，…，t_k，…构成一个到达速率为 N 的泊松序列。

我们还假设消费者的决策是随机的，其分布取决于市场状况和消费者先前拥有的产品类型。我们用 $P_i\{A\,|\,B\}$ 表示在状态 i 拥有产品 B 的消费者选择产品 A 的概率；以类似的方式我们还可以定义 $P_i\{B\,|\,A\}$。因此，在购买时发生状态转移的概率为：

$$q_i^+ = Pr\{s(t_{k+1})=i+1\,|\,s(t_k)=i\} = \left(1-\frac{i}{N}\right)P_i\{A\,|\,B\}$$

$$q_i^- = Pr\{s(t_{k+1})=i-1\,|\,s(t_k)=i\} = \frac{i}{N}P_i\{B\,|\,A\}$$

$$q_i^0 = Pr\{s(t_{k+1})=i\,|\,s(t_k)=i\} = 1-q_i^+-q_i^- \tag{9.1}$$

在这些假设下，$s(t)$ 是一个具有有限状态空间的连续时间马尔可夫链（参见，例如，Feller，1966）。类似形式的模型常见于物理学（Risken，1989）、遗传学（Ewens，1979）和技术（Bertsekas，1987）。

概率为：

$$P_i(t) = Pr\{s(t)=i\}$$

服从如下主方程：

$$\frac{1}{N}\frac{\mathrm{d}p_i(t)}{\mathrm{d}t} = q_{i-1}^+ p_{i-1}(t) + q_{i+1}^- p_{i+1}(t) - (q_i^+-q_i^-)p_i(t) \tag{9.2}$$

现在已经有了分析它的解的强大方法（Feller，1966）。特别地，如果对于所有的 $i<N$ 有 $P_i\{A\,|\,B\}>0$，且对于所有的 $i>0$ 有 $P_i\{B\,|\,A\}>0$，那么下述极限存在并且独立于初始状态分布：

$$p_i(\infty) = \lim_{t\to\infty} p_i(t) \tag{9.3}$$

要更深入地理解这个问题,还可以用市场份额 $x = \dfrac{i}{N}$ 的连续密度函数 $p(x, t)$ 来近似分布 $p_i(t)$,$i = 0, 1, \cdots, N$,这样就有 $p\left(\dfrac{i}{N}, t\right) = N p_i(t)$。

假设 $q_i^+ = q^+\left(\dfrac{i}{N}\right)$ 和 $q_i^- = q^-\left(\dfrac{i}{N}\right)$ 分别是两次连续可微函数 $q^+(x)$ 和 $q^-(x)$。这样一来,将式(9.2)的右侧在 x 处展开到二阶项,我们就可以得到如下形式的前向柯尔莫哥洛夫方程(forward Kolmogorov equation,也称福克-普朗克方程)(参见 Risken,1989):

$$\frac{\partial p(x, t)}{\partial t} = -\frac{\partial}{\partial x}[H(x)p(x, t)] + \frac{1}{2N}\frac{\partial^2}{\partial x^2}[Q(x)p(x, t)] \quad (9.4)$$

其中,$H(x)$ 为漂移系数(drift coefficient):

$$H(x) = q^+(x) - q^-(x)$$

而 $Q(x)$ 则为波动系数(fluctuation coefficient):

$$Q(x) = q^+(x) + q^-(x)$$

定义概率通量(probability flux)$I = Hp - (Qp)'_x / 2N$,我们就可以将式(9.4)改写为 $p'_t = -I'_x$。我们还看到,这个通量必定会在区间 $[0, 1]$ 的两端消失,从而使得总概率质量保持不变。令式(9.4)的左侧等于零,就可以求得平稳解 $p(x, \infty)$;它可以用来近似式(9.3)。

在本研究中,我们感兴趣的是当消费者的偏好依赖于市场状态时会发生什么现象,即当下式成立时会发生什么:

$$P_i\{A \mid B\} = f\left(\frac{i}{N}\right)$$

$$P_i\{B \mid A\} = g\left(\frac{i}{N}\right)$$

其中,函数 $f(x)$ 和 $g(x)$ 反映了市场份额 x 对购买概率的影响。下面的例子说明了暂且将定价问题放到一边不予考虑时需要讨论的三种情况。

1. **不存在市场份额效应**。假设对于所有的 x，都有 $f(x)=g(x)=c$。这样在我们最初的有限状态空间设定下，马上就可以得到埃伦费斯特模型（Ehrenfest model）（参见 Feller, 1966），而从式（9.4）中，我们可以推导出 $H(x)=-2c\left(x-\dfrac{1}{2}\right)$，$Q(x)=c$。这对应于奥恩斯坦-乌伦贝克过程（Ornstein-Uhlenbeck process），其平稳分布是高斯分布，均值为 $\bar{x}=\dfrac{1}{2}$，方差为 $\dfrac{c}{2N}$（Feller, 1966）。这里出现了强有力的居中效应：市场份额倾向于在 $\bar{x}$ 附近波动。

2. **线性市场份额效应**。现在假设 $f(x)=c\left(x+\dfrac{1}{N}\right)$，且 $g(x)=c\left(1-x+\dfrac{1}{N}\right)$，其中 c 是一个常数。这样一来，在离散模型中，我们从式（9.2）可以求得一个均匀平稳分布：$p_i(\infty)=\dfrac{1}{N+1}$，$i=0,1,\cdots,N$。而在连续模型中，我们则可以得到一个小的居中漂移 $H(x)=\left(\dfrac{1}{2}-x\right)/2N$，但是中心的波动比边界附近的波动要大得多：$Q(x)=2x(1-x)+1/N$，这就会产生平坦的平稳分布。类似的模型已经在遗传学中得到了充分研究（Ewens, 1979）。

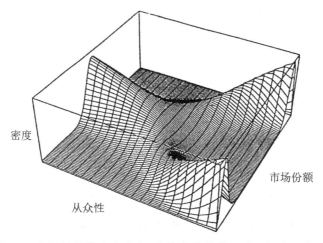

图 9.1　市场份额的稳态分布：当从众常数从 1（左）变到 3（右）时

3. 超线性市场份额效应。我们使用这个术语来表示 $f(x)$ 及其导数 $f'(x)$ 都是 x 的递增函数，且 $g(x)$ 及其导致 $g'(x)$ 都是 x 的递减函数的情形。魏德利希和哈格（Weidlich and Haag, 1983）分析了 $f(x) = v\exp(\kappa x)$ 且 $g(x) = v\exp(\kappa(1-x))$ 这种特别简单但非常有趣的情况。当常数 κ（它代表时尚或从众效应）较小时，居中趋势占主导地位，并且平稳分布是单峰的。但是随着 κ 的增大，分布出现分岔并变成了双峰，其极大值对应于一种产品相对于另一种产品的支配地位（如图 9.1 所示）。

9.3 随机双头垄断博弈

现在假设，生产者 A 和生产者 B 可以对他们的产品价格进行定价——价格分别为 π_i 和 σ_i——从而使得：

$$P_i\{\mathrm{A}|\ \cdot\ \} = f\left(\frac{i}{N}, \pi_i, \sigma_i\right)$$

$$P_i\{\mathrm{B}|\ \cdot\ \} = g\left(\frac{i}{N}, \pi_i, \sigma_i\right)$$

为了简洁性，我们没有对 $P_i\{\mathrm{A}|\mathrm{A}\}$ 与 $P_i\{\mathrm{A}|\mathrm{B}\}$ 等加以区分，因为那只会使符号复杂化。

函数 π 将价格 π_i 分配给市场状态 i，我们将它称为 A 的定价策略。类似地，B 的定价策略是为 $\sigma = (\sigma_0, \sigma_1, \cdots, \sigma_N)$。虽然在这里也可以考虑一个更一般的模型，即让价格依赖状态和时间，但是我们将只考虑稳定的定价策略，即只要状态为 i，A 就采用 π_i，同时 B 就采用 σ_i。

接下来，我们定义生产者 A 的目标。如果有消费者在时间 t_k 购买了 A 的产品并且当前状态为 $s(t_k)$，那么该生产者就可以获得收益 $a_k = \pi_{s(t_k)}$；否则 $a_k = 0$。未来收益会以贴现率 $\rho > 0$ 贴现。生产者 A 的目标是最大化自己的预期贴现回报：

$$V_i = \mathrm{E}\{\sum_{k=0}^{\infty} \mathrm{e}-\rho t_k a_k \mid s(t_0) = i\} \tag{9.5}$$

其中，E 表示预期值。它显然取决于初始状态 i。类似地，生产者 B 也会希望最大化自己的预期贴现回报：

$$W_i = \mathrm{E}\{\sum_{k=0}^{\infty} \mathrm{e}-\rho t_k b_k \mid s(t_0) = i\} \tag{9.6}$$

其中，b_k 要么等于 $\sigma_{s(t_k)}$，要么等于零，具体取决于是否有人在时间 t_k 购买了生产者 B 的产品。

用一个等价形式来替换我们这个问题，将会方便得多，这个等价形式中有一个对应于购买时间的离散时钟。令 $t_0 = 0$，进行简单计算之后，我们就可以得到：

$$\mathrm{E}\{\mathrm{e}-\rho t_k\} = \alpha^k \tag{9.7}$$

而其中：

$$\alpha = \frac{N}{N+\rho} \tag{9.8}$$

对于每一个 k，购买时间 t_k 与生产者的所得 a_k 及 b_k 都是独立的，因此我们可以将式（9.7）代入式（9.5）和式（9.6）。在以这种方式得到的问题中，转移发生在时间 $k = 0, 1, 2, \cdots$，同时每个阶段的贴现为 α。

现在，我们将稳态策略中的纳什均衡描述为一对策略 $\pi^* = (\pi_0^*, \pi_1^*, \cdots, \pi_N^*)$ 和 $\sigma^* = (\sigma_0^*, \sigma_1^*, \cdots, \sigma_N^*)$，它们使得，如果生产者 B 采用策略 σ^*，那么 π^* 对生产者 A 是最优的；如果 A 采用 π^*，那么 σ^* 对 B 是最优的（参见，例如，Başar and Olsder, 1982）。

由于这个问题是对称的，我们可以将注意力集中在生产者 A 的定价策略上（假设生产者 B 跟随他的策略 σ^*）。

我们不妨暂且假设 A 的最优策略 π^* 存在，并且 $V^* = (V_0^*, V_1^*, \cdots, V_N^*)$ 是相应的最优预期回报[式（9.5）]的值向量。这样一来，它们必定满足动态规划方程（Bellman, 1957）：

$$V_i^* = \max_{\pi_i} \{ \phi_i(\pi_i, \sigma^*) + \alpha [q_i^+(\pi_i, \sigma^*) V_{i+1}^* + q_i^0(\pi_i, \sigma^*) V_i^*$$
$$+ q_i^-(\pi_i, \sigma^*) V_{i-1}^*] \} \tag{9.9}$$

其中,对于 $i=0, 1, \cdots, N$, ϕ_i 是预期瞬时回报:

$$\phi_i(\pi_i, \sigma_i^*) = \pi_i f \left(\frac{i}{N}, \pi_i, \sigma_i^* \right) \tag{9.10}$$

而 q_i^+、q_i^- 和 q_i^0 是式(9.1)中的转移概率:

$$q_i^+(\pi_i, \sigma_i^*) = \left(1 - \frac{i}{N} \right) f \left(\frac{i}{N}, \pi_i, \sigma_i^* \right)$$

$$q_i^-(\pi_i, \sigma_i^*) = \frac{i}{N} g \left(\frac{i}{N}, \pi_i, \sigma_i^* \right)$$

$$q_i^0(\pi_i, \sigma_i^*) = 1 - q_i^+(\pi_i, \sigma_i^*) - q_i^-(\pi_i, \sigma_i^*) \tag{9.11}$$

此外,最优价格 π_i^* 由式(9.9)中的最大化求解而得。

生产者 B 的策略 σ^* 以及对应的值向量 W_i^* $(i=0, 1, \cdots, N)$ 的方程类似可得:

$$W_i^* = \max_{\sigma_i} \{ \phi_i(\pi_i^*, \sigma_i) + \alpha [q_i^+(\pi_i^*, \sigma_i) W_{i+1}^*$$
$$+ q_i^0(\pi_i^*, \sigma_i) W_i^* + q_i^-(\pi_i^*, \sigma_i) W_{i-1}^*] \} \tag{9.12}$$

其中,生产者 B 的预期瞬时支付由式(9.13)给出:

$$\phi_i(\pi_i^*, \sigma_i) = \sigma_i g \left(\frac{i}{N}, \pi_i^*, \sigma_i \right) \tag{9.13}$$

式(9.9)和式(9.12)是纳什均衡 (π^*, σ^*) 存在的必要条件和充分条件。该纳什均衡的存在性,可以通过将基于不动点定理的标准论证进行特殊化来证明(例如,参见 Aubin, 1979):可行性区间的有界性和所有函数的连续性就构成了充分条件。我们不打算在这里探讨这个问题。我们将直接假设存在纳什均衡,然后将注意力集中在它们的性质上[对马尔可夫博弈模型理论感兴趣的读者,可以参考 Hoffman 和 Karp(1966)以及 Zachrisson(1964)的研究]。

我们从以下观察结果着手讨论。这些结果提示我们,当出现从众效应时可以使用动力学模型。让我们假设最大瞬时回报会随市场份额的

提高而增加,公式如下:

$$\max_{\pi_{i+1}} \phi_{i+1}(\pi_{i+1}, \sigma_{i+1}^*) \geqslant \max_{\pi_i} \phi_i(\pi_i, \sigma_i^*), \ i=0, 1, \cdots, N-1$$

接下来我们可以证明,从较高的市场份额开始不会比从较低的市场份额开始更差:

$$V_{i+1}^* \geqslant V_i^*, \ i=0, 1, \cdots, N-1 \tag{9.14}$$

这个性质在直觉上是显而易见的,证明见本章附录一。

一旦证明式(9.14)成立,我们就可以大幅度地强化它了。令 $\hat{\pi}_i$ 表示与静态最优化相对应的短视价格(myopic price),我们有:

$$\phi_i(\hat{\pi}_i, \sigma_i^*) = \max_{\pi_i} \phi_i(\pi_i, \sigma_i^*) \tag{9.15}$$

因而(更多推导细节见本章附录一):

$$V_{i+1}^* - V_i^* \geqslant \frac{\phi_{i+1}(\hat{\pi}_{i+1}, \sigma_{i+1}^*) - \phi_i(\hat{\pi}_i, \sigma_i^*)}{1+\alpha} \tag{9.16}$$

式(9.14)和式(9.16)的估计,可用于证明最优价格 π_i^* 的一个简单性质。我们先将动态规划方程(9.9)改写为如下形式:

$$(1-\alpha)V_i^* = \max_{\pi_i}\{\phi_i(\pi_i, \sigma_i^*) + \alpha q_i^+(\pi_i, \sigma_i^*)(V_{i+1}^* - V_i^*)$$
$$+ \alpha q_i^-(\pi_i, \sigma_i^*)(V_i^* - V_{i-1}^*)\} \tag{9.17}$$

我们可以合理地假设,当价格 π^* 上涨时,消费者购买产品 A 的概率会下降,而购买产品 B 的概率则不会下降。这也就意味着,式(9.17)中的最后两项构成了 π^* 的一个非递增函数,而且当 $V_{i+1}^* \geqslant V_i^*$ 时,这个函数是严格递减的。现在很明显,能够最大化式(9.17)的最优价格 π^*,不一定大于由式(9.15)定义的短视价格,即:

$$\pi_i^* \leqslant \hat{\pi}_i, \ i=0, 1, \cdots, N \tag{9.18}$$

事实上,当 ϕ_i 随 π_i 平滑变化且短视价格位于可行性区间的内部时,不等式(9.18)的小于号成立。这时,减少瞬时回报是值得的,因为市场份额的变化可以带来更多回报。正是这种发生在当前收入和未来收入之间的基本权衡,激发了我们的研究。下面,我们要继续分析的是,将价格下降至低于短视价值带来的利润大小,会如何受到从众效应的影响。

9.4 连续逼近模型

与 9.2 节中回顾的经典方法一样,可以通过构建一个关于市场份额 $x \in [0, 1]$ 的连续模型,来继续深入探究前述问题。我们利用一个归一化的回报函数 $v^*(x)$ 来逼近生产者 A 的最优回报向量 V_i^*, $i = 0, 1, \cdots, N$, 使得:

$$v^* \left(\frac{i}{N} \right) = \frac{1}{N} V_i^*, \ i = 0, 1, \cdots, N$$

以类似的方式,我们继续为生产者 B 定义归一化的回报函数 $w^*(x)$。然后,我们引入这两个博弈参与者的策略的连续逼近函数 $\pi(x)$ 和 $\sigma(x)$, $0 \leqslant x \leqslant 1$。

为了推导出 $v^*(x)$ 的方程形式,我们在式(9.10)和式(9.11)的基础上引入如下函数:

$$\phi(x, \pi, \sigma) = \pi f(x, \pi, \sigma)$$
$$q^+(x, \pi, \sigma) = (1-x) f(x, \pi, \sigma)$$
$$q^-(x, \pi, \sigma) = x g(x, \pi, \sigma)$$
$$q^0(x, \pi, \sigma) = 1 - q^+(x, \pi, \sigma) - q^-(x, \pi, \sigma)$$

回顾式(9.8)中 α 的定义并重新整理各项,使之与式(9.17)类似,我们可以将该动态规划方程改写为如下形式:

$$
\frac{\rho N}{N+\rho} v^*(x) = \max_{\pi} \Big\{ \phi[x, \pi, \sigma^*(x)]
$$
$$
+ \frac{N^2}{N+\rho} q^+ [x, \pi, \sigma^*(x)] \left[v^* \left(x + \frac{1}{N} \right) - v^*(x) \right]
$$
$$
+ \frac{N^2}{N+\rho} q^- [x, \pi, \sigma^*(x)] \left[v^* \left(x - \frac{1}{N} \right) - v^*(x) \right] \Big\}
$$

$$(9.19)$$

接近 0（和 1）时方程略有不同，要将 $v^*\left(x-\dfrac{1}{N}\right)\left[$或 $v^*\left(x+\dfrac{1}{N}\right)\right]$ 替换为 $v^*(0)\left[$和 $v^*(1)\right]$。假设 $v^*(x)$ 是两次连续可微的，那么我们就可以将其展开到二阶项，并从式（9.19）得到如下微分方程：

$$
\begin{aligned}
\rho v^*(x)=\max_\pi\Big\{\Big(1+\frac{\rho}{N}\Big)\phi[x,\pi,\sigma^*(x)]&+H[x,\pi,\sigma^*(x)]\frac{\mathrm{d}v^*(x)}{\mathrm{d}x}\\
&+\frac{1}{2N}Q[x,\pi,\sigma^*(x)]\frac{\mathrm{d}^2v^*(x)}{\mathrm{d}x^2}\Big\}
\end{aligned}
\tag{9.20}
$$

其中，与式（9.4）中完全一样，漂移系数和波动系数分别定义为：

$$
H(x,\pi,\sigma)=q^+(x,\pi,\sigma)-q^-(x,\pi,\sigma)
$$

$$
Q(x,\pi,\sigma)=q^+(x,\pi,\sigma)+q^-(x,\pi,\sigma)
$$

对于这个微分动态规划方程，我们可以这样解释：它描述了我们讨论的这个系统中的价值流动：左侧是由于贴现而产生的流出，右侧则是由于瞬时回报、系统漂移和波动而产生的流入。它类似于弗莱明和里谢尔（Fleming and Rishel，1975）在他们的研究中提出的、用于扩散过程最优控制的后向方程。

很明显，对于第二个参与者，我们可以写出形式与式（9.20）完全相同的方程，只需将式（9.20）中的 $v^*(x)$ 和 $\phi[x,\pi,\sigma^*(x)]$ 分别替换为 $w^*(x)$ 和 $\psi[x,\pi^*(x),\sigma]=\sigma g[x,\pi^*(x),\sigma]$ 即可（参见 Hoffman and Karp，1966；Risken，1989）。

9.5　临界贴现率

现在我们按照 9.4 节的方法推导出下列导数的方程：

$$
y(x)=\frac{\mathrm{d}v^*(x)}{\mathrm{d}x}
$$

我们假设，两个参与者的策略都固定在它们的均衡值上，然后我们用 $\phi(x)$、

$q^+(x)$、$q^-(x)$ 和 $q^0(x)$ 表示由此产生的瞬时回报和转移概率。另外我们还要假设这里所有涉及的函数都是连续可微的。

对式(9.19)的两边取微分并重新整理我们得到的各项,就可以得到对于 $\frac{1}{N} < x < \left(1 - \frac{1}{N}\right)$ 的积分方程:

$$y(x) = \frac{1}{N}\frac{\mathrm{d}\phi(x)}{\mathrm{d}x} + \frac{N}{N+\rho}\left\{[\mathcal{E}_N y](x) + \frac{\mathrm{d}q^+(x)}{\mathrm{d}x}\int_x^{x+(1/N)} y(s)\,\mathrm{d}s\right.$$
$$\left. - \frac{\mathrm{d}q^-(x)}{\mathrm{d}x}\int_{x-(1/N)}^x y(s)\,\mathrm{d}s\right\} \tag{9.21}$$

其中,$\mathcal{E}_N$ 是局部期望算子:

$$[\mathcal{E}_N y](x) = q^-(x, \pi, \sigma)y\left(x - \frac{1}{N}\right) + q^0(x, \pi, \sigma)y(x)$$
$$+ q^+(x, \pi, \sigma)v\left(x + \frac{1}{N}\right) \tag{9.22}$$

对于 $x < 1/N$,方程将稍有不同:要将 $[\mathcal{E}_N y](x)$ 替换为 $\left[q^0(x)y(x) + q^+(x)y\left(x + \frac{1}{N}\right)\right]$,而且最后一个积分是在 $[0, x]$ 上。对于接近 1 的 x,也应该进行类似的修正。

对完整形式的积分方程(9.21)进行详尽无遗的分析是非常困难的,因此我们在这里只考虑能够获得的近似值,方法如下。利用估计:

$$\int_x^{x+(1/N)} y(s)\,\mathrm{d}s \approx \int_{x-(1/N)}^x y(s)\,\mathrm{d}s \approx \frac{1}{N}y(x)$$

我们可以(对于大的 N 值)将式(9.21)替换为如下远为简单的方程:

$$y(x) = \frac{1}{N}\frac{\mathrm{d}\phi(x)}{\mathrm{d}x} + \frac{N}{N+\rho}[\mathcal{E}_N y](x) + \frac{1}{N+\rho}\frac{\mathrm{d}H(x)}{\mathrm{d}x}y(x) \tag{9.23}$$

假设:

$$\rho > \max_{0 \leqslant x \leqslant 1}\left|\frac{\mathrm{d}H(x)}{\mathrm{d}x}\right| \tag{9.24}$$

那么式(9.23)有一个解 $y(x)$ 并且可以求得其范数的一致界(过程详见本章附录二):

$$\max_{0\leqslant x\leqslant 1}|y(x)|\leqslant\frac{N+\rho}{N}\Big(\rho-\max_{0\leqslant x\leqslant 1}\Big|\frac{\mathrm{d}H(x)}{\mathrm{d}x}\Big|\Big)^{-1}\max_{0\leqslant x\leqslant 1}\Big|\frac{\mathrm{d}\phi(x)}{\mathrm{d}x}\Big| \quad (9.25)$$

式(9.25)的右侧不会随 N 的增长而增长。

如果违背式(9.24)的条件,就没有办法推导出估计值。事实上,在这种情况下,我们可以用式(9.20)逼近式(9.19)而且只有很小的误差这一假设,将不再有效,因为导数 $\mathrm{d}v^*(x)/\mathrm{d}x$ 不一定存在。

式(9.24)这一条件,虽然是通过近似的、非严格的论证得出的,但是似乎对我们的问题至关重要。回想一下,我们在前面将漂移系数 $H(x)$ 定义为市场份额的预期收益率,因此我们知道 $\mathrm{d}H(x)/\mathrm{d}x$ 就是预期的加速度(即自我强化)。另一方面,贴现系数 ρ 是阻尼率。因此,在式(9.24)中,我们要求贴现率大于自我强化率。这是一个很容易理解的条件,因为如若不然,自我强化过程的点火启动就将不需要任何代价了。

9.6 策略性定价规则

我们的连续模型(9.20)是很难准确求解的,但是我们仍然可以运用它来更多地了解我们所讨论的这个博弈。因此,我们将继续利用我们在9.4节和9.5节中推导出来的近似值。

现在,让我们假设函数 ϕ、q^+、q^- 和最优策略 π^*、σ^* 对于它们的所有参数都是连续可微的。我们还假设,条件式(9.24)已经得到了满足。

对于大的 N 值,使用如下近似:

$$\mathcal{E}_N\frac{\mathrm{d}v^*}{\mathrm{d}x}\approx\frac{\mathrm{d}v^*}{\mathrm{d}x}$$

[其中,$\mathcal{E}_N$ 由式(9.22)定义]我们就可以从式(9.23)得出值函数:

$$\frac{\mathrm{d}v^*}{\mathrm{d}x} \approx \left(\rho - \frac{\mathrm{d}H}{\mathrm{d}x}\right)^{-1} \frac{\mathrm{d}\phi}{\mathrm{d}x} \tag{9.26}$$

接下来,假设式(9.20)中的最大值在可行性区间的内部达到,并忽略含有 $\frac{1}{N}$ 的各项,我们得到:

$$\frac{\partial}{\partial \pi}\left\{\phi[x, \pi^*(x), \sigma^*(x)] + H[x, \pi^*(x), \sigma^*(x)]\frac{\mathrm{d}v^*(x)}{\mathrm{d}x}\right\} \approx 0 \tag{9.27}$$

将式(9.26)代入式(9.27),并展开完全导数 $\mathrm{d}H/\mathrm{d}x$ 和 $\mathrm{d}\phi/\mathrm{d}x$,再经过简单但冗长的变换,可以得到如下方程:

$$\left(\frac{1}{\pi^*}\frac{f}{f'_\pi} + 1\right)(\rho - H'_x - H'_\sigma \sigma^{*\prime}_x) + (f'_x + f'_\sigma \sigma^{*\prime}_x)\left[1 - x\left(1 + \frac{g'_\pi}{f'_\pi}\right)\right] = 0 \tag{9.28}$$

令 $\hat{\pi}(x)$ 表示 x 处的短视价格(即能够最大化预期瞬时回报 ϕ 的价格)。那么 $\hat{\pi}(x)$ 满足如下方程:

$$\frac{\mathrm{d}\phi}{\mathrm{d}\pi} = \hat{\pi}f'_\pi + f = 0$$

如果我们将 f 解释为一个归一化的需求函数,那么我们就会发现,短视价格就是垄断价格。在 $\pi^*(x)$ 处,短视价格的一阶近似值可以通过下式计算出来:

$$\hat{\pi}(x) \approx -\frac{f[x, \pi^*(x), \sigma^*(x)]}{f'_\pi[x, \pi^*(x), \sigma^*(x)]}$$

我们还可以引入替代率:

$$\mu_A(x) \approx -\frac{g'_\pi[x, \pi^*(x), \sigma^*(x)]}{f'_\pi[x, \pi^*(x), \sigma^*(x)]}$$

其中,μ_A 是当产品 A 提高价格时,产品 B 获得的消费者数量与产品 A 失去的消费者数量之比。

采用这样的记号后,式(9.28)可以简化为下式:

$$\frac{\hat{\pi}(x)}{\pi^*(x)} - 1 = \frac{(f'_x + f'_\sigma \sigma^{*\prime})[1 - x(1 - \mu_A)]}{\rho - H'_x - H'_\sigma \sigma_x^{*\prime}} \tag{9.29}$$

我们把上述方程称为策略性定价规则(trategic pricing rule)。

从式(9.29)可以推导出许多结论。首先,如果市场份额 x 对消费者的偏好没有影响(即如果不存在从众性),那么我们就有 $\mathrm{d}f/\mathrm{d}x = 0$,于是从式(9.29)可以得出 $\pi^*(x) = \hat{\pi}(x)$。

其次,如果存在正的市场份额效应(即 $\mathrm{d}f/\mathrm{d}x > 0$),那么最优价格将小于短视价格。而最优贴现商(discount quotient)$\hat{\pi}/\pi^*$ 比从众率 f'_x 增加得更快,因为式(9.29)的分母在减小。

第三,当替代率 μ_A 较小(接近于 0)时,我们看到生产者采用的是较高的价格。当市场份额 x 增加时,这两种情况之间的差异会增大。特别是,如果 $\mu_A = 0$,我们这个市场参与者的价格 $\pi^*(x)$ 在 $x \to 1$ 时(即 A 具有近乎垄断的市场地位时)会趋近于短视价格。因此,当 μ_A 较小时,最优价格先会随 x 下降,然后在达到其最小值后,又转而上升到垄断价格。对于 μ_A 接近 1 的情形,终值更小,因为即便处于几乎垄断的位置,消费者仍然可以转换到 B。所有这些影响都可以通过降低贴现率 ρ 而极大地得到放大。特别是,在存在很强的市场份额效应的情况下,当市场份额处于平衡时,式(9.29)中的分子和漂移导数 H'_x 都接近于它们的最大值,因此在除以很小的 ρ 之后,贴现商可能会非常大。

第二个参与者的策略方程类似可得:

$$\frac{\hat{\sigma}(x)}{\sigma^*(x)} - 1 = -\frac{(g'_x + g'_\pi \pi_x^{*\prime})[1 - (1 - x)(1 - \mu_B)]}{\rho - H'_x - H'_\pi \pi_x^{*\prime}} \tag{9.30}$$

其中:

$$\mu_B(x) = -\frac{f'_\sigma[x, \pi^*(x), \sigma^*(x)]}{g'_\sigma[x, \pi^*(x), \sigma^*(x)]}$$

再一次,当 $\mu_A \approx 0$ 且 $\mu_B \approx 0$ 时,我们可以得出结论,对于小市场份额(即

$x \to 0$），有：

$$\frac{\pi^*}{\hat{\pi}} < \frac{\sigma^*}{\hat{\sigma}} \to 1$$

而对于 $x \to 1$，则有：

$$\frac{\sigma^*}{\hat{\sigma}} < \frac{\pi^*}{\hat{\pi}} \to 1$$

因此，在边界附近，赢家会采用垄断价格，而输家则会降低价格。因此，与不变定价相比，这里的均衡价格引入了额外的居中效应。然而，位于区间[0，1]中部的这些价格的关系，取决于正市场份额效应的强度。

如果从众性足够强，我们可以预测 $\pi^*(x)/\hat{\pi}(x)$ 和 $\sigma^*(x)/\hat{\sigma}(x)$ 的图形在[0，1]区间内会相交三次。因此，中心处将会出现一个区间，那里有额外的极化趋势：对于略大于中间交点的 x 值，趋势向右；而对于小于交点的 x 值，趋势则向左。因此，在我们的模型中，我们将观察到一种协同（synergy）作用：均衡策略性定价强化了市场份额的正反馈。

9.7　一个例子

为了更好阐明本章给出的理论，我们在本节给出一个简单例子的数值分析结果。在这个例子中，市场份额具有收益递增性，它可能来自网络外部性、时尚效应或其他正反馈机制。为了简单起见，我们将这些统称为从众效应。

我们假设，消费者的偏好是由一种类似于前述市场份额效应示例的超线性从众效应驱动的。消费者更偏好产品 A 的概率为：

$$P_A = \frac{e^{\kappa x}}{e^{\kappa x} + e^{\kappa(1-x)}}$$

消费者更偏好产品 B 的概率则为：

$$P_{\mathrm{B}} = \frac{e^{\kappa(1-x)}}{e^{\kappa x} + e^{\kappa(1-x)}}$$

消费者分别以概率 $\exp(-\pi/\hat{\pi})$ 或 $\exp(-\sigma/\hat{\sigma})$ 购买他想要的产品。（如果他不购买，他将继续使用自己当前拥有的产品。）为了简单起见，我们令 $\hat{\pi}=1$、$\hat{\sigma}=1$，利用式（9.5）的记号，我们有：

$$f(x, \pi, \sigma) = e^{-\pi} \frac{e^{\kappa x}}{e^{\kappa x} + e^{\kappa(1-x)}}$$

$$g(x, \pi, \sigma) = e^{-\sigma} \frac{e^{\kappa(1-x)}}{e^{\kappa x} + e^{\kappa(1-x)}}$$

因为 $f'_\sigma = 0$ 且 $g'_\pi = 0$，所以我们从式（9.30）中可以得到 $\mu_{\mathrm{A}} = \mu_{\mathrm{B}} = 0$。

当然，我们已经意识到这些"需求函数"颇有点特设的意味，但是我们之所以这样选择是为了便于数值计算。

现在，我们可以求出这个博弈的数值解了。消费者（消费者组）的数量 $N=100$，从众效应为常数 $\kappa=2.2$，它对应于图9.1中的分岔。两个参与者的定价都只限于非负值。

在图9.2、图9.3和图9.4中，我们显示了两个参与者在贴现率的三个有典型意义的取值下的均衡价格：$\rho=0.5$、$\rho=0.4$ 和 $\rho=0.1$。在图9.5中，我们给出了A对于 $\rho \in [0.1, 1.0]$ 的定价策略的演化。可以观察到，解的形式发生了令人惊叹的变化。对于大的 ρ 值，均衡策略没有脱离常规：当市场份额小时贴现率低；当在市场上占主导地位时价格高。然而，在接近临界值 $\rho_{\mathrm{crit}} \approx 0.4$ 时，对市场份额的争夺就开始发生了。双方参与者都会采用零价格策略去力争支配市场；获胜的参与者（拥有更大份额）采用比失败者更低的价格（x 接近于0.5）以保持自己的优势。如果他成功控制了市场，他就会提高价格以利用他的垄断地位。对于小的 ρ 值，值函数增加得非常快（图9.6），陡峭的坡度促使价格大幅下降。在所有情况下，最低价格策略都不会在份额非常小的时候就采用，而是在靠近中部、处于中心状态（pivotal states）下才会采用。

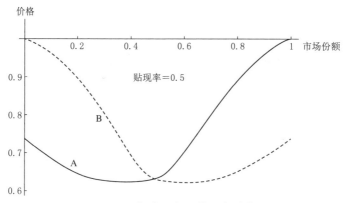

图 9.2 高贴现率下的均衡价格

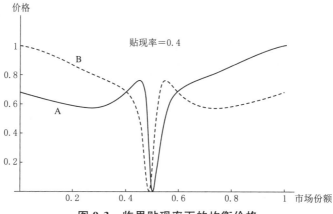

图 9.3 临界贴现率下的均衡价格

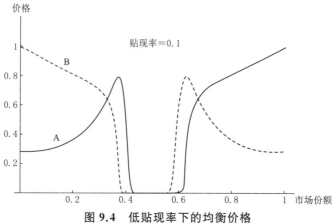

图 9.4 低贴现率下的均衡价格

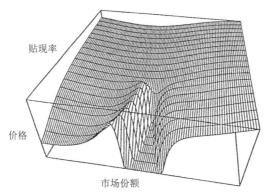

图 9.5 当贴现率从 1(后)降低到 0.1(前)时生产者 A 的策略的演化

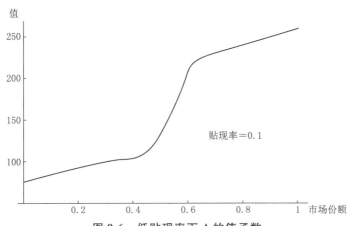

图 9.6 低贴现率下 A 的值函数

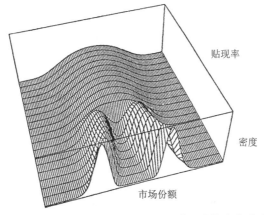

图 9.7 当贴现率从 1(后)降低到 0.1(前)时的稳态分布演化

这种对市场份额的争夺对市场份额的分配产生了强烈的极化效应（图 9.7）。这里值得注意的是，对于中等程度的贴现率（$0.5<\rho<1.0$），与两个参与者都使用短视价格的情况相比，分布是居中化的（参见图 9.1）。然而，在贴现率的临界值附近，则会出现分岔，并且对于较小的 ρ，分布是强烈极化的。

在图 9.8、图 9.9 和图 9.10 中，我们展现了三个有典型意义的贴现率下的模拟结果。我们看到，随着 ρ 的减小，轨迹在某一种产品占据相对支配地位的区域长期停留的趋势越来越强。这里应该强调指出的是，我们在实验中使用了一个相当小的 N，这对应于一个动态性（灵活性）相当高的市场。当 N 增大时，式（9.4）中的扩散项 $Q(x)/2N$ 将会减小，因而由一个峰值过渡到另一个峰值的概率会变小。

我们还进行了允许替代率取显著非零值的计算机实验。这里出现了两个新现象。首先，在 $x=0.5$ 附近，输家采用了高于短视价格的定价策略。这是因为在接近 0.5 时，值函数是局部递减的。由此可见，从 0.5 附近（但低于它）开始是不利的，因为对手将会被迫采用零价格，因而成功机会无论如何都可以忽略不计。因此，输家也可能采用高定价。这种现

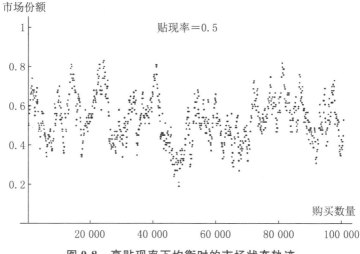

图 9.8　高贴现率下均衡时的市场状态轨迹

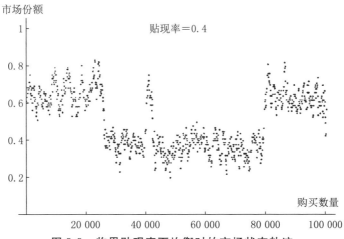

图 **9.9** 临界贴现率下均衡时的市场状态轨迹

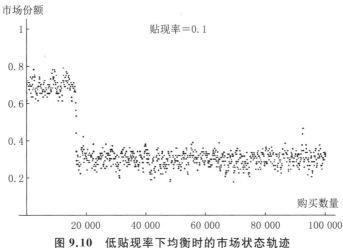

图 **9.10** 低贴现率下均衡时的市场状态轨迹

象导致市场份额分布急剧两极分化。其次,由于存在非零替代率,两个
参与者都会采用远离临界区域的几乎相同的价格。

9.8 结论

本章分析了一个简单的动态随机市场竞争模型,它显示了一系列令人惊叹的性质。

首先,对市场份额的正反馈或自我强化,可能会导致双稳态平稳分布,且分配给不对称市场份额的概率更高。正反馈越强,从一种产品的相对流行区域转换到另一种产品的相对流行区域的概率就越低。

其次,在存在正反馈的情况下,当生产者可以通过价格影响购买概率时,最优定价是高度依赖于状态的。生产者通过降低价格来争夺市场份额,尤其是在份额平衡的中心状态附近表现得最为明显。

最后,正反馈效应与贴现率之间存在一种具有根本性意义的关系。如果贴现率处于高位,那么生产者就不太关心获取市场份额以备未来利用,这就抑制了自我强化现象的影响并稳定了市场。由此产生的市场状态分布是居中的。另外,如果贴现率处于低位,那么生产者就会利用定价策略来保持与高市场份额及其正反馈优势相关联的垄断地位。这会在短期内锁定其市场地位,因此均衡定价策略会放大自我强化现象,市场两极分化程度比不变定价情形下更强烈。

9.A 附录:一些技术性较强的推导

9.A.1 附录一

引理 9.1 如果:

$$\max_{\pi_{i+1}} \phi_{i+1}(\pi_{i+1}, \sigma_{i+1}^*) \geqslant \max_{\pi_i} \phi_i(\pi_i, \sigma_i^*), \ i = 0, 1, \cdots, N-1$$

$$(9.31)$$

那么:

$$V_{i+1}^* \geqslant V_i^*, \ i = 0, 1, \cdots, N-1 \qquad (9.32)$$

证明: 假设 $V_{i+1}^* \geqslant V_i^*$, $i = j, j+1, \cdots, N$(对于 $j = N$,我们定义 $V_{N+1}^* \geqslant V_N^*$)。

令:

$$\gamma_j = \max_{\pi_j}\{\phi_j(\pi_j) + \alpha p_j^+(\pi_j)(V_{j+1}^* - V_j^*)\}$$

（为了简洁起见，我们略过 σ_j^*），并令 $\tilde{\pi}_j$ 为这个表达式的最大值。从动态规划方程式(9.9)可以得到一个上限：

$$\begin{aligned}
V_j^* = \max_{\pi_j}\{&\phi_j(\pi_j) + \alpha p_j^+(\pi_j)(V_{j+1}^* - V_j^*) + \alpha p_j^-(\pi_j)V_{j-1}^* \\
&+ \alpha[1-p_j^-(\pi_j)]V_j^*\} \leqslant \gamma_j + \alpha \max_{\pi_j}\{p_j^-(\pi_j)V_{j-1}^* \\
&+ [1-p_j^-(\pi_j)]V_j^*\}
\end{aligned} \tag{9.33}$$

现在，我们估计 V_{j-1}^*。几乎每条从 $(j-1)$ 开始的轨迹，都会在某个随机阶段 $n(n<\infty$，概率为 1)到达 j。对于 $k<n$，根据式(9.31)和对 γ_j 的定义，我们有：

$$\phi_k(\pi_k^*) \leqslant \max_{\pi_k}\phi_k(\pi_k) \leqslant \max_{\pi_j}\phi_j(\pi_j) \leqslant \gamma_j$$

因为 $V_{j+1}^* \geqslant V_j^*$，所以：

$$V_{j-1}^* = E\Big\{\sum_{k=0}^{n-1}\alpha^k\phi_k(\pi_k^*) + \alpha^n V_j^*\Big\} \leqslant E\{\gamma(1-\alpha^n)/(1-\alpha) + \alpha^n V_j^*\}$$

$$\tag{9.34}$$

将式(9.34)代入式(9.33)，我们马上可以观察到 $V_j^* \leqslant \gamma_j/(1-\alpha)$。这就是说，式(9.34)可以产生界 $V_{j-1}^* \leqslant \gamma_j/(1-\alpha)$。于是，用式(9.33)左侧的 $\tilde{\pi}_j$ 而非 π^*，我们就可以从下式中估计出 V_j^*：

$$V_j^* \geqslant \gamma_j - (1-\alpha)V_{j-1}^* + V_{j-1}^* - \alpha[1-p_j^-(\tilde{\pi}_j)]V_{j-1}^* + \alpha[1-p_j^-(\tilde{\pi}_j)]V_j^*$$

将刚才得到的界代入 V_{j-1}^* 并重新整理各项，我们可以得到 $V_j^* \geqslant V_{j-1}^*$。这样就结束了归纳步骤，并证明了式(9.32)。∎

引理 9.2　假设引理 9.1 的条件成立，并令 $\hat{\pi}_i$ 表示短视价格：

$$\phi_i(\hat{\pi}_i, \sigma_i^*) = \max_{\pi_i}\phi_i(\pi_i, \sigma_i^*)$$

那么：

$$V_{i+1}^* - V_i^* \geqslant [\phi_{i+1}(\hat{\pi}_{i+1}, \sigma_{i+1}^*) - \phi_i(\hat{\pi}_i, \sigma_i^*)]/(1+\alpha)$$

证明: 根据引理 9.1,将式(9.9)中的 V_{i-1}^* 和 V_i^* 都替换为 V_{i+1}^*,也只能使右侧增大,所以我们有:

$$V_i^* \leqslant \max_{\pi_i} \{\phi_i(\pi_i, \sigma_i^*) + \alpha V_{i+1}^*\} = \phi_i(\hat{\pi}_i, \sigma_i^*) + \alpha V_{i+1}^*$$

对于 $(i+1)$,考虑式(9.9),并将右侧的所有值都替换为 V_i^*,那么从引理 9.1 可知:

$$V_{i+1}^* \geqslant \max_{\pi_i} \{\phi_{i+1}(\pi_{i+1}, \sigma_{i+1}^*) + \alpha V_i^*\} = \phi_{i+1}(\hat{\pi}_{i+1}, \sigma_{i+1}^*) + \alpha V_i^*$$

将上面这两个不等式结合起来,我们就得到所需的结果。∎

9.A.2　附录二

引理 9.3　令定义为:

$$
\begin{aligned}
[\mathscr{R}y](x) = {} & \frac{1}{N}\frac{\mathrm{d}\phi(x)}{\mathrm{d}x} + \frac{N}{N+\rho}[\mathscr{E}_N y](x) \\
& + \frac{1}{N+\rho}\frac{\mathrm{d}H(x)}{\mathrm{d}x}y(x), \quad 0 \leqslant x \leqslant 1
\end{aligned}
$$

假设:

$$\rho > \max_{0 \leqslant x \leqslant 1}\left|\frac{\mathrm{d}H(x)}{\mathrm{d}x}\right| \tag{9.35}$$

那么 $\mathscr{R}$ 是 $\mathscr{C}[0,1]$ 上的一个收缩映射,方程

$$y = \mathscr{R}y \tag{9.36}$$

有唯一解 y,并且它的上范数 $\|y\|$ 有界:

$$\|y\| \leqslant \frac{N+\rho}{N}\left(\rho - \left\|\frac{\mathrm{d}H}{\mathrm{d}x}\right\|\right)^{-1}\left\|\frac{\mathrm{d}\phi}{\mathrm{d}x}\right\| \tag{9.37}$$

证明: 因为 $\|E_N\| = 1$,所以对于任意 y_1 和 y_2,我们有:

$$\|\mathscr{R}y_2 - \mathscr{R}y_1\| \leqslant \frac{N}{N+\rho}\|E_N(y_2 - y_1)\| + \frac{1}{N+\rho}\left\|\frac{\mathrm{d}H}{\mathrm{d}x}\right\|\|y_2 - y_1\| \leqslant q\|y_2 - y_1\|$$

其中,由式(9.35)可知:

$$q = 1 - \frac{1}{N+\rho}\left(\rho - \left\|\frac{\mathrm{d}H}{\mathrm{d}x}\right\|\right) < 1$$

根据收缩映射原理,式(9.36)在 $\mathscr{C}[',\ \infty]$ 内有一个解。通过估计式(9.36)的右侧,我们得到:

$$\|y\| \leqslant \frac{1}{N}\left\|\frac{\mathrm{d}\phi}{\mathrm{d}x}\right\| + q\|y\|$$

也就得出了式(9.37)中的界。∎

注　释

① 在他的论文中,汉森(Hanson,1985)也以这种方式解决选择问题,他使用了一个关于不断增长的市场的随机模型。他讨论过但是没有完全推导出单一企业垄断发生的条件。

参考文献

W. B. Arthur. 1988. Self-Reinforcing Mechanisms in *Economics*. *In The Economy as an Evolving Complex System*. P. W. Anderson, K. J. Arrow, and D. Pines(eds.), *SFI Studies in the Sciences of Complexity*. Reading: Addison-Wesley.

J. P. Aubin. 1979. *Mathematical Methods of Game and Economic Theory*. Amsterdam: North-Holland.

T. Başar and G. J. Olsder. 1982. *Dynamic Noncooperative Game Theory*. London: Academic Press.

R. Bellman. 1957. *Dynamic Programming*. Princeton: Princeton University Press.

D. P. Bertsekas. 1987. *Dynamic Programming: Deterministic and Stochastic Models*. Englewood Cliffs: Prentice-Hall.

W. J. Ewens. 1979. *Mathematical Population Genetics*. New York: Springer-Verlag.

W. Feller. 1966. *An Introduction to Probability Theory and Its Applications*.

Vol.2. New York: Wiley.

M. T. Flaherty. 1980. Industry Structure and Cost-Reducing Investment. *Econometrica*, 48:1187-1209.

W. H. Fleming and R. W. Rishel. 1975. *Deterministic and Stochastic Control*. New York: Springer-Verlag.

D. Fudenberg and J. Tirole. 1983. Learning by Doing and Market Performance. *Bell J. Economics*, 14:522-30.

W. A. Hanson. 1985. Bandwagons and Orphans: Dynamic Pricing of Competing Systems Subject to Decreasing Costs. *Ph.D. Diss.*, Stanford University.

A. J. Hoffman and R. M. Karp. 1966. On Nonterminating Stochastic Games. *Management Science*, 12:359-70.

H. Risken. 1989. *The Fokker-Planck Equation. Methods of Solution and Applications*. Berlin: Springer-Verlag.

M. Spence. 1981. The Learning Curve and Competition. *Bell J. Economics*, 12:49-70.

W. Weidlich and G. Haag. 1983. *Concepts and Models of Quantitative Sociology*. Berlin: Springer-Verlag.

L. E. Zachrisson. 1964. Markov Games. In *Advances in Game Theory*, M. Dresher, L. S. Shapley, and A. W. Tucker(eds.), *Ann. Mathematical Studies*, 52. Princeton: Princeton University Press.

10》

一类路径依赖随机过程的强大数定律 *

　　本章是一篇发表于 1984 年的论文。尤里·M.叶莫列夫、尤里·M.卡尼奥夫斯基和我在这一章中探讨了一类非线性随机过程，它特别适用于研究经济学中的正反馈问题。我们将这类过程称为波利亚类广义瓮系统，并研究了它们的动力学和长期极限行为。广义瓮系统在前面的第 3 章中已经进行过一些讨论了，本章进一步提供了对这种过程更多的技术性说明。

　　本章这篇论文是叶莫列夫、卡尼奥夫斯基和我在 20 世纪 80 年代以俄文和英文发表的关于广义瓮过程的系列论文之一。其他论文还包括：《波利亚类广义瓮系统研究》["On Generalized Urn Schemes of the Polya Kind", *Kibernetika* 19 (1983): 49 - 56，英文翻译版见于：*Cybernetics* 19: 61 - 71]；《瓮系统自适应增长过程》["Urn Schemes and Adaptive Process of Growth", *Kibernetika* 23 (1987): 49 - 58]；《非线性瓮过程：渐近行为及其应用》("Non-Linear

---

　　* 本章系与尤里·M.叶莫列夫和尤里·M.卡尼奥夫斯基合著。

Urn Processes: Asymptotic Behavior and Applications", WP-87-85, IIASA, Laxenburg, Austria, 1987);《广义瓮系统中球比例的极限定理》("Limit Theorems for Proportions of Balls in a Generalized Urn Scheme", WP-87-111, IIASA, Laxenburg, Austria, 1987);以及《具有一般增量的非线性自适应增长过程:可实现和不可实现的终端集分量》("Nonlinear Adaptive Processes of Growth with General Increments: Attainable and Unattainable Components of the Terminal Set", WP-88-86, IIASA, Laxenburg, Austria, 1988)。讨论此类过程的一篇早前发表且十分优雅的论文,是布鲁斯·希尔、戴维·莱恩和比尔·萨德斯三位的《一类瓮系统的的强收敛》["Strong Convergence for a Class of Urn Schemes", by Bruce Hill, David Lane, and William Sudderth, *Annals of Probability* 8(1980): 214 - 26]。

本章这篇论文后来收录进了《1984 年基辅国际随机最优化会议论文集》(*Proceedings of the International Conference on Stochastic Optimization, Kiev 1984*, edited by V. Arkin, A. Shiryayev, and R. Wets),该文集于 1986 年作为《控制和信息科学讲义》(*Lecture Notes in Control and Information Sciences*, vol.81, Springer, New York, 1986)系列出版物中的第 81 卷出版。尤里·M.叶莫列夫和尤里·M.卡尼奥夫斯基当时供职的机构是位于乌克兰基辅的格卢什科夫控制论研究所。

10.1 引言

在许多简单的顺序过程中(比如说,掷骰子),每一次的结果都可以按类别或类型进行标记(骰子掷出的点数是 1、2、3,等等),类型 i 具有固定概率 $q(i)$ 且 $\sum q(i) = 1$。大数定律告诉我们,随着时间的推移,每种类型的结果的比例必定会收敛到该类型的概率。

在本章中,我们考虑这类过程的一个重要推广,即概率 $q(i)$ 不再是固定不变的,而是成为每个时刻的类别比例的函数。例如,在一个不断增长的行业中,新企业按顺序在 N 个可能的城市之间进行选址,而且下一次某个给定城市被选中的概率,取决于已经入驻该城市的企业数量。于是,各个城市已落户企业在行业中所占比例的转变,现在变得依赖于这些比例所遵循的路径了。我们将在本章中为这种类型的路径依赖过程找出强大数定律。

把这种路径依赖过程表述为波利亚类广义瓮系统,可以带来很大便利。考虑一个容量无限的瓮,其中包含 N 种可能颜色或类型的球。用向量 $X_n = (X_n^1, X_n^2, \cdots, X_n^N)$ 分别描述类型为 1 至 N 的球在时间 n 的比例;同时令 $\{q_n\}_n^\infty = 1$ 表示从 N 维单位单纯形 S 到其自身的一个博雷尔序列。在每个时间 n,都有一个球被添加到瓮中;它属于类型 i 的概率为 $q_n^i(X_n)$。从球的某个初始向量 $b_1 = (b_1^1, b_1^1, \cdots, b_1^N)$ 开始,这个过程不断重复迭代,从而生成了 X_1, X_2, X_3……我们研究了在不同设定的瓮函数 q_n 下,X_n 收敛到极限随机向量 X 的条件以及 X 的支持集。总的来说,我们发现当 q_n 拥有一个极限函数 q 并且该过程收敛的时候,它会收敛到一个属于 q 的不动点子集的极限上。

关于这个问题的现有文献很少。在最近发表的一篇优雅的论文中,希尔、莱恩和萨德斯(Hill, Lane and Sudderth,1980)分析了 $N=2$ 且瓮函数 q_n 是平稳的这种特殊情况。布卢姆和布伦南(Blum and Brennan,1980)针对另一个相关的问题(其中 $N=2$)提出了强大数定律,他们的模型中每个类别每次添加的数量也被限制为 0 或 1。在本章中,我们将我们以前的研究结果(Arthur, Ermoliev and Kaniovski,1983)扩展到一般的 N 维时变情形。在大多数情况下,我们使用李雅普诺夫技术和随机逼近方法。我们特别关注的是,不稳定点(不在 X 的支持内的 q 的不动点),以及向单纯形的顶点的收敛(即单一颜色占据支配地位)。我们还阐述了来自经济学理论、优化理论和化学动力学的一些路径依赖过程的例子,对于这些过程,这种 N 维、非平稳、路径依赖的过程是一个非常自然的模型。

即便是在简单的瓮系统中,也会出现非平稳函数。考虑:

例10.1:(一个采样的瓮) (a)假设在一个瓮里放了一些红球和白球。随机抽取出 r 个球。如果抽取出来的球中有 m 个(其中,$0 \leqslant m \leqslant r$)或者更多的球是白色的,就更换掉抽取出来的样品并放入一个白球,否则就放入一个红球。(b)其他与前面一样,但是如果 m 个或者更多的球是白色的,就更换掉抽取出来的样品并放入一个红球,否则就放入一个白球。在(a)中,加入一个白球的概率为:

$$q_n^w = \sum_{k=m}^{r} H(k; n, n_w, r)$$

其中,H 是由 n、r 和 n_w 给出参数的超几何分布(n_w 表示在时间 n 的白球数量)。在这个抽样瓮系统中,瓮函数(路径依赖于 n_w)是非平稳的,因为该超几何分布随 n 变化。

作为 N 维瓮的一个简单示例,请考虑示下面例10.2。

例10.2:有一个瓮,包含 N 种颜色的球。选择一个球,如果它是 j 类型的,那么替换它并加入一个 i 类型的球,概率为 $q(i, j)$,其中:

$$\sum_{i=1}^{n} q(i, j) = 1, 对于所有的 j$$

例如,当 $N=3$ 时,我们可能有这样的规则:选择一个球,将它替换掉并放入一个球,放入的球的颜色是其他两种可能的颜色之一,其概率各为二分之一。

不难注意到,著名的基本波利亚系统(Hill, Lane and Sudderth, 1980)(抽样一个球并将其与一个相同颜色的球一起放入)既是例10.1(a)的一个特例(其中 r 和 m 均为1),也是例10.2的一个特例[其中 $q(i, i)=1$ 且 $N=2$]。对于例10.2这个系统,白球的比例 n_w/n 几乎肯定会收敛到一个随机极限变量,该变量具有一个 beta 分布,其参数取决于瓮的初始构成。然而,这种情况是奇异的。当例10.1(a)中的 r 大于2时,我们下面的结果表明,n_w/n 仅仅会收敛到一个支持为 $\{0, 1\}$ 的随机变量上。在例10.1(b)中,我们将证明比例会收敛到单一的内点 $\{p\}$ 上。例10.2的过程也是收敛的,我们稍后会证明这一点。

上面的一般系统涵盖了其他路径依赖的过程。

例 10.3:(位置依赖的随机游走) 考虑一个简单的一维随机游走,其中 $Y_i = \pm 1$,在时间 n 的位置由部分和 $S_n = \sum_{i=1}^{n} Y_i$ 给出,但是同时具有位置依赖的转移概率 $P(Y_i = +1) = P_n(S_n)$。如果我们在 $Y_i = +1$ 时向瓮中添加一个白球,在 $Y_i = -1$ 时添加一个红球(从一个空瓮开始),那么随机游走的位置 S_n 就可由 $(2X_n - 1)n$ 给出,其中,X_n 是白球数在总平均数 n 中的比例。然后,我们就可以在当前这个框架内探索随机游走的极限行为了。

前述一般的 N 维时变瓮过程,并不总是收敛的。下面的定理 10.1 构建了一个收敛性检验,用 $\{q_n\}$ 的极限函数和适当的李雅普诺夫函数的存在来表示。定理 10.5 证明了更一般的条件,用于 q_n 函数可分的各种情形。通常,收敛不要求 q_n 函数的连续性。不过,在过程确实收敛且 q_n 函数为连续函数的时候,极限向量的支持位于集合 $\{X : q(X) = X, q(X) = \lim_{n \to \infty} q_n(X), X \in S\}$ 之内,也即在极限函数 q 的不动点的集合内。(对于不连续的瓮函数,这个结果需要稍作修正。)但是,并非 q 的所有不动点都在该支持中。定理 10.3 和定理 10.4 表明,某些不动点可以分为稳定的和不稳定的,其中稳定的不动点在支持内,但不稳定的不动点则不包括在内。我们在定理 10.2 和定理 10.8 中还特别关注单纯形的顶点在支持中的条件,即过程趋向于单一颜色占支配地位的条件。在本章最后一节中,我们概述了这个框架在经济理论、优化理论和化学动力学中的应用。

10.2 预备知识

我们研究的一般过程从时间 1 开始,瓮中球的向量为 $b_1 = (b_1^1,$ $b_1^2, \cdots, b_1^N)$,总数为 $\gamma = \sum_i b_1^i$。然后,根据瓮概率函数 q_n 无限期地往

瓮中添加球。在时间 n,定义随机变量:

$$\beta_n^i(x)=\begin{cases}1,概率为\ q_n^i(x)\\0,概率为\ 1-q_n^i(x)\,, i=1\,,\cdots\,,N\end{cases}$$

那么,添加 i 类型的球到瓮中服从如下动力学:

$$b_{n+1}^i=b_n^i+\beta_n^i(X_n)\,, i=1\,,\cdots\,,N$$

因此,i 类型的球所占比例 $X_n^i=b_n^i/(\gamma+n-1)$ 的演化,可以用式(10.1)描述:

$$X_{n+1}^i=X_n^i-\frac{1}{\gamma+n}\big[X_n^i-\beta_n^i(X_n)\big]\,, n=1\,,2\,,\cdots \qquad(10.1)$$

其中:

$$X_1^i=b_1^i/\gamma$$

我们可以将式(10.1)改写为:

$$X_{n+1}^i=X_n^i-\frac{1}{\gamma+n}\big[X_n^i-q_n^i(X_n)\big]+\frac{1}{\gamma+n}\eta_n^i(X_n) \qquad(10.2)$$

$$X_1^i=b_1^i/\gamma$$

其中:

$$\eta_n^i(X_n)=\beta_n^i(X_n)-q_n^i(X_n)$$

注意到 η_n^i 相对于 X_n 的条件期望为零,据此我们可以推导出 X_{n+1} 的预期运动为:

$$\mathrm{E}\{X_{n+1}^i\,|\,X_n\}=X_n^i-\frac{1}{\gamma+n}\big[X_n^i-q_n^i(X_n)\big] \qquad(10.3)$$

因此我们看到,运动倾向于由 $\big[q_n(X_n)-X_n\big]$ 这一项引导。例如,在图 10.1a 中,这种趋势趋向于 0 或 1;在图 10.1b 中,则趋向于 $\overline{X}$。

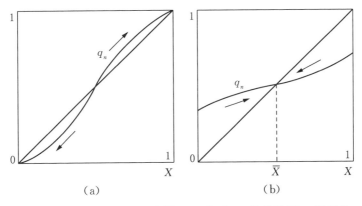

图 10.1 在两个不同的一维情况下,概率 q_n 作为比例 X 的函数

10.3 收敛性检验

我们从收敛定理开始。这个定理是确定性系统的李雅普诺夫渐近稳定性定理的随机版本。它可以视为对 N 维情况下收敛性的一个非常一般的检验。我们用 S 表示 N 维单位单纯形,并用 $\|\cdot\|$ 表示欧几里得范数。

定理 10.1 给定连续瓮函数 $\{q_n\}$,假设存在一个博雷尔函数 $q: S \to S$、常数 $\{a_n\}$ 和一个李雅普诺夫函数 $v: S \to R$,使得:

(a) $\sup\limits_{x \in S} \|q_n(x) - q(x)\| \leqslant a_n$, $\sum\limits_{n=1}^{\infty} a_n/n < \infty$。

(b) 集合 $B = \{x: q(x) = x, x \in S\}$ 包含有限数量的连通分量。

(c) (i) v 是二次可微的;

(ii) $v(x) > 0$, $x \in S$;

(iii) $\langle q(x) - x, v_x(x) \rangle < 0$, $x \in S \backslash U(B)$,其中 $U(B)$ 是 B 的一个开放邻域。

那么,$\{x_n\}$ 将收敛到 B 中的一个点,或者是收敛到一个连通分量的边界上。

证明: 这个定理利用第 2 章提到的内维尔森和哈斯明斯基（Nevelson and Hasminskii, 1972）的随机近似结果即可得证。应用于这个问题，我们可以将证明过程简述如下。首先注意到，$v(X_n)$ 最终会成为 S 上的非负上鞅。在集合 $S\backslash U(B)$ 上，v 的预期增量总是小于某个 $(-\delta)$；因此该过程必定会在有限时间内退出这个集合。所以它将无限次地频繁进入 $U(B)$。接下来，累积扰动

$$\sum_{n=0}^{t} \frac{1}{(n+\gamma)} \eta_n$$

形成一个鞅并收敛；因此，在经过充分长的时间后，这个过程无法累积起足够的扰动来对抗预期运动并退出围绕 $U(B)$ 的 ε 邻域。现在 B 的各个分量被有限距离分隔开了。因此，这个过程将会收敛到 B 的某个单一分量或其边界上。最后，由于 B 内部的预期运动为零，并且累积的扰动将收敛，因此这个过程不能无限次地频繁访问 B 内的不同点。因此 $\{X_n\}$ 将会收敛到 B 中的一点，或者收敛到一个连通分量的边界上。∎

对于最一般的情况，可能很难找到合适的李雅普诺夫函数。对于特殊情况 $N=2$，合适的李雅普诺夫函数就是范数（只要 q 是可微的）：

$$v(x) = \int_0^x [t - q(t)] \mathrm{d}t + a$$

基于这个原因，在希尔、莱恩和萨德斯文献（Hill, Lane and Sudderth, 1980）中所述的那种双色球情况下，可以使用范数代替李雅普诺夫函数。我们还可以在 $N>2$ 的情况下构造李雅普诺夫函数，前提是在如下意义上是可微的和对称的：

$$\partial q^i / \partial x^k = \partial q^k / \partial x^i, \; x \in S$$

评论 10.1 在例 10.2 所述的情况下，很容易证明：

$$q_n(x) = Qx$$

其中，矩阵 $Q = [q(i, j)]$。对于：

$$B = \{x : (I-Q)x = 0\}$$

我们可以取 $v(x) = \langle (I-Q)x, x \rangle$，其中 I 为单位矩阵。于是该定理告诉我们，这个系统将会收敛到一个不动点 $\bar{x} = Q\bar{x}$。

10.4　收敛到顶点

接下来，我们要找出瓮可能收敛到某种单一颜色占支配地位的条件，即在何种条件下，X_n 可能收敛到单纯形 S 的顶点的条件。在不失一般性的前提下，我们可以取顶点为：

$$(0, 0, \cdots, 1)$$

定理 10.2　给定以一个以初始瓮向量 b_1 和 $\{q_n\}$ 为特征的过程。对于 $i = 1, 2, \cdots, N-1$，令 $\tilde{b}_n^i = b_1^i$；并且令 $\tilde{b}_n^N = b_1^N + n - 1$。那么我们有：

如果有 (a) $\displaystyle\sum_{i=1}^{N-1} q_n^i \left(\frac{n}{\gamma + n - 1} \right) \geqslant 1$，$n \geqslant 1$，

且有 (b) $\displaystyle\sum_{n=1}^{\infty} \sum_{i=1}^{N-1} q_n^i \left(\frac{\tilde{b}_n}{\gamma + n - 1} \right) < \infty$，

那么：

$$P\left\{ \bigcap_{i=1}^{N-1} \left[\lim_{n \to \infty} X_n^i = 0 \right] \right\} > 0$$

证明：令：

$$A_n = \{\omega \,|\, b_n^i = b_1^i \}, \; i = 1, 2, \cdots, N-1; \; b_n^N = b_1^N + n - 1\}$$

那么：

$$P\left\{ \bigcap_{i=1}^{N-1} \left[\lim_{n \to \infty} X_n^i = 0 \right] \right\} \geqslant P\left\{ \bigcap_{n=1}^{\infty} A_n \right\} = \prod_{n=1}^{\infty} \left\{ 1 - \sum_{i=1}^{N-1} q_n^i \left(\frac{\tilde{b}_n}{\gamma + n - 1} \right) \right\} > 0$$

从关于无穷积收敛性的标准结果就可以证明这个不等式，于是本定理得证。∎

不难注意到,这个定理与前面那个定理是相互独立的——对于$\{q_n\}$,没有施加任何条件,除了(a)和(b)之外。条件(a)要求顶点从起点可达;条件(b)则要求$q^N(X)$在X接近顶点时足够快地接近1。

10.5 稳定不动点和不稳定不动点

我们现在希望证明的是,收敛仅限于q的不动点的某些子集。我们发现,将希尔、莱恩和萨德斯(Hill, Lane and Sudderth, 1980)的一个引理扩展到N维的情况,对我们的证明很有帮助。

引理 10.1 假设$\{X_n\}$和$\{Y_n\}$是两个广义瓮过程,它们具有相同的初始瓮构成,其瓮函数分别为$\{f_n\}$和$\{g_n\}$。假设这些瓮函数都将S的内部映射到自身,再假设f_n和g_n在点θ的邻域U中几乎处处一致。那么当且仅当$\{Y_n\}$以正概率收敛到θ时,$\{X_n\}$以正概率收敛到θ。

证明:这个命题可以采用希尔、莱恩和萨德斯文献(Hill, Lane and Sudderth, 1980)中的方法来证明。本质上,如果$\{X_n\}$收敛到θ,那么这个过程从某个阶段k开始往后必定包含在U内,因而也必定在该阶段到达U内的某个点a。由于q_n是将单纯形的内部映射到自身,因此点a也必定是$\{Y_n\}$在阶段k以正概率可达的,并且一旦在阶段k处于此状态a,这两个过程就变得相同了。因此$\{Y_n\}$以正概率收敛到θ,这样也就证明了本引理。■

我们现在考虑q的不动点θ的两种特殊类型。给定θ和θ的邻域U,如果存在对称正定矩阵C使得:

对于所有$x \neq \theta$,都有$\langle C[x-q(x)], x-\theta \rangle > 0$,$x \in U \cap S$ (10.4)
我们就说θ是一个稳定点。

类似地,如果θ满足:

对于所有$x \neq \theta$,都有$\langle C[x-q(x)], x-\theta \rangle < 0$,$x \in U \cap S$ (10.5)
我们就说θ为一个不稳定点。

请注意,我们并没有要求 q 在 U 内是连续的。在 $N=2$ 这种情况下,稳定点是 q 向下穿过对角线处的那些点,不稳定点则是 q 向上穿过对角线处的那些点。在 N 维的情况下,向下穿过和向上穿过的概念就不适用了。李雅普诺夫准则式(10.4)检验预期运动是否局部总是朝向 θ;而李雅普诺夫准则式(10.5)检验预期运动是否局部总是远离 θ。

我们现在证明,该过程以正概率收敛到稳定点。

定理 10.3　令 θ 为 S 内部的一个稳定点。给定一个具有转移函数 $\{q_n\}$ 的过程,该过程将 S 的内部映射到自身,并且在如下意义上收敛:

$$\sup_{x \in U \subset S} \| q_n(x) - q(x) \| \leqslant a_n, \quad \sum_{n=1}^{\infty} a_n/n < \infty$$

那么:

$$P\{X_n \to \theta\} > 0$$

证明: 构造函数 $\{\tilde{q}_n\}$ 和 $\{\tilde{q}\}$,它们分别在邻域 U 内与 $\{q_n\}$ 和 $\{q\}$ 相同,在邻域 U 外则都等于 θ。令 $\{Y_n\}$ 是一个对应于 $\{\tilde{q}_n\}$ 的瓮系统,其初始状态与 X 瓮系统的初始状态相同。那么很显然,在上面给出的意义上,$\{\tilde{q}_n\}$ 收敛到 $\tilde{q}$,并且 θ 是 $\tilde{q}(y)=y$ 的唯一解。现在引入函数:

$$v(y) = \langle C(y-\theta), y-\theta \rangle$$

这里的正定对称矩阵 C 是利用 θ 是一个稳定点这一事实选择出来的。很容易验证,v 是一个李雅普诺夫函数,如定理 10.1 中所指定的。根据定理 10.1 可以推出($\tilde{q}$ 中的不连续性不影响论明),$\{Y_n\}$ 以概率 1 收敛到 θ。最后,$\{X_n\}$ 和 $\{Y_n\}$ 作为一个"对",满足引理 10.1 的条件。因此 $\{X_n\}$ 以正概率收敛到 θ。至此本定理得证。∎

评论 10.2　如果李雅普诺夫准则式(10.4)在 S 的内部成立,使得 θ 是唯一的稳定点,那么,由定理 10.1 可知或者如阿瑟、叶莫列夫和卡尼奥夫斯基(Arthur, Ermoliev and Kaniovski, 1983)所证明的,$\{X_n\}$ 以概率 1 收敛到 θ。

我们接下来希望证明的是,给定一个额外的赫尔德(Hölder)条件,收敛到不稳定点的概率为零。在下面的引理中,我们采用了内维尔森和哈斯明斯基(Nevelson and Hasminskii,1972)(第 5 章)的随机近似结果。考虑如下过程:

$$z_{n+1} = z_n - a_n F_n(z_n) + \beta_n \gamma_n(z_n, \omega) \tag{10.6}$$

其中:$F_n: R^N \rightarrow R^N$;γ_n 是一个随机向量;F_n 均匀地收敛到 F;而且 $\sum_{n=1}^{\infty} a_n^2 < \infty$,$\sum_{n=1}^{\infty} \beta_n^2 < \infty$。

引理 10.2 给定由式(10.6)描述的过程,使得:

(a) 如果 $B = \{z: F(z) = 0\}$,并且 $\tilde{B}$ 是 B 的一个子集,使得对于 $\tilde{z} \in \tilde{B}$ 以及 $\tilde{z}$ 的邻域中的所有 z,存在一个对称正定矩阵 C,使得 $\langle (C(z - \tilde{z}), F(z) \rangle < 0$;

(b) $\{\gamma_n\}$ 具有有界四阶矩,并且存在正常数 a_1 和 a_2 使得:

$$a_1 \leqslant \mathrm{Tr} D(n, \tilde{z}) \leqslant a_2$$

其中,$D(n, z)$ 是矩阵 $E[\gamma_n^i(z, \omega) \times \gamma_n^j(z, \omega)]$;

(c) 对于某个 k 和 $\mu \in (0, 1)$,有 $|F(z)|^2 + |\mathrm{Tr}[D(n, z) - D(n, \tilde{z})]| \leqslant k |z - \tilde{z}|^{\mu}$。

那么 $P\{z_n \rightarrow \tilde{z} \in \tilde{B}\} = 0$。

证明:参见内维尔森和哈斯明斯基的文献(Nevelson and Hasminskii,1972)。这个引理的证明涉及构造一个李雅普诺夫函数 w,它在 $\tilde{B}$ 上无穷大,且可以使得 $w(z_n)$ 成为一个非负上鞅。从而 $\{z_n\}$ 不能收敛到任何 $\tilde{z} \in \tilde{B}$。∎

现在,我们将这个引理应用于我们的瓮系统 $\{X_n\}$,假设与前面一样,$\{q_n\}$ 收敛到某个函数 q。

定理 10.4 假设 θ 是一个非顶点不稳定点,它有一个邻域 U,使得对于所有 $x \in U$,某个 k 和 $\mu \in (0, 1)$,有 $\|q(x) - q(\theta)\| \leqslant k \|x - \theta\|^{\mu}$,那么 $P\{X_n \rightarrow \theta\} = 0$。

证明:运用前面的引理 10.2 和动力学方程式(10.2),我们认为此处和彼处，X_n 等同于 Z_n，F_n 等同于 $[X-q_n(X)]$，γ_n 等同于 η_n，$\tilde{z}$ 等同于 θ。因此，该引理的条件（a）已经得到满足，我们只需验证条件（b）和条件（c）是否同样满足即可。现在，η_n 和 q_n 是有界的并且 η_n 有四阶矩。很容易看出，对于 $x \in U$，扩散矩阵 $D(n, X) = E[\eta_n^i(X) \times \eta_n^j(X)]$ 一致地逼近极限矩阵 $D(X)$。我们还可以得到：

$$E[\eta_n^i(X)^2] = q_n^i(X)[1 - q_n^i(X)]$$

并且由于 $q(\theta) = \theta$，我们有 $[D(\theta)]_{ii} = \theta_i(1 - \theta_i)$。最后，因为：

$$\operatorname{Tr} D(\theta) = \sum_{i}^{N} \theta_i(1 - \theta_i)$$

我们可以得到 $\operatorname{Tr} D(\theta)$，当给定 θ 非顶点、上下有界。这样一来，引理 10.2 的所有要求都得到满足。本定理得证。∎

10.6　可分离瓮函数

到目前为止，我们一直在运用李雅普诺夫函数方法来证明或排除向单纯形中的点的收敛。而对于一类有特定限制的瓮函数，我们也可以不使用李雅普诺夫函数方法，而使用鞅方法，因为这些限制使我们有机会精炼结果。如果满足下式，我们就说瓮函数 q 是可分离的：

$$q(x) = \left[q^1(x^1), q^2(x^2), \cdots, q^{N-1}(x^{N-1}), q^N(x) = 1 - \sum_{i=1}^{N-1} q^i(x^i) \right]$$

这里的指数当然是任意确定的。需要注意的是，这个受限类总是包括 $N = 2$ 这种重要情形。我们进一步要求，这个瓮函数不能"太频繁地"穿过对角线。这也就是说，我们假设对于每一个开区间 $J \in [0, 1]$ 和 $i = 1, \cdots, N-1$，存在子区间 $J_1 \subset J$ 使得对于 $x^i \in J_1$，$x^i - q^i(x^i) \leqslant 0$ 或 $x^i - q^i(x^i) \geqslant 0$。10.6 节中的定理都需要假设满足这个条件的可分离瓮函数。为了简洁起见，我们以一个平稳瓮函数 q 为基础来陈述以下定理。

当然,所有证明都可以相当容易地扩展到非平稳情形,前提是:$\{q_n\}$在定理10.1给出的意义上收敛到q;并且假设,对大于某个时间n_1的所有时间n,$\{q_n\}$满足上述子区间条件(所有的q_n都具有相同的子区间)。

我们先来证明对q的不动点的收敛。

定理10.5 给定一个连续(且可分离)的瓮函数q,$\{X_n\}$以1的概率收敛到一个在q的不动点集合中有支持的随机变量X。

证明:令B_n表示一个由X_1,X_2,$\cdots$,X_n生成的σ场。运用动力学系统式(10.2),考虑到,对于指数i:

$$\mu_n^i = \sum_{t=1}^n \eta_t^i(X_t)(\gamma+t)^{-1}$$

因为:

$$\mathrm{E}(\eta_t^i | B_t) = 0 \text{ 且 } |\eta_t^i| \leqslant 2$$

所以,对μ_n^i,B_n(对于$n \geqslant 1$)就定义了一个鞅,其中,$\mathrm{E}|\mu_n^i|^2 <$常数。由此可知,存在一个$\mu^i < \infty$,使得$\mu_n^i \to \mu^i$的概率为1。从式(10.2)中,我们可以知道下述收敛:

$$X_{n+1}^i - X_1^i + \sum_{t=1}^n [X_t^i - q^i(X_t)](\gamma+t)^{-1} \to \mu^i \qquad (10.7)$$

对于所有在$\tilde{\Omega}_i$中的事件w成立,$\tilde{\Omega}_i$为μ_n^i收敛的集合。(注意,$P\{\tilde{\Omega}_i\} = 1$。)

现在,为了证明$\tilde{\Omega}_i$上X_n的收敛性,先假设相反情况:

$$\underline{\lim_{n \to \infty}} X_n^i < \overline{\lim_{n \to \infty}} X_n^i$$

在我们指定的条件下,我们现在可以在$(\underline{\lim} X_n^i, \overline{\lim} X_n^i)$中选择一个子区间$J_1$,在该子区间内有$x^i - q^i(x^i) \geqslant 0$,而不失一般性。然后又在此区间内进一步选择一个子区间(a^i, b^i)。必定存在时间m_k和n_k($m_k < n_k$)满足:

对于$m_k < n < n_k$,有$X_{m_k}^i < a^i$,$X_{n_k}^i > b^i$且$a^i \leqslant X_n^i \leqslant b^i$

在 m_k 和 n_k 之间求式(10.2)的和,我们得到:

$$\mu_{n_k}^i - \mu_{m_k}^i = X_{n_k}^i - X_{m_k}^i + \sum_{t=m_{k+1}}^{n_{k-1}} [X_t^i - q^i(X_t^i)](\gamma+t)^{-1} \geqslant a^i - b^i$$

当 k 足够大时,上式与式(10.7)互相矛盾。这样也就证明 i 以 1 的概率收敛到点 X^i。

现在假设 X_n^i 不能收敛到 q 的一个不动点,也就是说,$X^i - q^i(X^i) = \beta > 0$。那么从上面的证明过程可知,当 τ 趋于无穷大时,以下数量以 1 的概率趋向于零:

$$\sum_{t=\tau}^{\infty} [X_t^i - q^i(X_t^i)](\gamma+t)^{-1} \to 0 \qquad (10.8)$$

因为 X_n^i 收敛到 X^i,所以它最终位于 X^i 的邻域 U 内,而由 q^i 的连续性可知,在 X^i 的这个邻域 U 内,$X_t^i - q^i(X_t^i) > \beta/2$。但是这样一来,式(10.8)中的和将会变成无穷大,这与式(10.8)相矛盾。因此 X_n^i 收敛到 q^i 的一个不动点。

类似地,对于另一个指数 $j(\neq N)$,也可以证明:X_n^j 在集合 $\tilde{\Omega}_j$ 上收敛到 q^j 的一个不动点。于是我们有:

$$P\{\bigcap_1^{N-1} \tilde{\Omega}_j\} = 1$$

因此,残差 X_n^N 被约束为以 1 的概率收敛到一个不动点 $q^N = X^N$。至此,本定理得证。∎

评论 10.3 请注意,q 的连续性只是不动点的性质所必需的,而不是整体收敛的过程所必需的。

和前面一样,我们希望能够将该过程可能收敛到的那些点的集合缩小一些。我们称下不动点 θ 为函数 q 的下穿点(downcrossing point),如果对于从 $i=1$ 至 $(N-1)$ 的所有指数,在 θ 的某个邻域 U 中,都有:

$$x^i < q^i(x^i),\ \text{当}\ x^i < \theta^i\ \text{时}$$

$$x^i > q^i(x^i),\ \text{当}\ x^i > \theta^i\ \text{时}$$

很容易验证,我们可以得到 $x^N < q^N$(当 $x^N < \theta^N$ 时),以及 $x^N > q^N$(当 $x^N > \theta^N$ 时),因此,下穿这个术语是内在一致的。对于上穿,可以类似地加以定义。

定理 10.6 如果 q: Int $S \rightarrow$ Int S,那么该过程以正概率收敛到下穿点 θ。

证明:令 θ 为一个下穿点,那么下述函数为正:

$$\sum_{i=1}^{N-1} \langle x^i - q^i(x^i), \, x^i - \theta^i \rangle + \langle x^N - q^N(x^N), \, x^N - \theta^N \rangle$$

其中 $x \neq \theta$ 位于 θ 的邻域 U 中。因此,θ 满足作为一个稳定点的条件,从定理 10.3 可知:

$$P\{X_n \rightarrow \theta\} > 0 \qquad \blacksquare$$

评论 10.4 q 应该将 S 的内部映射到 S 的内部这个限制,是为了确保 θ 的邻域可以从任何初始条件到达。这是一个比实际操作中通常所需的条件更强的条件。

推论 10.1 如果 θ 是 q 的唯一不动点(q 在 S 上连续),并且如果对于所有的 $i=1$ 到 $(N-1)$,在 $x^i=0$ 处 $q^i>0$,那么 θ 是一个下穿点并且收敛到 θ 的概率为 1。

定理 10.7 如果对于任何单个指数 i,q^i 在 θ 处向上穿过对角线,并且该上穿满足定理 10.4 的赫尔德条件,那么 $P\{X_n \rightarrow \theta\}=0$。

证明:从定理 10.4 直接可以推出。■

最后,我们给出收敛到顶点的一个很有用的条件。如果 q 有一个内部不动点 θ,它是每个指数 i 的上穿点,并且每个上穿都满足赫尔德条件(见定理 10.4),那么我们就说它具有强 S 属性。

定理 10.8 假设 q 是连续的并且满足强 S 属性,那么过程收敛到其中一个顶点的概率为 1。

证明:考虑指数 i。很容易证明,函数 q^i 必定具有不动点 $\{0, \theta^i, 1\}$。由定理 10.4 可知,收敛到 θ^i 的概率为零。而在所有指数的组合中,唯一

的其他不动点是顶点,所以本定理得证。∎

10.7 结论

综上所述,我们可以得出这样的结论:只要存在一个极限瓮函数,并且只要可以找到合适的李雅普诺夫函数(我们在上文中已经给出了几个),那么 N 维空间中的过程必定是收敛的。如果极限瓮函数是连续的,那么只有这个瓮函数的不动点属于极限随机变量的支持集。当预期运动指向一个可达的不动点时,该不动点就在支持集中;而当预期运动远离一个不动点时,该不动点就不在支持集中。在可分离瓮函数这种特殊情况下,我们可以讨论 N 维空间中的"上穿"和"下穿",其结果是二维情况下结果的扩展。在满足强 S 属性的情况下(另见 Arthur, Ermoliev and Kaniovski,1983),该过程必定会收敛到其中一个顶点。

10.8 应用

10.8.1 经济配置

假设经济行为主体是从一个庞大的人群中抽取出来的,每个人都需要一个单位的耐用品(耐用品有 N 个不同的类型或品牌)。一般情况,行为主体是异质性的,他们以随机顺序进行选择。如果供给成本是递增的(或递减的),或者如果经济行为主体的偏好是内生的(他们的品味会受他人购买的影响),又或者如果经济行为主体会通过了解其他行为主体的使用情况来获取有关产品的信息,那么第 n 个经济行为主体选择购买品牌 i 的概率,就会取决于他购买时那 N 个品牌的市场份额比例。因此,这类分配问题的市场份额动力学是路径依赖的。我们可能想知道,随着市场的无限扩大,极限市场份额会是什么结果。对于行为主体在相互竞争的技术之间而非商品之间进行选择的情况,请参见文献(Arthur,1983)。当商品(或技术)的卖家可以策略性地定价以争取更大的市场份额时,这个市场份额问题会变得更加复杂(Hanson,1985),不过整体结构仍然保持不变。

10.8.2 产业选址

正如引言所概述的,成长中的行业中的企业可能会分别在 N 个城市当中以随机顺序进行选址决策。它们的选址决策,不仅会受到企业内部需求的影响,还会受到集聚经济的影响(入驻所在行业的其他企业已经落户的城市,可以给自己带来收益)。我们可能会问:最终的结果,是若干城市共享行业份额,还是整个行业都集聚到某个单一城市(即在顶点解处)? 关于这个区位选址问题的分析,请参见文献(Arthur,1984)。

10.8.3 化学动力学

考虑如下双重自催化化学反应:

$$S+2W \longrightarrow 3W+废物分子\ E$$
$$S+2R \longrightarrow 3R+废物分子\ F$$

一个底物分子 S 是转化为 W 式产物还是 R 式产物(分别还会产生废物分子 E 或 F),要视它是否会在遇到两个 R 分子之前遇到两个 W 分子而定。给定初始浓度,我们可能想知道化学产品的最终比例。不难注意到,这个例子等效于上文给出的例 10.1(a);只要我们将这个过程视为"抽样"接下来可能遇到的三个 W 分子或 R 分子,并根据抽取出来的三个分子中是有两个 W 分子还是两个 R 分子,而再添加一个 W 分子或 R 分子。更一般的 N 维动力学也可以类似地建模。

10.8.4 随机最优化

在基于基弗-沃尔福威茨法(Kiefer-Wolfowitz procedure)或其现代变

体的随机最优化方法中,解的近似值被迭代更新为:

$$X_{n+1} = X_n - \rho_n [Y_n(X_n, \omega)] \qquad (10.9)$$

其中,X_n 是 R^N 中的一个 N 维向量,步长 ρ_n 满足:

$$\sum_n \rho_n = \infty, \ \sum_n \rho_n^2 < \infty$$

并且 Y_n 是一个随机向量,用作对需要最小化的函数梯度的估计值或近似值。通常只需要确定 Y_n 的符号即可,从而给计算带来了很大的方便。这样一来,就有了如式(10.10)所示的费边法(Fabian procedure)表示(Fabian,1965):

$$X_{n+1} = X_n - \rho_n \ \mathrm{sgn}[Y_n(X_n), \omega] \qquad (10.10)$$

式(10.10)也可以用式(10.2)的形式来表示(我们把它留给读者来证明)。因此现在也就证明了,费边算法会收敛到局部最小值。

参考文献

Hill, Bruce M., David Lane, and William Sudderth. 1980. A Strong Law for Some Generalized Urn Processes. *Ann. Prob.*, 214-16.

Blum, J. R., and M. Brennan. 1980. On the Strong Law of Large Numbers for Dependent Random Variables. *Israeli J. Math.* 37, 241-45.

Arthur, W. B., Y. M. Ermoliev, and Y. M. Kaniovski. 1983. A Generalized Urn Problem and Its Applications. *Kibernetika* 19:49-57 (in Russian). Translated in *Cybernetics* 19:61-71.

Nevelson, M. B., and R. Z. Hasminskii. 1972. *Stochastic Approximation and Recursive Estimation.* American Math. Society Translations of Math. Monographs, Vol. 47. Providence.

Ljung, L. 1978. Strong Convergence of a Stochastic Approximation Algorithm. *Annals of Stat.* 6:680-96.

Arthur, W. B. 1983. Competing Technologies and Lock-In By Historical Small Events: The Dynamics of Allocation under Increasing Returns. Committee for Economic Policy Research, Paper No. 43. Stanford University.

Hanson, W. A. 1985. Bandwagons and Orphans: Dynamic Pricing of Competing Systems Subject to Decreasing Costs. Ph. D. diss. Stanford University.

Arthur, W. B. 1984. Industry Location and the Economies of Agglomeration: Why a Silicon Valley? Mimeo, Stanford University.

Fabian, V. 1965. Stochastic Approximation of Constrained Minima. In *Transactions of the 4th Prague Conference on Information Theory, Statistical Decision Functions, and Random Processes*. Prague.

译后记

　　当代经济学虽然在拥趸中享有"社会科学皇冠上的明珠"的美誉,但是批评者也很多。有人说它是一门沉闷阴郁的学科。一贯毒舌的纳西姆·尼古拉斯·塔勒布更是嘲笑道:"经济学就像是一颗死亡的恒星,尽管看上去好像仍然在发光,但是你知道它已经死了。"

　　"活的"经济学应该是什么样子的? 或者说,经济学最有可能"活下去"的路径在哪里? 一定要看看布莱恩·阿瑟的论著。

　　阿瑟是经济学界研究收益递增现象的当代先驱。近年来,他积极倡导并极力推动经济学思维方式的复杂性转向,提出了"复杂经济学"框架,并认为标准经济学只是它的一个特例。在我看来,阿瑟所研究的经济学,至少是最不死气沉沉的经济学之一。

　　我以前翻译过阿瑟的《复杂经济学》。对照而言,现在读者手上这本论文集的技术性更强一些。虽然书中收录的各篇论文出版时间较早,但是这些文章对收益递增、路径依赖、经济模式的涌现以及偶然性的作用的分析,似乎仍然没有后来者可以超越。

　　本书的翻译能够完成，我最感谢的是太太傅瑞蓉。她为我、为我们的家庭付出实在太多，她也是我所有译著的第一读者和批评者。我还非常感激儿子贾岚晴，他的成长带给我不断学习的动力。

　　同时还要特别感谢我现在就职的农夫山泉股份有限公司和钟睒睒先生。农夫山泉一贯注重品质、强调利他，正与我的追求相契合。钟睒睒先生既是我的老板，也是我的良师和益友。感谢他为我创造了非常难得的读书、译书、写作的空间。

　　感谢格致出版社的一贯信任，感谢编辑王萌的辛苦付出。

　　书中错漏之处在所难免，敬请专家和读者批评指正。

贾拥民

写于杭州崧谷阁

图书在版编目(CIP)数据

经济中的收益递增和路径依赖 / (美)W. 布莱恩·阿瑟著 ；贾拥民译. -- 上海 ：格致出版社 ：上海人民出版社，2025. -- (当代经济学系列丛书 / 陈昕主编).

ISBN 978-7-5432-3644-8

Ⅰ. F0

中国国家版本馆 CIP 数据核字第 2025JC1725 号

责任编辑 王　萌
装帧设计 王晓阳

当代经济学系列丛书·当代经济学译库

经济中的收益递增和路径依赖

[美]W. 布莱恩·阿瑟 著

贾拥民 译

出　　版　格致出版社
　　　　　　上海三联书店
　　　　　　上海人民出版社
　　　　　　(201101　上海市闵行区号景路 159 弄 C 座)
发　　行　上海人民出版社发行中心
印　　刷　上海商务联西印刷有限公司
开　　本　710×1000　1/16
印　　张　17.25
插　　页　3
字　　数　228,000
版　　次　2025 年 4 月第 1 版
印　　次　2025 年 4 月第 1 次印刷
ISBN 978 - 7 - 5432 - 3644 - 8/F · 1613
定　　价　98.00 元

图书在版编目(CIP)数据

经济中的收益递增和路径依赖 /（美）W. 布莱恩·阿瑟著；贾拥民译. -- 上海 ：格致出版社 ：上海人民出版社，2025. --（当代经济学系列丛书 / 陈昕主编）.
ISBN 978-7-5432-3644-8

Ⅰ. F0

中国国家版本馆 CIP 数据核字第 2025JC1725 号

责任编辑　王　萌
装帧设计　王晓阳

当代经济学系列丛书·当代经济学译库
经济中的收益递增和路径依赖
[美]W. 布莱恩·阿瑟 著
贾拥民 译

出　　版　格致出版社
　　　　　上海三联书店
　　　　　上海人民出版社
　　　　　（201101　上海市闵行区号景路 159 弄 C 座）
发　　行　上海人民出版社发行中心
印　　刷　上海商务联西印刷有限公司
开　　本　710×1000　1/16
印　　张　17.25
插　　页　3
字　　数　228,000
版　　次　2025 年 4 月第 1 版
印　　次　2025 年 4 月第 1 次印刷
ISBN 978 - 7 - 5432 - 3644 - 8/F · 1613
定　　价　98.00 元

当代经济学译库

管制与市场/丹尼尔·F.史普博著

比较财政分析/理查德·A.马斯格雷夫著

议价与市场行为——实验经济学论文集/弗农·L.史密斯著

内部流动性与外部流动性/本特·霍姆斯特罗姆　让·梯若尔著

暴力与社会秩序/道格拉斯·C.诺思等著

企业制度与市场组织——交易费用经济学文选/陈郁编

企业、合同与财务结构/奥利弗·哈特著

不完全合同、产权和企业理论/奥利弗·哈特等编著

理性决策/肯·宾默尔著

复杂经济系统中的行为理性与异质性预期/卡尔斯·霍姆斯著

劳动分工经济学说史/孙广振著

经济增长理论:一种解说(第二版)/罗伯特·M.索洛著

人类行为的经济分析/加里·S.贝克尔著

工业化和经济增长的比较研究/钱纳里等著

发展中国家的贸易与就业/安妮·克鲁格著

企业的经济性质/兰德尔·克罗茨纳等著

经济发展中的金融深化/爱德华·肖著

不完全竞争与非市场出清的宏观经济学/让-帕斯卡·贝纳西著

企业、市场与法律/罗纳德·H.科斯著

发展经济学的革命/詹姆斯·A.道等著

经济市场化的次序(第二版)/罗纳德·I.麦金农著

论经济学和经济学家/罗纳德·H.科斯著

集体行动的逻辑/曼瑟尔·奥尔森著

企业理论/丹尼尔·F.史普博著

经济机制设计/利奥尼德·赫维茨著

管理困境:科层的政治经济学/盖瑞·J.米勒著

制度、制度变迁与经济绩效/道格拉斯·C.诺思著

财产权利与制度变迁/罗纳德·H.科斯等著

市场结构和对外贸易/埃尔赫南·赫尔普曼　保罗·克鲁格曼著

贸易政策和市场结构/埃尔赫南·赫尔普曼　保罗·克鲁格曼著

社会选择理论基础/沃尔夫·盖特纳著

时间:均衡模型讲义/彼得·戴蒙德著

托克维尔的政治经济学/理查德·斯威德伯格著

资源基础理论:创建永续的竞争优势/杰伊·B.巴尼著

投资者与市场——组合选择、资产定价及投资建议/威廉·夏普著

自由社会中的市场和选择/罗伯特·J.巴罗著

从马克思到市场:社会主义对经济体制的求索/W.布鲁斯等著

所有权、控制权与激励——代理经济学文选/陈郁编

财产、权力和公共选择/A.爱伦·斯密德著

经济利益与经济制度——公共政策的理论基础/丹尼尔·W.布罗姆利著

宏观经济学:非瓦尔拉斯分析方法导论/让-帕斯卡·贝纳西著

一般均衡的策略基础:动态匹配与讨价还价博弈/道格拉斯·盖尔著

资产组合选择与资本市场的均值——方差分析/哈利·M.马科维兹著

家族企业:组织、行为与中国经济/李新春等主编